国家出版基金项目
NATIONAL PUBLICATION FOUNDATION

"十三五"国家重点出版物出版规划项目

新汉译世界高等教育名著丛书（第一辑）

丛书总主编　李子江　张斌贤

教育的起源哲学：

霍尔教育论文汇编

[美]乔治·埃弗雷特·帕特里奇（George Everett Partridge）　主编

[美]格兰维尔·斯坦利·霍尔（Granville Stanley Hall）　著

张宛　范明丽　等译　许建美　校

浙江教育出版社·杭州

图书在版编目（CIP）数据

教育的起源哲学 ：霍尔教育论文汇编 / (美) 乔治·埃弗雷特·帕特里奇 主编；张宛，范明丽译. -- 杭州 ：浙江教育出版社，2019.12
（新汉译世界高等教育名著丛书. 第一辑）
ISBN 978-7-5536-9884-7

Ⅰ. ①教… Ⅱ. ①乔… ②张… ③范… Ⅲ. ①霍尔(Hall，Granville Stanley 1844-1924)－教育思想－文集 Ⅳ. ①G40-097.12

中国版本图书馆CIP数据核字(2020)第012277号

责任编辑 吴颖华　　美术编辑 韩 波
责任校对 谢 瑶　　责任印务 陈 沁

新汉译世界高等教育名著丛书(第一辑)
XIN HANYI SHIJIE GAODENG JIAOYU MINGZHU CONGSHU
教育的起源哲学:霍尔教育论文汇编
JIAOYU DE QIYUAN ZHEXUE: HUOER JIAOYU LUNWEN HUIBIAN
[美]乔治·埃弗雷特·帕特里奇 主编
[美]格兰维尔·斯坦利·霍尔 著
张 宛 范明丽 等译 许建美 校

出版发行 浙江教育出版社
(杭州市天目山路 40 号 电话:0571-85170300-80928)
图文制作 杭州兴邦电子印务有限公司
印　　刷 浙江新华数码印务有限公司
开　　本 710 mm × 1000 mm 1/16
印　　张 18.5
插　　页 2
字　　数 248 000
版　　次 2019 年 12 月第 1 版
印　　次 2019 年 12 月第 1 次印刷
标准书号 ISBN 978-7-5536-9884-7
定　　价 46.00 元

总　序

20世纪90年代，浙江教育出版社出版了由王承绪先生主编的“汉译世界高等教育名著丛书”，在学术界产生了重要影响，丛书所收录的著作至今依然是高等教育学等相关学科学习和研究必备的学术文献。21世纪以来，多家出版社相继推出了多种高等教育著作译丛，例如“京师高等教育译丛”（北京师范大学出版社）、“国际高等教育译丛”（中国海洋大学出版社）、“世界高等教育研究名著译丛”（教育科学出版社）、“美国研究型大学探索译丛”（河北大学出版社）、“高等教育与全球化丛书”和“北大高等教育文库·大学之道丛书”（北京大学出版社）等。一些教育著作译丛虽然并非以高等教育为主要内容，但也包含了部分高等教育的译著，例如“影响力教育理论译丛”（华东师范大学出版社）、“非洲教育译丛”（浙江大学出版社）等。

国外高等教育著作的译介不仅满足了我国高等教育决策者、管理者以及公众了解其他国家和地区高等教育发展历史与现状的需要，而且有力促进了我国学者对高等教育的研究。只要将20世纪90年代高等教育研究状况与当下进行粗略对照，就可以清楚地看到我国20多年来高等教育研究的长足发展。这其中固然有诸多原因，但不可否认的是，广泛和充分吸收其他国家高等教育研究成果是一个非常关键的因素。同样不可否认的是，大量高等教育译著在其中发挥了不可替代的重要作用。

众所周知，中国现代高等教育机构和高等教育制度的建立是西学东渐的产物，迄今已逾百年。但是，由于种种原因，我国高等教育真正稳定发展的时间不过数十年。对于高等教育这样复杂的事业而言，几十年的经历实在是过于短暂了，而基于这些有限经验形成的认识则更具局限性。在当代社会急速变革的条件下，高等教育发展及其与社会的关系日趋复杂，如何合理认识高等教育的内在本质与职能，如何科学把握高等教育发展的方向，如何妥善处理高等教育内外部的各种关系，更需要非同寻常的智慧、远见和胆识。而要拥有这一切，学习、借鉴其他国家的实践经验，尤其是主导这些实践的思想观念，是必不可少的重要环节。

从更大的方面说，高等教育机构自建立之日起，就与文化传播、交流结下了“不解之缘”。不同文化教育之间的交流、相互影响始终是推动高等教育发展的重要动力。古希腊的学园对古代东方高等教育机构的借鉴，古罗马对希腊文明的吸纳，文艺复兴后欧洲各国在学术研究等方面的相互影响，尤其是近代以来，文化、学术、教育的交流在促进不同国家高等教育改革发展中的作用日益广泛、显著和重要。在一定意义上，一段高等教育的历史，同时也是不同文化、学术交流不断开展、推进和深化的历史。作为文化教育交流的重要途径，译著始终是这段历史的重要组成部分。

为适应我国高等教育改革发展的新形势，进一步丰富我国的高等教育研究，浙江教育出版社决定在已有基础上继续推进国外高等教育名著的译介，出版“新汉译世界高等教育名著丛书”。

丛书将按专题分辑出版。

丛书第一辑收录美国十二位著名大学校长的主要教育著作。他们是：哈佛大学校长埃利奥特（1869—1909，任职期间，下同）和洛厄尔（1909—1933）、耶鲁大学校长波特（1871—1886）、密歇根大学校长塔潘（1852—1863）、霍普金斯大学校长吉尔曼（1875—1902）、哥伦比亚大学校长巴纳德（1864—1889）和巴特勒（1902—1945）、布朗大学校长威兰德（1826—1855）、芝加哥大学校长哈珀（1891—1906）、斯坦福大学校长乔丹（1891—1913）、克拉克大学校长霍尔（1888—1920）、纽约大学校长布朗（1911—1932，1906—1911年曾任美国联邦教育署署长）。

19世纪后期至20世纪前期是美国高等教育发展的关键时期。在这个时期，美国高等教育实现了从传统学院向现代大学的转变，完成了以学术职业化为核心的“学术革命”，建立了较为完整的高等教育制度，从而开创了“美国教育史的新纪元”。①

在这个前所未有的重大变革过程中，一个非常独特的现象是，在一个不太长的时期内集中出现了一批著名的大学校长。他们之所以著名，并不仅仅因为他们任职于著名的大学（事实上，在那个时期，至少与欧洲的古老大学相比，美国大学大多并不“著名”），而在于他们高瞻远瞩、审时度势，在于他们富有管理智慧和教育素养，更在于他们有着高尚的人格、坚定的信念和远大的志向。正是在这些校长的努力下，哈佛大学等原本较为知名的大学“旧邦新命”，焕然一新；一些原本不知名的大学从平庸走向卓越，成为世界著名学府，美国由此开始成为世界高等教育

---

① 劳伦斯·维塞. 美国现代大学的崛起[M]. 栾鸾，译. 北京：北京大学出版社，2011：1.

强国。罗杰·盖格称这些校长为“巨人校长”，他们开创了美国高等教育史上独一无二的“巨人校长时代”。[①]

迄今为止，除克拉克·科尔、德雷克·博克等少数几位美国著名大学校长的著作之外，国内尚未有对美国大学校长著作的系统译介。“新汉译世界高等教育名著丛书”第一辑收录的这十二位校长的著作集中反映了他们关于高等教育的理解，以及他们的办学理念和管理经验。他们的思想和实践业已成为世界高等教育领域宝贵的精神财富。系统译介这些著名大学校长的教育著作，呈现优秀大学领导者的理念和实践，有助于了解这些校长的教育思想和治校方略，探讨高等教育发展的内在机制与社会保障机制，为我国高等教育的发展提供经验借鉴。我们相信，本丛书的出版将进一步深化我们对高等教育的认识，帮助我们不断学习、借鉴世界一流大学的创建、改革实践经验，为推进我国建设世界一流大学的高等教育发展战略提供历史经验和启示。

在丛书第一辑即将付梓之际，我们由衷地感谢浙江教育出版社的大力支持。正是他们的远见卓识和专注于学术著作出版事业的坚定信念，才会有越来越多的学术经典问世。在现行科研评价体制下，学术著作的翻译得不到应有重视，从事翻译主要是出于译者对学术事业的热爱和追求，我们对参与丛书翻译、校对工作的各位同仁表示崇高的敬意。

李子江　张斌贤

2019年12月

① 约翰·塞林. 美国高等教育史（第二版）[M]. 孙益，等，译. 北京：北京大学出版社，2014：120.

译者序

霍尔（G. Stanley Hall，1844—1924），美国著名心理学家、教育家，美国心理学会的创立者，克拉克大学首任校长。早年自哈佛大学毕业，在美国心理学家詹姆士的指导下，获得了美国第一个心理学哲学博士学位。后又远赴德国，到莱比锡大学师从欧洲心理学家冯特，成为冯特门下的第一个美国弟子。回国后他继续从事心理学研究，建立了美国第一个心理学实验室。霍尔是美国儿童心理学研究的先驱，被誉为“儿童研究之父”，他也是青年期研究的开拓者。他曾受聘担任约翰斯·霍普金斯大学教授，讲授心理学和教育学相关课程。1888年，克拉克大学创办，霍尔担任第一任校长兼心理学教师，直至1920年退休。霍尔致力于将克拉克大学建造成为霍普金斯大学和德国大学那样的专业研究机构，在资金缺乏的情况下，培养出了81位心理学博士，其中不乏著名的心理学家。1892年，霍尔组织创立美国心理学会，并当选首任主席。霍尔一生著作颇丰，包括《儿童的生活与教育》《青春期》《青年心理学》《教育问题》等。

虽然在莱比锡大学接受过冯特的实验心理学训练，但霍尔的真正兴趣却在发展心理学方面。他是达尔文生物进化论的崇拜者和宣扬者，并且吸收了美国新兴的机能主义所倡导的“适应”与“应用”的观点，要求建立有美国特色的心理学，即儿童发展心理学，认为儿童心理发展研究的目的在于满足教育革新的需要。同时，霍尔还根据达尔文的进化理论，提出了“复演说”——其教育心理学与教育的起源哲学的核心所在。霍尔认为人的身体成长与心理发展是平行的，个体的身心发展是对人类种族发展历史的一种复演和反映。人类身心在进化中都受着遗传因素的影响或制约，儿童的精神生活和心理发育的过程，重复着人类文化发展的过程。霍尔不遗余力地将“复演说”运用于对各级各类教育的构想和改造之中，他认为教育改革若要成功，首先必须遵循的就是教育的起源哲学，找到个体发展中所对应的人类种族发展的特定阶段，探察处于这一阶段的个体的生理和心理发展需求。

本书为霍尔的学生、同事帕特里奇对霍尔的教育心理学研究成果所做的收录汇编。较之霍尔的其他著作，本书对霍尔论著中的主要论点进行了追溯整理与系统提炼，将霍尔的教育心理学理论进行了更富逻辑性的梳理，并注重体现霍尔教育心理学思想中哲学与教育学之间的紧密联系。本书在梳理霍尔教育心理学理论主要线索的同时，还探察其哲学观是如何应用于教育问题之中的。本书正文分四个部分：第一部分探讨教育理论的哲学、生物学及心理学基础；第二部分阐释教育的一般原则及其在情感教育、道德教育、宗教教育、智力训练等领域的应用；第三部分具体讨论教育的一般原则在学校教育系统各层级与具体教育问题中的应用；第四部分则对宗教教育、女性教育及种族教育等特殊问题进行论述。需要特别说明的是，为了保持原书体系的完整性，同时，为了客观地反映霍尔教育思想及这一时期美国教育历史的全貌，本书译者在翻译时保留了原作者有关宗教教育、女性教育和种族教育的内容，其中某些观点不免具有时代的局限性。不当之处，请读者辩证认识，加以鉴别。

此外，我们还选取了霍尔的两篇论文，以反映其对大学管理问题的思考以及对大学中的儿童研究问题的洞察与展望。

本书的翻译工作是由张宛、范明丽、沈童、田蕊敏和陈晓文共同完成的，许建美负责校对工作。由于水平所限，本书的译文肯定还存在不当甚至错漏之处，恳请学界同仁批评指正。

张　宛

2019年8月

原作者序

这本书的作者帕特里奇博士曾经是我的学生，但我们之间作为邻里和朋友相处的时间更长。将我的著作理论做一个摘要汇编，这是他的提议。当这件事着手进行之后，我发现很难找到比他更适合的人选。我通读了整本书稿，发现有很多地方令我不胜欣喜。首先，我看到自己在不同时期、不同地方发表过的各种零散的、并不完美的观点，被组织在一个具有逻辑性的理论体系当中，特别像作者在本书的第一部分中所完成的那样；其次，我也惊讶于帕特里奇博士对于我的一些短小、晦涩的文章竟是如此熟悉，并为它们在这本著作中找到了恰当的位置；再次，我还欣喜地发现，帕特里奇博士在此著作中尽力保留了我原本的措辞方式，并以简化、精炼的表达进行改良。因此，在这里我无须多言，只须证明本书已忠实地体现了我的观点。对此，我非常乐于作证。

格兰维尔·斯坦利·霍尔

克拉克大学

伍斯特，马萨诸塞

1912年1月12日

原编者序

本书将向教育学专业的学生及对教育感兴趣的人们阐释克拉克大学霍尔校长关于教育的起源哲学的一些观点。霍尔校长是该理论的创始者和最富激情的代表人物。简言之，本书就是对于霍尔校长这一理论的基本观点的集合整理。在编写过程中，本人未添加任何霍尔教授著述中未出现的内容，也未引用任何其他来源的文献。

作为历史上教育哲学领域最重要的贡献之一，尽管霍尔教授的理论已影响到学校系统各层级以及国内外追求人类福祉的所有的活动领域中，然而为了更多的人能够理解并运用，其理论仍需以某种简明、综合的方式进行阐述。到1909年止，霍尔校长所撰写的包括文章与书籍在内的各种教育出版物已达295种之多。除数量庞大以外，其写作风格及发表形式的复杂多样都给非专业读者的搜集和学习带来了困难，对我的搜集整理工作也同样如此。本书并不能涵盖霍尔教授教育理论的方方面面，但求沿着其论述的主线，以概要的方式将其遗传学观点在教育问题中的应用呈现出来，方便读者认识和理解。我在本书中特别注意不遗漏霍尔教授关于情感、道德、宗教及运动方面的观点，以及我坚信霍尔教授比其他人更有见地的教育思想。但如果通过我的阐释，让读者们认为这是一个封闭的理论体系，或者认为霍尔教授的理论已经建构完成，这都是我们不愿看到的。在许多重要的主题之下，我们依旧期待霍尔教授以其新观点去丰富、深化我们对教育的认识。本书的一个不足，便是在对霍尔教授理论的概述当中，很难完整保留其原著中的论述方式、丰富的内容及充足的事例等。我所能做到的，就是在本书中涵盖霍尔教授的基本观点以及遗传原则在教育中的一般应用。同时希望读者们将本书看作对于霍尔教授教育遗传学理论的导论，而非总结。霍尔教授的很多著作都值得我们每一个学生去细细品读，如果没有读过霍尔教授最具代表性的两部著作——《青春期》和《教育问题》，你就不能说自己懂教育。

很难简单地阐明本书材料是如何组织的，因为我没有遵照一种统一的方法。在编写过程中，我经常做的就是浓缩观点，偶尔会直接引述原文，但更多的时候则会用自己的语言来做一阐释。我力争将所看到的观点在本书当中全部呈现，但要依据本书的逻辑结构重新组织。这样一来想要说明每个论点的出处就变得困难，所以我只在每个章节的主题之下列出该部分主要的参考文献。在本书第八章当中，我使用了大量自己的语言来阐释遗传教育学的基本原则，为了表述的简明性，我对这部分内容做了较多调整，因此与原著的表述差别较大。我对这一章的结构进行了重新架构，一方面是为便于向读者说明教育的起源哲学的实际功用，另一方面是为了通过章节间的逻辑关系，展现一个清晰、系统的教育哲学知识体系。值得注意的是，在本书中我所采用的编排方式同样有其局限性。最终确定的方案意在呈现遗传学原则的工作原理，其中包含组成教育核心主题的三组问题，即本书的前三部分内容。第一部分即教育理论的哲学、生物学及心理学基础，主要阐释作为教育活动基础的关于人类本性的一般科学性原则；第二部分阐释教育的一般原则（包括人类意识进化的整个过程及环境的一般性影响等）及其在家庭、学校及其他社会教育机构中的具体应用；第三部分具体阐述学校制度及教育原则在学校教育系统各层级与具体教育问题中的应用；第四部分是对宗教教育、女性教育及种族教育等特殊问题的论述。在这样的结构安排之下，一些论述会重复出现，这样既有助于对教育哲学的基本原理进行深刻阐释，也有助于更好地阐明每一章节的具体主题。

当今时代，不论是教师还是公众都缺乏教育哲学的基本知识，在学校或家庭中也很少出现就某个教育问题进行的广泛讨论。一些先前的教育哲学家福禄培尔、黑格尔和赫尔巴特的观点已无法满足当前人们对教育和社会的需求，他们关于教师培养的观点尤其如此。由于晦涩难解，那些理论难以启发教师的心智，从而很难使教师在思维的广度与实践的智慧方面获得启示；而且一些观念已与教师的日常生活缺乏联结，若照此教学只会肤浅而刻板。

然而，崭新的教育起源哲学同样面临问题，因为目前我们还无法证实该理论就是指导学校与家庭教育活动的最佳选择。本书中的理论体系尚不完整，且（在很长的一段时间内）将一直处于发展之中；但可以肯定的是，该哲学首次涉及并关照了教育领域的所有主要问题，较之传统理论更适合现代教师学习。该理论的最大优势在于，它对当前时代的教育实践所进行的理论思考，更易于实践者理解和掌握，使其能够联系自身经验，对理论进行反思，应对亟待解决的问题。通过阅读本书，读者会站在人类种族历史与未来的视角，去看待自己的童年生活与成长经历。本书的构想与视野十分广阔，然而，对于不善哲学思考的普通读者而言，又并非遥不可及。这样看来，遗传学观点是有益于民主的，它对日常生活中的基本事实进行阐释，在探求真理的过程中对人类的一般情感和常识赋予极高的价值。该理论被视为目前哲学界所流行的实用主义思潮的表现形式；而从遗传学的角度研究教育，也成为引入新人文主义理念及其他哲学分支的最佳途径。该理论的中心原则堪称一切实用主义理论的基础——人的实践兴趣是评判一切理论问题的标尺，也是评价一切人类机构的价值的标准。

理想的教师培训应在教室中进行，应当根据教育起源哲学的理论所述，为教学提供理想的条件。未来的教师们会发现，虽然常识和人类本能是形成教学方法的基础，但这无法代表教育学科的完整理论结构。以科学的视角对儿童进行更广泛的研究，才能解决教育教学的具体问题。在发现问题、解决问题的探索过程中，未来的教师需要不时回到实践中进行验证；并在不断拓展的理论与实践基础之上，去发现更深层次的教育问题。只有通过这样辩证循环的过程，他们的视野才能不断拓宽，经验才会不断丰富，直到最终触及教育问题最广阔、也最接近科学的层面，即教育哲学。教育哲学的基本原则包含着对人类生活的最深刻阐释。教育的起源（或进化）哲学是有关人生的科学与哲学的具体化形式，一切人类生活的实践活动均在其研究视野之内。如果该哲学需要某些更根本的原则来检验和批判的话，那么教育实践者则无能为力。

此外，教育起源哲学的基本原理不仅可为教师所用，也可以为父母与家庭服务。可见，学校与家庭是儿童教育的共同参与者，理应遵照共同的原则。在即将到来的时代，身为父母必须了解学校教育的基本原则，才能胜任父母的职责。教育的起源哲学将会成为父母与教师共同的知识储备，因为该哲学阐释了在各种内外力量的影响下，一个完整的个体是如何发展的；各种力量相互影响配合，共同作用于个体的发展。

尽管本书的预期读者群体是教育学专业的学生以及对教育感兴趣的人，但我也期待哲学家和各学科专家能尝试一读，并为教育的起源哲学——目前教育可遵循的最丰富的实践原则——提出一些有洞察力的批评意见。不论这些哲学家的批评是否得当，他们都将借助自身的影响激发人们对于重要教育问题的关注和思考。每个儿童都应当接受教育，不管我们是否有教育哲学。我们的教育还从来没有到达过这样一个节点——在这里我们所有根本的教育原则都建立在稳固的科学和哲学基础上。或许我们永远不会达到这个节点，但是科学与哲学是不可或缺的。任何对实践有所帮助的哲学都值得倾听，不论其关注的问题是否基础或逻辑是否连贯一致。我们是否还要将教育学中缺乏这门基础学科的状态继续下去？有了这门学科，既能满足当前教育的实际需要，也能满足理性的要求。哲学家们的研究常常与社会生活、商业和教育相距甚远，他们宁愿把这些工作留给经验主义和实践者。在哲学家眼中，那些人不需要思想的连贯性，而且毫不畏惧跟随信念而非理性的指引。但如今，随着实用主义及人文主义思潮的发展，哲学家及各领域的科学家难道不应当用其领域的基本原则分析一下新教育的问题，或者为满足新教育的需要将其理论做些调整吗？我们已从批判哲学的视角讨论过进化理论的局限和意义。教育的起源哲学的提出难道不是打开了哲学研究的新领域，且为新教育实践提供了理论保障吗？如“复演论”等基本原则难道不是最根本的原则吗？这些理论是独立存在的，还是出自某种更为激进的哲学？我们是否可以依靠哲学来阐明如下问题：专业性的社会服务是否有碍于个体的发展完善？社会力量是否与天性相对立？以及理性与情感的冲突，对美的感受在教育中的地位，等等。所有这些问题都在教育的起源哲学中有所涉及，有些已有答案，欢迎大家对我们的观点批评指正。在本书中我们将展现学术性的哲学思想对于实践的指导性意义，对上述问题的回答有助于得出行动、知识、美学、社会和自然等方面的基础性原则。我们发现，过去的哲学理论对教育问题并未关注。这是哲学的局限性所在吗？还是由于教育在过去尚未成为一个急需关注的社会问题，或者由于尚未收集充足的数据去争取哲学方法论的支持？到了现代社会，哲学与教育之间的关系应当是紧密联系且互惠共赢的。

在编写此书的一年多时间里，我得到的各种帮助之多，需要在此简单记述。首先要感谢我的妻子在本书的编写过程中帮我解决了措辞方面的难题，此外在其他方面她也给了我巨大帮助。衷心感谢霍尔教授在百忙之中热情支持并推动本书的编写工作。感谢克拉克大学图书馆馆长路易斯·N. 威尔逊博士以及他的同事们不辞劳苦地帮助我查询了大量资料，一句感谢不足以表达我的感恩之心。感谢伍斯特公共图书馆的罗伯特·K. 肖先生，因为他的友好与慷慨，复杂的事情变得简单。同时感谢其他的朋友，尤其是伍斯特的乔治·富兰克林·柯莱特夫妇和波士顿的沃尔特·德鲁·洛林夫人，我对他们的感谢难以用语言来表达，是他们让我拥有了巨大的勇气。最后还要感谢我的小女儿米莉亚姆，在我生病的几个月间，她每日奔波忙于照顾我，在此也向她表示最真挚的感谢。

帕特里奇

伍斯特，马萨诸塞

1912年1月16日

目 录

第三部分　学校制度

第四部分　特殊问题

附　录　霍尔论文

第一部分

教育的哲学、生物学和心理学基础

第一章　什么是教育

从某种意义上说，教育可以被界定为环境的全部影响。从生命伊始直至最终，个体或多或少会受到他所接触到的每一种事物的影响。教学和其他对于个体塑造发展所做的有意识的努力都是这个整体影响中的一部分。这些努力的性质与规律在完备的教育研究中仍须受到重视。这样考虑，教育的目的也就清晰起来。如同自然选择、性别选择和适应一样，教育是种族进化中的一个因素。它是将个体发展乃至种族进化传承下去，并推向更高水平的一个途径。人类尚不完美，或有许多巅峰经验尚未经历。人类或许尚处于自身种族发展的起点，对其终将走向何处无人能够预见。若果真如此，那么当前一代的职责就是为种族后续的发展做好准备。为了将遗传素质尽可能地传递下去，同时赋予新一代以新的素质，当前一代必须充满活力。这种对后续发展所做的准备能以怎样的效率实现，是对社会价值观、教育价值观乃至社会中所有公共机构和个人道德的一种整体考验。若想考察在增进人类福祉方面各方力量都做出了哪些努力，这会是最好的评判依据。

一个关于利己主义与服务之间冲突的古老道德问题立刻摆在我们面前。为人类福祉贡献一生意味着自我牺牲吗？仅仅以追求个人利益为理想有其存在的空间吗？站在种族进化的立场，我们不难发现，个人福祉很大程度上与种族利益是一致的；而在这个个体与种族共同利益的范畴之外，还存在着另一个个人利益的区间—— 一旦跨入这一区间，便意味着向未来预支其权益。教育的任务便是向人们揭示如何使个体发展到一种完满的水平——个体一方面可以拥有正常健康的个人生活，另一方面也可以最大限度地为人类服务。因此，教育须使年轻人热爱全人类，要培育他们的本能和信念，使他们在个体利益与种族利益发生冲突时，永远将种族利益置于优先地位。这样看来，对年轻一代的教育不仅是至关重要的、具有道德价值的工作，同时也是最具包容性的工作。因为在某种意义上，它几乎囊括了人类所有的实践活动。没有哪项人类活动会像训练儿童那样，需要如此广博深刻的知识与如此殚精竭虑的思考。

如果这是对教学功能的一个恰当认识，那么教育科学就不可能以某种单一的原理为根基，不管是哲学原理还是科学原理，也不管这些学科领域已有多么广大。人类的一切科学与实践活动都必须对年轻人的教育产生直接或间接的影响；否则以上述价值标准来看，它对人类生活就缺乏深层次的价值了。要想充分认识教育的意义，并明智地参与其中，需要我们拥有关于人类思想、行为等诸多领域的广泛知识，同时也需要我们对所能达到的目的做最严肃认真的考量。

理论家们总试图从哲学体系中演绎出教育的原理，用几个毫无意义的公式去套解所有问题。奉此类哲学为圭臬的教学自然是狭隘的、程式化的和形式主义的。教育理论具有极强的综合性，人类生活具象的兴趣都包含其中，因而不应被如此抽象地对待。也正因教育关注人类生活的深度之深、广度之广，使得终极哲学在教育科学的建构中是不可或缺的。在人类生活深刻的目的之下，我们有意或无意地遵照着信念去行动，这些信念就是构成我们哲学的主张。同样，教育也必须去假设或发现那些体现世界最深刻、最完满意义的理念，并将其作为一切教育思考与努力的基础。

过往的哲学太过抽象、形式化、远离现实生活，难以为丰富多变的儿童教育提供基础与支持。其主要功用是对过往经验进行分析和总结，并不能预测、指引未来的行动。这些哲学无法鼓舞青年，亦无法提供健康、有效的训练青年的方法——而这些功能正是教育哲学必不可少的。因此，我们将在一种崭新的、从未尝试过的哲学中找寻教育的首要原则。

第二章　教育的哲学基础

一种真正的哲学不论其目标、价值何在，必须接受两项检验：一是看它能否激发青年对于生活的正确态度，二是看它能否给整个社会注入一种正确的教育观。它必须是一组能够为教师和家长提供深刻、健康之动机与信念的原理，且是一个能够适应高效生活、实际生活的信条。简言之，一种哲学要想成为正确的哲学，它不仅须在逻辑上自成一体，还须有实践上的担当。它不仅要支配实践，更要为实践服务。从深层意义看，将教育视为哲学的基础，正如将哲学视为教育的基础一样恰当合理。在最深广的意义上说，哲学源于生活，哲学所包含的心智力量在人们完成日常生活任务的过程中体现出来。只有当这种心灵智慧既能指导判断，又能支配行动时，哲学与生活的联系才真正建立起来。

因此，哲学必须经历的真正考验繁多而严峻。哲学首先须是乐观的，须面向未来，而非追随过往。哲学的探索必须出自本能（instincts）与情感（feelings），并与之保持和谐。哲学不能有违常识，不能有违我们由视觉、触觉等感官所感知的一切，且应对现实生活保持认同。哲学须同时为自然科学所探究的事实和理念与想象世界的真理找到安身之地。最重要的是，哲学必须鼓舞年轻人去行动，同时激发他们对于知识的热爱。

这些考验要求哲学尽可能地将真实的世界呈现出来。生活是怎样的，哲学也该是怎样的。我们生活在一个由事实、规律和自然物组成的世界中，而这同时又是一个精神性的世界——在这个世界中，想象重于认识，笃信先于证实。真正的哲学须启发心智，使人们能够同时感知这如此不同的两个世界，去相信和享受它们的存在。如果仅满足于将哲学视为具体经验的替代物，并将智力活动等同于推理，无疑是个错误，因为这无助于我们认识一个更真实的世界。思考并非通向真理的唯一确定途径。理智活动至多只是精神世界的表层部分。过多地分析、反省与批评是一种病态，会使我们陷入一种只重现实的狭隘视角，而无法达致永恒真理。那些论证严密的哲学和神学体系已离我们远去，而那些来自心灵深处的哲学却以诗歌、传说、信仰的形式保留了下来。所有伟大的真实记述、宗教和道德观念都是人类情感的呈现——那是一些只能相信却无从解释或验证的东西，是一些无法在争辩和论证中触碰到的真理。

任何无法鼓舞年轻人热情、使之对现实充满兴趣的哲学都是缺乏价值的，那些只重培育理智、却轻视情感，只顾引导人们去认识宇宙、却以破坏敬畏与好奇之心为代价的哲学，是不足为训的。因为它无法经受住我们最深刻的检验，无法带领人们步入一种兴致昂扬、积极行动的未来生活。理智相比直觉（immediate feelings）并不拥有对真理评判的更高权威，因为理智仅代表个体，而直觉却是为人类（种族）所共有的，它可能会向人们揭示更多非个人的真理。所有的思想最终都要接受这一检验。每一样希冀被视为真、善、美的东西都必须经过实践的检验。任何与我们做教师或父母的最深刻的直觉相冲突的东西，或者那些不适合教给年轻人的东西，在最深刻的意义上都不能被称为“真的”。

任何哲学若要证明自身的价值，都必须对新一代的教育有所贡献。恰是在此意义上，哲学是依赖教育的。一切真理都有其使命，即为行动和经验指引方向。因此真理最终应作为教育蓝图的一部分，被视作推动人类进化的工具。思想与行动是相互依赖的。仅仅从实际行动的规则中无法推导出任何真理体系，同样，如果对于生活意义没有最深刻的领悟，那么实际行动也无法万无一失。

若以上述标准判断，当今学院（大学）中教授的大多数哲学都是缺乏价值的。其中许多哲学只进行了批判，以否定性的结论收尾，而提不出有价值的信念或主张；或者过于理性，过于依赖分析。此类哲学不仅无法指导行动，反而与现实需要渐行渐远。它极可能破坏人们对于实证科学的热爱，并妄图用臆想的肤浅准则取代对真理的自然检验。从这类哲学中无法得到任何对教育有益的东西，也无法推导出教学艺术的准则。

用上述检验真理的方法对所有经验事实进行筛选，才能理解哲学在何种意义上能被称为教育理论的基础。教育的最普遍、最正确的事实与原则是什么？也就是作为教育思想与行动之基础或出发点的永恒真理是什么？——我们无法奢望这些哲学基于某一逻辑立场形成一个完全和谐的思维系统，但它绝不能与道德、常识、本能和科学事实相冲突。

“空间”是宇宙中已知确定的第一要素，它是一个无限的、完美的连续统一体，任何事物都能存在其中——不论是神、物质，或是灵魂。空间是真实的、不可分割的。空间的存在无须任何证明，且产生于其中的各种信念是无法被证伪的。人类心智应当持有这一信念——像某些哲学那样试图通过意识去证明空间存在的努力，都是错误且徒劳的。

无论我们向何方张望，都会发现空间已被占据了。这个世界被现代物理学所谓的“以太”所充满。“以太”无所不在，虽然我们凭借感官只能把握它极小的部分，但对它的沉思仍给人以温暖亲切之感。作为宇宙的基本元素，“以太”充满了无限广大的空间。

然而，宇宙中的物质并非静止于这一空间之中，它们还拥有巨大的力量。这些物质在空间中持续运动，其成就如此巨大以至于我们很难理解。当我们将其解释为宇宙的意志和自然的支配时，对宇宙力量的亲切感便油然而生；虽然我们并不了解这时时处处都在发挥作用的是一种什么力量。

这种力量是如此伟大，又高深莫测，它并非一个反复无常、异想天开的怪物，而须服从于永恒的法则。自然科学的进步使我们更加坚信宇宙的存在与运转是有“法”可依的。而且，参加复杂而有序的社会活动的经验同样增强着我们的这一信念，即便是在宇宙最遥远的地方和最令人费解的人类行为中都存在着规律与秩序。发现宇宙运行的法则使人们能有效预见未来，这给人类生活带来了安全感。在一个自始至终为法则、理性与因果规律所支配且按自身规律运转的宇宙中，人类行动获得了向导与支持。

然而宇宙并不仅仅是一台为规律和秩序所控的机器，欣欣向荣、激情四溢的景象比比皆是，令我们感到整个世界都是那样生机勃勃。每种生物都受到生存和想要享受更高级、更美好生活的意志的驱使。

最后谈一谈种群进化的原理。生物种群所经历的是一种逐步由简单到复杂、由低级到高级的变化。种群中的优胜劣汰是必然的；物种机能的改善随处可见，人们娱乐享受的范围也不断扩大。一切生长规则都是友善的，多方面的证据使我们相信：善意与仁慈是一切事物的根源，有一种友善的、关心人类福祉的力量存在；生存是美好的。

乐观、进步的哲学是以感觉、常识和科学事实为依据的。能否激励年轻人以正确的态度对待生活，是此类哲学必经的检验。乐观、进步的哲学能引导年轻人走上明智、奋进的人生之路，因此可作为教育科学赖以建立的思想和信念背景。这并不意味着从哲学原则中提取所需的教育观念，而是要将看待现实的整体观念融入教学之中。

第三章　生物心理学

既然科学和哲学的某些原则满足的是人们思考与生活的深层需要，那么教育哲学的任务就不是运用这些原则去怀疑和批评，或遵从那些逻辑精确的种种指示，而是要将这些哲学原则以最全面、最可能的方式，运用于对儿童成长的研究当中。各门科学受其研究范畴的限制，未必都关注儿童成长问题，但科学总是以探寻真理为目标的。此刻，我们或许应将心理学放在各门科学的中心位置，因为它是研究儿童心智的科学——而这也正是我们最想了解的。

近年来新兴的心理学理念基于这样一种表述：没有哪种精神病，不伴随有神经症。这说明心理学已经在为每一种精神状态与病症找寻其体质或天性中的对应因素了，这是生理心理学、心理物理学运用实验方法想要解决的主要问题。就目前这些学科的发展而言，这些努力都是有益的，但是它仍将人类心智的研究限制在了一个狭窄的范围里。由查尔斯·达尔文引入生物学中的原则已经带来了一种更富成效的研究方法。这一方法不仅比实验室研究更重要、更意义深远，而且也为接近事实真相提供了可能。这就是生物哲学的研究。生物哲学已将其研究领域从成人的个体心理发展拓展至古往今来的一切形式的心理现象，而且改变了对生理学阐释方式的依赖，转而用生物学解读各种心理现象。

生物哲学认定的基本事实是，在种族和个体意义上，身体与心理都是共同进化的，是一个连续的进化过程。因此，对一切心理现象的解释都必须考虑其身体因素；而且在进行个体研究时，不论是心理还是身体，都必须将其放在与整个种族历史的联系之中进行考察。我们必须用进化原理去解释一切心理学问题，直到我们完全掌握心理发展的自然历史。心理学研究必须以事实为对象，而不是像过去那样只关心那些根本原则。心理学应对一切心理现象及由其引起的一切行为表现进行研究，包括对动物本能、神话、风俗和信仰，反射与无意识行为，疾病与异常的研究。

从广义上讲，遗传学可以为心理学提供新方法并提出新问题。它旨在通过在广泛联系中追根溯源的方法来解释心理过程和状态。比如，想要认识人类心理的某种特征，不单要考察个体心理过程与神经系统变化之间的联系，从过程中分析影响要素；还必须了解这个特征在个体身体的起源——这里面既包括个体身体和心理两方面的表现与关联，也包括该特征在其种族中产生、发展的全部历史。虽然将研究进行到这一水平是尚未实现的理想，但对人类生活的每一次研究都应努力向这一理想靠近。因而遗传学研究有两个主要分支：儿童发展中的心理研究和种族进化中的心理研究。如果不对这两方面进行充分考量，则无法深入理解任何问题。

这正是教育科学最需要的心理学，此类心理学关心童年发生的事情及其意义，因为在儿童身上最基本的人类生活特征都以最简单天然的形式表现了出来。令人惊讶的是，直到今天心理学才开始关注童年。在这里，我们可以用自然主义的方式开展调查研究，保护事实，并用归纳法从事实中得出某种原则。这种遗传学新方法是如此有效：它为科学研究和实际生活都做出了很多贡献，对于解决哲学和心理学问题也有诸多裨益，它为宗教学提供了最重要的原则，并提出了一个与现代科学相契合的完整生命理论框架。

具体而言，将遗传学方法应用于生命问题的研究有很多途径。即便仅在儿童研究这一领域，调查法也可分为不同类型：童年研究可以分阶段进行；可以就某一儿童个体做详细研究；也可以从多名儿童身上收集资料，然后就某一特殊主题开展研究。一些研究是实验性的，另一些则完全基于观察。摘要列举法或问卷法特别能体现遗传学方法的精髓。通过这些方式，能够收集到大量不同年龄段个体的数据，使研究者得到一幅反映某种特征形成、发展全过程的图像。这些方法与先前常用的内省法或解析法形成了鲜明对照，不再仅仅通过个体的心理来分析心理状态或过程。这种遗传学方法已被运用于大量研究主题（包括情感、语言、社会交往活动、宗教生活等）当中。

作为一门研究人类心智问题的各种表现和表达方式的科学，心理学尚处于起步阶段，而远非其事业的终点。不仅有很多心理学问题没有得到解答，而且大量问题尚未被发现。摆在眼前的工作是要将一切与心理相关的事实一一记录下来并做出解释，其中包括个体的，也包括种族的；并将每一种心理特征的发展历史进行记录。因为目前所搜集到的数据还很微不足道，所以对大多数问题我们还难以下结论——每年都有一些重要的心理学观念被推翻——对学科发展的前景也无法做出有效预测。心理学必须自始至终像其他自然科学一样，重视归纳法，必须认真搜集事实资料，以便基于事实得出结论。特别是像对心理本质、物质本质这类问题的解答，必须留出广阔的空间。在对身体和心理临床表现的研究中，必须注意二者的相互作用。我们必须先肯定以下假设为有效假设：没有哪次心理过程是不伴有身体表现的，二者是同一过程。若非如此，我们便无从了解一方是如何作用于另一方的。科学信念使我们相信，在未来某一时刻身体与心理终将作为一种更高的实质或原则的一部分。在这些实质与原则之中，法律与自由、精神与物质、固有与超越都将失去它们的片面性而最终作为整体出现。但是眼下我们必须甘愿去做无法立刻得出结论的工作；必须把这些问题放在一边，去采用那些使我们的头脑能够自由质疑的假设。心理学者必须去发现新的事实领域，而不要试图站在已掌握的少量事实之上去构建原则。唯有如此，人类生命科学才可能宽广到足以支撑其实践活动，而实践活动又必须依赖这些科学，在这个过程中最重要的部分便是教育。

第四章　遗传心理学的基本原理

遗传心理学将时间的无限性假设为一个基本事实，并将其视为其他原则得以成立的前提。时间无始无终，可延伸到十分久远的过去，又指向无限遥远的未来。只有将每样事物、每件事情都视作一个漫长发展过程所产生的结果，才能对其做出合理解释；同时，每样事物、每件事情又孕育着未来的萌芽，对未来而言，它成了某种起因或遗传的起点。发展变化是连续不断的。没有什么是静止不动的，人类自身正处于一个朝向更高形式积极发展的阶段。虽然从许多方面看，人类的身体发展已经达到了最高水平，但其心智仍在不断加速发展。工业、社会、道德、宗教生活等方面的变革，从未像今天这样波澜壮阔。人类进化的最终结果是在宇宙中不断繁衍生息，虽然人类将向着怎样的方向进化还难以确知，但种种迹象已表明，人类还在进化当中，远未发展到其最终、最完美的形式，即人类历史上最美好的事情尚未发生。我们同样无法确知人类或其他物种的未来。当今天统治地球的高级种群——人类走向衰落之时，某些动物种群或许终将超越人类这个现阶段最先进的族群，取得生物界中的统治地位。

这便是达尔文得出的关于“人”的概念。他认为人类心理如同其身体一样，应被视为是从动物进化而来的。这一观点适用于身、心两个方面，因而不论是对身体还是心理进行研究，都须通过归纳法。只有在心理发展的过程中才能研究心理；只有从变形虫开始，对生命心理的所有发展阶段进行描述，才能说完全了解了“心理”。研究情感要注重表情观察，研究意志要观察行动，研究智力要考量洞察力，而不是使用实验室中的各种方法。

我们应持一种“动态”的视角去研究心理现象，心理现象不应被看作是固定静止的，而应通过反省的方法仔细考察其过程以对其充分了解；因为如果那样，揭示出来的就只是其中最细小的力量和意义。心理所包含的内容远远超出了有限的个体经验，种族发展的所有过去与未来都包含在其中。“心理”是在种族中成长的，经历了我们所能想象的种种极其不同的发展阶段才成为现在的样子。心理现象是如此复杂，以至于从没有任何一次相同的情况重复出现在同一个体身上，也从未出现过两个完全相同的头脑。人类心理发展乃是几百万年来不断与大自然斗争的结果，经历了无数白天与黑夜、酷暑与严寒，人类心理建立起了与自然秩序相适应的某种节律。在水中与树上生活的漫长时期，给人类心理留下了深深的、难以磨灭的印记。天空、微风、暴风雨、花朵、动物、古代的各种劳作方式，决定了人类会畏惧什么，热爱什么。这一切都遗留在现代人类的情感结构当中。在经历长期劳作与苦难的过程中，人类被深深震撼着，慢慢被塑造成现在的样子，人类心理的每一种功能都透露着其所经历过的不同时期的印记。到目前为止，人类——大自然这一最绝妙的作品并未大功告成，他满身创伤，不擅协作，难以自控；在许多方面无法适应生活中的实际情况。在人类身上，野蛮的动物性冲动依然存在，这些人类心理的古老形态动辄就会显现出来——这就是人类心理、身体在其种族起源阶段所形成的特征。的确，我们的思维与感觉从古到今是如此接近，若不去了解人类自古以来的发展历程，则人类的许多心理现象会令人费解、神秘莫测。而当我们参照种族的历史，对种族心理进行研究时，许多难解的现象与问题就都迎刃而解了。

这一观点是入门心理科学的一个关键认识。只有站在这一视角上，人们才能把握心理的意义，才能够解读日常生活中的一般事实。只有不忘考察人类种族心理的整体表现，同时对大量不同个体的心理现象进行客观研究，才能对人类心理的范畴、深度和含义作出界定。个体心理是世界上一切有灵魂的生命的碎片式表达。个体并不完美，受到方方面面的局限；然而整个心理或灵魂又异常复杂、高效而有序。与能有意识表达的部分相比，心理所包含的全部内容要庞大、丰富得多，不论从个体角度，还是种族角度来看都是这样。事实上，心理所包含的最为巨大的能量来自意识深处，而这更要回溯到种族发展的源头。潜意识的力量在意识领域无法显现，因为它们位于意识阈之下，不以意识或智力的形式呈现。潜意识活动的最深处埋藏着人类发展的过去和未来。可以这样说，与有意识的思维相比，那些冲破意识阈而“浮上水面”的冲动才是精神生活中更加真实的部分，因为它们指向生命中最重要的兴趣。因此，可以认为，构成心理的正是那些推动生命发展完善的力量：一种我们无法通过内省去发现的力量，因为即便其从本质上说带有鲜明的意欲性，也并不属于意识领域。这种力量便是求生的意志，是一种推动自然界发展的伟大力量。所有生命无一例外都被包含其中。这种力量的运动是不间断的。人类、动物、植物，甚至所有非生物都在这种力量的推动下不断发展、进化。因此各种形态的生命，也包括心理本身，从其本质上讲并无二致。尽管目前的理论还难以透彻解释生物进化是以何种方式发生的，以及生命物种和心理现象是如何起源的，我们仍可以满怀信心地假定，自然界中的一切发展、进化具有相似性。我们必须认定，不论这些发展进化的表现形式何其不同，它们都有着相同的本质。不论我们用反省法所认识的心理或精神是怎样的，都必须看到它与世界上其他精神生命的密切联系；都必须认定某一物种的心理发展不仅是对当下种种以及自然界中的一切力量的敏感反应，同时也是对其经历过的久远年代的反馈，并与过去、现在和未来一切精神现象都密切相连。与身体相比，灵魂并不是可以独立存在的自在之物。心理成长所反应的不仅是大脑的发育，更是身心整体的成长，这是一种与物种发展的历史紧密联结的错综复杂的成长。

心理能力有许多种类，一些属意识领域，另一些接近无意识；一些尚在发展，一些已经衰退。如同身体一样，心理也有性别之分；心理是变动不居，又相互关联的，是由许多部分构成的动态平衡，如同身体的各部分一样。在种族世代延续和发展中，一些局部心理机能变为了核心能力，而今又湮没无闻；原先属意识领域的机能慢慢进入了本能或反射的范畴。还有许多在古代未充分发展的心理能力到了今天发展为主导性机能，而日后又将退化并消失，或者退居无意识。由此我们看出，心理机能处于不断变化之中，精神生命也在地球上生生灭灭。已经有难以计数的心理机能消失了，取而代之的是现存的这些新机能的产生。据此，我们可大致勾勒出自然界在不同时期为各类物种提供了怎样的生存环境。许多已经消失的物种的基因（或遗传物质）都存在于我们的血脉之中，我们继承了它们在久远年代生存时所形成的心理机制，能够隐约感知它们当时的生活状态。在人类意识中留有大量久远年代的痕迹。一些被认为无足轻重的心理经验可能是已消失的重要精神病症的残迹，而一些稍纵即逝的想象经常让我们瞥见远古生活的情景。在我们所有的高级思维与情感之中，那些早期低级的部分总会以某种方式表现出来。这些残迹大多处于休眠状态，只在一些非寻常的情景中被唤醒。我们拥有许多祖先的遗传，其中许多物种高级心智发展的效能和前景是优于我们的；而当时它们所拥有的某些高级的心理机能，现在在人类大脑中已退居无意识，或极少再发挥作用。

关于人类身体与心理种种事实的认识与证据环环相扣，不容置疑。不论精神还是身体，二者都明显带有许多祖先的遗迹，尽管孤立的每一个点的解释并不那么令人信服，但若将这些解释综合起来却能形成一条难以辩驳的证据链。身体能够进化早已是一种共识，无须再去证明。人类身体与其他动物种群之间有着密切联系，也有充足的证据。胚胎阶段是最好的证明，产生于此阶段的鳃裂是进化假设的完美例证。然而，一个假设往往不会只依赖于单一的证据。其他器官组织，包括身体的外部和内部结构，无不提供着强大的证据。

若不将物种进化视为一个整体，将人类与其他物种之间的紧密联系假定为首要原则的话，便无法对人类躯体的进化做出合理解释；若不承认人类自身包含着久远时代的种种遗迹，也是一样。这就是为什么古代人类的躯体特征与现代人差异显著，却在很多情况下与自远古至今不同时期的动物的躯体特征极为相似。虽然我们无法确知人类进化至今的具体历程，但是我们知道这是一个从原始形态不断演进、上升的漫长斗争过程，这是基因科学最为珍视的事实。

心智如同身体机能一样保留着过去的痕迹，这也是无须争辩的事实。虽然从心理发展阶段来看，心理进化的证据常不如身体进化那样直接，但古老的精神病症也如同古老的器官组织一样显见可察。对于精神病症，如癫痫症的研究，揭示了精神异常与肌体异常之间，以及与过去人类心理发展历程之间的密切联系。人类的求爱行为、照料幼儿、犯罪、许多催眠或类似催眠的现象、恐惧、下意识的习惯等，都需要在进化理论中找到合理的解释。婴儿期的许多行为也需要一个这样的解释。诚然，证据在前，我们必须接受如下结论：同肌体一样，人类心理经历了进化的过程；人类心理现有的功能本身就是很好的证明。若非回到久远年代的生存条件下去考察人类某些心理机制的功用，人类心理的许多特征将无法得到解释。且当我们确信人是进化而成的，若人的身体包含有过去的痕迹，则完全应该相信人类心理也共有着这些痕迹。这一结论是周全的，不会有例外，我们只需将其接受下来——必须看到包括人类在内的各种生物，其心理和身体当中都充满着古代生活的痕迹，了解这些对理解日常生活中的琐细事件有重要价值，对于教育活动和一切涉及种族“有意进化”的努力同样具有重要意义。

考虑到性质与内容的不同，我们曾认为心理与身体二者相距甚远。结合个体与种族进化的过程，去探索心理和身体发展的动力是非常重要的，同时要考虑两系统之间的关系，即个体发育与种族进化二者之间的相互关系。发现发展规律是基因科学的主要目标之一；在关于人类的实用科学中，这些法则也具有重要价值。而在《复演律》（*Law of Recapitulation*）中，几乎包含了关于发展事实的所有构想。这一法则宣称，个体在成长中的顺序经历着其种族进化发展的相应阶段。以人类这一高级种群的个体为例，从生命产生之时到发育成熟的完整周期当中，个体经历了该物种发展进化的全部阶段。在完整的进化过程中，人类这一物种从单细胞生物进化至今天成熟、文明的人类。复演过程中，个别阶段会不易识别，也会出现阶段性重复或被打断的情形；个体有时须在一天或一年中“经历”其种族成千上万年的发展历史；环境也会以不为我们所知的方式改变这一过程，或将其变得更加复杂。但大体看来，个体正是在“复演”其种族的发展历程。功能与器官，肌体与心理——兴趣、习惯、躯体性状和身体形态——都处于生长之中，在一段时期内旺盛发展，随后消失不见；或进入了新的发展阶段，状态发生改变，低级阶段的存在似乎只是为了等候高级阶段的出现一样。在胚胎生长的最初时期，复演的阶段能够清晰地被标记出来——作为完整的发展过程，与其种族发展的步调相吻合。在随后的发展阶段中，个体发展对种族进化的复演更多表现在某种肌体功能上，以片段或指征的方式呈现出来。在胚胎发育时期，胚胎器官最初时期的发育与物种最初的海洋生活经历有关，其后才发生改变。鳃裂的出现就是很好的例证。如果没有这一阶段，许多高级器官都不可能出现，因为这些器官都是由鳃裂发展而来。胸腺就是由鳃裂发展出来的，嘴部很可能是一对鳃裂联合发育的结果，而嗅觉器官则是由另一对鳃裂发展而来，耳朵的中部和外部则来自鳃裂的其他部分。到了婴儿时期，则不难发现树上生活遗留的痕迹，随后就被后来出现的特征覆盖了。婴儿的抓握运动、爬行习惯和很多躯体特征都表明，婴儿阶段与我们的“近亲”——类人猿的生活状态颇为相似，这一阶段之所以存在于婴儿身上，是因为我们的祖先也曾经历过。其后，儿童的兴趣和习惯也明显与野蛮的原始人类似。不论在智力还是情感生活中，儿童和原始人都有很多共同之处。儿童游戏常带有种族发展的印记；在自由活动中，儿童会表现出生命早期发展阶段的许多习惯和特征。由此看来，那种认为游戏是对未来职业生活进行预演的理论有失偏颇。游戏揭示了人类形成过程中所经历的阶段；在儿童的游戏生活中，本能的成熟和衰退，或以一种令人难以理解的顺序被其他本能所取代，这些改变只能用“复演律”才解释得通。

即便到了儿童末期，种族发展的印记也丝毫没有减退。在8—12岁的阶段，同样可以清晰地看到与种族发展阶段相吻合的明显特征。这一阶段可谓发展的高潮阶段。儿童此时已基本建立了满足自身需要的种种习惯，找到了适应环境的各种方式。对应人类种族发展的历史，这段时期气候温暖，我们的祖先以简单的方式长期、稳定地生活着；当生活变得简单容易，年轻人便会较早成熟，较早脱离成年人的照料、独立谋生。

不论就个体或是种族而言，稳定阶段之后的时期都十分动荡。一个新的阶段加入进来——在个体身上表现为青春期，对于人类各种族而言，这意味着所有高级阶段文明的到来。青春期意味着个体精神生活的全部要素的深刻改变。在这一时期要经历新兴趣的产生、情感的日渐丰富深刻和对生活更加宽阔的展望。各种精神要素之间会建立起新的联系，心理发展也会围绕新的中心而展开。

然而，没有人能够保证个体与种族之间在“复演”过程中的平行关系，这种关系很难像复演律所表达的那样精准、明确。而另一些法则则以个体发展模式的改变为前提，不再强调个体与种族发展的同步性。人类种族生长期的不断延长，导致在新的世代里，儿童将花费更长时间去接受环境的影响以便发展自身力量，他们会在不同方向上经历或快或慢的发展。这样在青春期到来时，许多身体机能已纷纷发展成熟。青春期里，当所有文明力量都作用于他身上时，儿童极易受到外界环境的影响。而在一段时期当中，儿童会被一种超越了当前文明的文明形式所引领，这种文明恰与青春期的发展方向相吻合，则儿童就成了种族未来文明形式的代表者。生长，最终意味着从青春期的可塑阶段步入成熟状态，这在某种意义上如同从高地上跌落，个人的许多希冀最终能够实现的寥寥无几。习惯在固化，兴趣变得专门而狭窄。不论对于个体或是种族而言，青春期都是一个转折点。如果说人类种族可能退化，那不会是因为知识文化的贫瘠匮乏，也不会是因为不够勤勉，而只可能由于年轻一代难以发展到其最完备的成熟状态。

从这一观点看，儿童发展便成了最重大的科学问题之一。可以说，如果让儿童自行决定，他们将会“复演”其种族的历史。然而在其生活的世界中，儿童还会受到种族传统、外部环境、社会理想等因素的影响，这些因素在很大程度上压制、改变、弱化着遗传的作用，扰乱其复演的步伐。

第五章　本能与情感

迄今为止，心理学研究对所谓的高级心理活动或智力活动过程给予了极大的关注，对本能与情感却视而不见。如果前文所述观点是正确的，那么，本能与情感是心理中最重要和最基础的部分。在人类心理当中，如本能、情感这些最基本、最具种族性和遗传性的部分不仅在数量上远远多于思维，而且在人们做某项决定时，其力量会比推理的力量大许多倍。由于具有种族性，情感与本能是人类天性中最深刻的部分，因此对其的研究应成为心理学领域的首要问题，被赋予最重要的地位。而智力则是一个较为个体化的问题，因为它是从环境中习得的结果。

对情感进行界定，分析其构成因素，对其进行分类，找到与其相关的生物学因素，这些并没那么重要；相比之下，对情感在动物界中的起源、发展和多样形式进行研究才是更重要且更见成效的。情感会即时为我们所感知，而无须精心设计实验方法去考察。一种情感越是基本，就越普遍而易被理解，其功能就越重要，对其进行全面研究的需要就越是迫切。研究情感最有效的方法是从探查个体幼年成长经历入手，收集不同成长条件下大量个体的数据资料，再参考其他物种（译者注：如动物和人类）的相关情感特征对其进行解释，并尽可能追溯其情感发展的历史，探知环境中的什么状况导致个体产生并保留下了这些情感。

我们首先应当认同一个事实——没有任何情感特征能够仅仅通过拥有它的个体的经验得到完整解释。所有最深层次的情感和习惯都是从遥不可及的久远时代继承而来的。今天我们的情感之所以成为现在的样子，是因为在头脑中残留着生命古老形式的遗迹。我们对待自然物的方式也来自我们的祖先。尽管我们无法像回忆自身过去经历一样回忆远古年代的生活，但那些久远的经历却早已植入我们最基本的态度与情感之中，相伴的还有那些用个体习得无法解释的兴趣冲动和感觉。我们必须假设，我们祖先生活在地球上的数百万年间，环境和生存方式的影响已经通过代际遗传在神经系统中留下痕迹；这些痕迹通过各种方式，或被累积，或被改良，或被利用，或部分地被抛弃。在每个崭新个体身上，这些痕迹依旧存在，并在程度与形式上发生着变化。曾经对人类种族产生深刻影响、为人类所恐惧或抗争的对象，一定会在种族心理中留下痕迹，并以遗传的方式传递下去。不妨设想，眼下我们生活经验中最深刻的部分或许在未来的上百万年中，将以同样的方式出现在人类后代身上。在运用遗传学方法对情感与本能进行的大量客观性研究中已有大量证据表明，个体行为被种族特征所支配的程度之深，导致其对现实环境只能勉强适应。若遇相似情境，个体仿佛能够感受到上百万年前他祖先的感受；而在今天，所需的反应和态度早已不同于以前。接下来在对童年进行详细描述时，特别在谈及情感、本能、习惯和兴趣等问题时，还会有一些证据支持上文的假设。

真正的情感遗传心理学必将始于对最原始本能与情感的研究，比如饥饿感与获取食物的本能，因为这些从古至今为所有生命所共有。这些本能与生存意志最强烈的表达——性冲动——一同构成了情感生活的最低层次；它是生命的基础，在某种意义上，也是一切高级能力和兴趣的基础。若要透彻理解饥饿在身心发展中的重要作用，我们应当对生物学和心理学有更多的了解。食物是欲望的首要目标，鱼鳍、腿、翅膀和尾巴等生理结构要么是为了获取食物，要么是为了避免自身成为他者的食物而产生的。动物们冬眠或迁徙的发生，都是由食物供给情况所决定。消化时产生的愉悦感是快乐的主要来源。我们的许多行为，比如大笑，亦可解释为消化功能的一部分，它来源于进食运动和食物在体内的分解过程。另外，我们有理由相信，痛苦的产生来源于饥饿带来的不适感。智力产生于努力获取食物的过程。在久远的人类历史当中，食物紧缺时期对食物的保存也是推动心智成长的重要因素。营养问题是人类心智发展中所面临问题的基础。很多疾病的发生都是营养缺乏导致的。我们可以假设，身体各器官在争夺营养物质，有机体内部各部分之间的生存竞争正在发生，这与发生在生命个体之间的生存竞争十分类似。从某种意义上讲，人体的各种器官都与消化有关，即使是大脑，也履行着消化的职能。所谓的饥饿，是每个细胞对其所需养分的无意识欲望之和。

性本能——若是对性活动缺乏认识，则对很多高级本能与情感无法透彻理解。高级情感是以初级情感为基础的一种放射和衍生。性活动通常始于青春期，随着生理结构和功能走向成熟，性的欲望也随之产生。在其最深刻的意义上，这是个体步入崭新生活阶段的标志，此刻个体对未来一代的兴趣超过了其自身。与最初的性冲动、性功能相联系的，是大量产生于种族性活动中的辅助功能与精神特征。正是这些功能和特征，成为个体生活兴趣、热情与理想产生的源泉。个体在成长过程中复演着种族的历史：最先出现的是由强烈感觉、冲动和无组织精神生活主导的阶段，调节与控制占优势的阶段紧随其后，其后经历的阶段充斥着过度、异常和犯罪的危险，正是在这样的混乱中，个体步入了更高级的发展阶段，这从宗教生活与青春早期性剧变的紧密关系中不难发现。

由于高级动物和人类后代成熟期的日益延迟，种族与个体在性活动方面发展的对应关系变得越来越复杂化。我们提到过的伴随青春期有机体性成熟出现的那些种族机能，或需要成人生活的兴趣来激发的某些功能，在生理成熟以前就已出现。那些在成年以前便出现在儿童身上的机能，有利于削弱青春期性成熟带来的冲动力量，并有助于这些冲动力量从更丰富的渠道释放出来。儿童能够进行成人的活动，抱有成人的理想，这在最本原意义上都与性活动及相关兴趣有关；但到了现在，却不再需要性的成熟去激发，而是通过环境直接传达给儿童。

笑与幽默——正如颇令内省派心理学者困扰的，用其他理论比用进化理论更难解释像笑和哭、对挠痒痒有反应、脸红和许多异常的情绪激动这样的常见情绪行为。这些现在看来毫无用处的情绪行为，或许只是某种古老的精神病症的遗迹，而这些精神病症对于种族的生存曾经是有价值的。各种情感类型存在的历史只能依靠推测，它们属于人类无法追忆的过去，属于那个人类尚未出现的年代；某些情感类型的出现甚至早于骨骼和肌肉结构的产生，并可追溯到神经系统尚未产生、刺激与反应散布于整个生命体的古老时代——所有这些都可能、甚至很可能成为我们最熟悉的心理状态的恰当解释。

上文提出的解释在感觉问题中有一个站得住脚的例证，就是对挠痒痒的感觉。这是一种对轻微触觉的奇特的全身过敏。轻微接触所能引发的身心反应对人类祖先而言有着深远意义，它是韦伯定律[①]的一个反例。根据该定律，感觉是随刺激的增强成比例增加的。而在挠痒痒时，触感越轻微，就越易引起抽搐（痉

① 韦伯定律（Weber Law）是由德国著名的生理学家与心理学家E. H.韦伯（Weber E. H.）发现的表明心理量和物理量之间关系的定律，即感觉的差别阈限随刺激量的变化而变化，且表现出一定的规律性。刺激的增量（ΔI）和原刺激值（I）的比是一个常数（K），用公式表达即$K=\Delta I/I$，该常数称为韦伯常数或韦伯比率。——译者注

挛)，感觉也越强烈。对这一现象最令人满意的解释是，此类感觉体现了我们祖先身上有一种原始的表皮感觉的遗迹；它是一种最古老的精神活动的层次，出现在躯体元素尚未在生殖过程中分化并失活的时期。在这种被触摸的感觉中，我们或许会经历有机体对周围环境的敏锐感觉，以及它们以一种未分化的运动对外界环境做出的回应。可以假设挠痒痒感觉的其他要素出现于稍后的阶段，挠痒痒敏感部位在全身的分布区域清晰表明：搏斗中易受伤害的部位变得敏感，这一变化是服务于危险时刻保护肌体这一实用目的的——这再次向人们呈现了人类种族经历过的生存斗争的严峻和残酷。

大笑时愉快、幽默的表情也可用类似的方式来解释。这些行为表现是如此令人费解、神秘和不可思议，而若冷静考察，如果能够看到在这些行为中，身体正在进行着自远古以来形成的古老运动形式，并以一种实际的方式与现在表达的心理状态联结起来，则这些行为表现就不再难以理解。可以假设，在大笑过程中，人类的身体和心理都倒退回久远的历史中去，再次调动起隐藏在平常经验、努力背后的已碎片化的古老功能。如前文中提到的，在大笑中，与原始皮肤感觉相联系的古老的精神病和神经症很容易表现在生物表层，于是对这一行为的最好解释是，它曾与进食和消化过程联系在一起。因此，大笑曾经是吞食过程的一部分，一次大笑仿佛是在说“这足够好吃”。这一认识将被用来解释大笑这一神秘难解的行为中，张大嘴和身体有节奏的痉挛式运动之间的关系。

想要对日常所见进行正确解释，就应当在研究与智慧、幽默相关的高级情感时，不断回到那些高级情感得以表达的较低级的心理状态中去。在对快乐的高级形式进行研究时，我们发现即便在其最理性化的形式当中，也分明保持着其原始祖先的特征。智慧，从某些特征上看与因轻微碰触而引起的冲击有着本质的相似，而幽默引发的大笑则与对皮肤轻微触碰带来的身体颤动颇为类似，大致属于同一系列的生理活动。突然性和轻微碰触是二者的共同特征。智慧是在意外之处轻轻碰触心灵而产生的某种惊喜，它唤醒了大量精神反应，激发了那些原始的、未经使用且不受控制的心理元素，而这些元素并不参与日常思维的过程。

童年时期欢笑产生的原因是遗传反应的有趣证明。值得注意的是动物行为对儿童的影响，特别是动物的嚎叫声，或是成人对动物的模仿总能引发儿童的欢笑。这些现象对儿童心理有着特殊的、深刻的影响。也许可以假设，在儿童心理当中存在着大量与动物类似的原始的兴趣和功能。在人类发展的全部阶段，我们身上都潜藏着动物性。一些古老的心理功能偶尔会起作用，它们往往表现在人类的本能行为当中。轻微碰触所带来的轻松反应，引发了巨大的快乐。受到这些自然刺激的影响，儿童头脑中宽阔的行为区域被激发，那些古老的心理功能被激活，快乐机制被触发。

童年期与大笑有关的其他行为也可用相似的理由来解释。由对禁止性事物与粗俗事物的轻微暗示所引发的大笑就可用相同的机理来说明。人类心灵里充满了许多古老的秘密路径和潜藏其中的生理机制，其中一些与性活动相联系。这些机制未必有与之相应的自发行为，且可能与意愿相悖，从而成为对整个心理结构的冲击。大笑这一行为拓宽了潜藏着的最基本的心理活动，因而具有生理和教育意义，这是毋庸置疑的。那些能激起大笑反应的刺激触及了大脑中最自发的反应区域，正是在这个区域，能清晰地看到个体身上蕴藏着的未经发展的种族经验。在解释大笑这类行为时需要注意一点，那就是古老的生理反应是高级心理发展的基础。高级心理形式从低级心理形式中吸收了某些元素，拿来为己所用，而后将低级形式改变并升级为高级形式。即便是道德与宗教情感中的快乐与痛苦，也是建构在低级心理形式基础上并利用着原有基础的上层建筑。若没有低级形式作为基础，高级形式便缺乏深度和力量。

游戏——与饥饿、性和那些在大笑和哭泣中表现出的原始生理反应并列，游戏可被视为最一般、同时最具种族性的活动。兼从科学与实用的角度去考虑，游戏都是心理学研究最重要的对象之一。游戏几乎就是儿童的全部生活，儿童从始至终所做的每一件事都可认为是受到游戏动机的驱使。在游戏中，儿童复演着种族的历史。所有如戏弄、格斗、收集这样的游戏都被解释为种族习惯的遗迹，否则这些行为将不能得到解释，并被认为是偶然发生或无意义的。游戏中，儿童肌肉运动的协调配合同样是种族发展历史的馈赠。到了现在，这些游戏已与真实生活相分离，那些已支离破碎的古老习性都是在解决实际生存问题的过程中形成的——能否生存下去，就取决于这些习性的完善程度。那些认为游戏只是对生活中的事务进行练习的观点是片面、不完全的。游戏不仅仅意味着对未来生活的预演，更意味着对久远种族生活的不断重复和演练。通过游戏，个体成长在一个个阶段上保持着开放，为进入更高阶段做着准备，游戏对于个体发展的实用价值体现于此。游戏是对那些无法发展到成熟阶段便逐渐萎缩、退化的器官机能的训练，这些器官在其短暂活动期中推动另一些器官和持久身体机能的发展，随后便会消失，仅在心理机制中留下些许痕迹。在游戏当中，个体实践并发展着自己，以确保自身获得各项重要机能。如果没有初级机能的发展，则高级机能的发展定会受到限制。每一种游戏活动都体现着遗传的活力。我们在游戏中重演着祖先的生活，重复他们的所作所为。在种族历史上最古老的活动和组合会在游戏中最早出现；稍后出现的是紧随其后的种族活动，偶尔也有一些活动的出现会偏离种族活动出现的顺序。然而大体上，最基本的种族活动会率先出现，其次是更精细、更协调的活动，就像一个更近代的地质层会沉积在更古老的地质层面之上一样。这就是为什么年轻人会如此向往游戏。在游戏中，他仿佛能够忆起久远的种族生活，回到工作尚未产生的遥远年代。游戏不只意味着大量的肌肉运动，它包含着儿童的全部兴趣，是童年全部生活的中心。

恐惧——恐惧是最原始的本能、情感之一，研究情感现象使用的典型方法——内省法——是研究恐惧的常用方法。恐惧是一种表现强烈的情感形式，其后果影响十分深远，表现形式也非常多样，通过对任何单一个体的研究都难以窥其全貌。没有哪一个个体能够经历其种族所经受的全部恐惧，也就无法体验恐惧的所有程度和全部表现形式，因为这不可能全部出现在生命的一段历程之中。恐惧的对象在人生的不同时期不断变换。很多到了成年期才显现的由恐惧引发的精神病症，是很难研究的，因为其恐惧的对象早已从意识中淡出了。如果我们对人类早期的恐惧都毫无记忆和概念的话，那么对其他种族或物种的恐惧，我们通过内省的方法又能得知多少？只有通过对童年的探索，对大量个体的恐惧进行研究，对动物发生恐惧时身体的临床表现进行记录，我们才能对恐惧是什么形成适当的概念。

统计数据所提供的人类恐惧频率出现的顺序，向我们揭示了一个事实，人类的恐惧大多并非由实际存在的危险引起；恐惧不是要保护我们不受当下生活中危险的侵害，而是遵循着来自远古的古老命令，这些命令常在提醒我们当心自然界中存在的危险，包括那些比现在强大得多的威胁人类生存的大型动物。因而一种令人费解的情形出现了：我们对那些真正威胁着我们安全的事物丝毫不感到害怕，却对一些在当前防护条件下已无害的事物终生怀有恐惧。比如，人类对于火、闪电、暴风雨、爬行动物、昆虫和黑暗的恐惧，与其现今能带来的实际危险是不相称的；然而对于这些自然物的恐惧却构成了人类恐惧中最强烈、频繁、持久的部分。

因此，“恐惧由模仿而来，是个体学习的结果”这一观点，在面对上述证据时很难被取信。事实上，若抛开种族经验不谈，就无法给恐惧一个理性的解释。应当假设，恐惧是一种远古的遗迹，有着比人类种族更久远的历史；要研究恐惧，至少要追溯到原始生物的最早期的恐惧经历。这一观点的正确性并非在于它的广泛流行；而是基于人类恐惧习性的本质，尤其是基于儿童不同阶段的恐惧恰与这些阶段所代表的种族生活境况相吻合。恐惧的发展伴随着相应的躯体特征的变化，且符合复演理论所阐释的发展、衰退进而消失的规律。

如果这样来阐释恐惧是大体正确的，那么许多问题就迎刃而解了。我们推断，各种天体、风、暴风雨等自然现象带给人类的深深恐慌，都将我们唤回祖先生活过的遥远年代：那时，自然对于人类生活的影响要比现在大得多。对于动物、毛皮、铜铃般的眼睛、巨大声响的恐惧，则体现了古时人类对于各种天敌的恐惧。从前，如果人类对这些不心怀恐惧，就将无法生存；而到了现在，这些危险源中的绝大多数已不再构成威胁。恐惧的更古老形式或许可追溯到因害羞而脸红的状态，以及伴随不愉快状态而发生变化的血管舒缩神经系统，这些系统的变化是不受意识控制的。可见，最早的恐惧尚无明确的身体动力结构的支持。不论目前对恐惧的解释还有多少推测的成分，但基于事实我们几乎可以认定：人类祖先与自然力量之间进行的长久斗争已在其头脑中留下痕迹；正如所期待的那样，人类在童年初期重新经历着其种族发展早期的这段历史，重演了人类刚刚从动物生活中脱离出来的那一时期的行为/情绪反应。

恐惧作为人类种族赖以生存发展的一个重要机制，至今仍发挥着作用。恐惧的低级形式可以激发兴趣，引导头脑去做更高级的努力。现在，恐惧成为我们强大的智力斗争的根源之一，它一直是知识获得的重要激励因素。科学的产生很大程度上也是拜恐惧所赐，正是借助科学，许多人类曾经最惧怕的事物和力量已为人类所用。个体在成长过程中经历了对周遭环境中各种事物恐惧敏感的阶段。这些发展阶段是一种常态，完全忽略它们，或在其中停留太久，又或是永久保留在健全遗传机制下总要经历和克服的事物，都是一场灾难。

愤怒——前文谈及的研究恐惧的方法对研究愤怒和其他情感也同样适用。迄今为止，心理学在情感研究中只取得了十分微小的进步，这是因为其未能对人类天性这一领域进行足够的研究。如同对恐惧的研究一样，通过对愤怒这一心理现象进行研究，会得到一些一般性结论。不论如何掩饰或克制，愤怒的身体表现就是搏斗，这在人或是动物身上是相同的。愤怒本质上是一种适应实际境况的身心反应。如在谈论愤怒时我们常常会提到吞咽、唾液分泌等，这都是与吞食猎物这一行为相关的身体反应；更加外在的行为表现，如撕咬、打击头部、用头撞击、踩脚、用表情威吓、抓挠、掐捏、拖拉、踢踹、紧抱、打击、投掷等。上述任何一个动作都极为有用且在人类祖先的有意行为中有着意义深远的历史。但到了文明时代，愤怒往往受到压抑，其行为表现也逐渐弱化，残存不多；但如果细心观察，这些行为的本质依旧可以辨认出来。

与恐惧一样，愤怒不应被视为人类心理机制的某种缺陷，尽管它看起来像是对实际生活的适应不良。生活中依旧需要直接表达愤怒，以适当方式表达的愤怒会成为许多积极行为的动因。在强烈的激情所带来的紧张状态下，许多伟大的工作得以完成。愤怒遂成为一种可储存的能量，若保存适当，则大为有用；不加控制，又会浪费甚至有害。在儿童成长过程中，愤怒与恐惧一样，能够激发儿童高级兴趣与自身行为和控制能力的发展。

同情——虽然同情是一种更为复杂的情感，但是仍然可以用与研究恐惧、愤怒相同的方法进行探究，可以同简单、直观的情感一样进行解释。与愤怒和恐惧相比，同情在人类种族的历史中出现得要晚一些。同情很可能源于对幼小一代的慈爱与关怀。同情在女性身上表现得较男性更加强烈，在女性的感情生活中占有很大比重，并在很大程度上决定着她们的行为。有数据证实，如果一个人缺乏的东西，我们也同样被剥夺了，那么我们极有可能同情他。那些最有需求、最缺乏急需之物的人或许并不能引起我们很多同情。事实上，我们经常会同情那些从未经受过苦难的人和那些没有被剥夺自己想要的东西的人。举例来说，儿童极易同情那些身处黑暗和暴风雨中的人，这正是来自远古人类与自然力量博弈的古老记忆与强烈敏感。年长者会对基本生活条件匮乏的人表现出深切同情，比如缺少食品、衣物、容身之所，尤其当受害者是儿童时，这种同情更加强烈。大量事实表明，饥饿是最能引发成年人同情的事件。依据复演理论，这种对于人类基本需求的深切反应，甚至在原始人身上都有明显体现，加之青少年时期容易出现的一些奢侈表现，都源自人类种族在早年为争取温饱和保存后代而进行的大量斗争。在基本生存需求之外，虚弱、疾病、畸形和死亡也能够激发人类的强烈同情。儿童对于生理上的痛苦或残疾最为同情，而成人则更加同情精神上的苦难。随着年龄的增长，同情的范围逐渐扩大——不论儿童还是成人，都会对没有受到痛苦折磨的人产生同情，有时也会同情只有快乐和满足的人。

所有这些看似过度反应的深刻情感，已不适应现代社会人类的生存环境。要想理解这些情感，只能用复演理论来解释。长久以来艰难的生存环境使得人类在本性上对于苦难和抗争极度敏感。儿童复演着种族的历史，因此他们的同情并不是建立在亲身遭遇的苦难之上，而是以种族原始而久远的恐惧与欲望为基础的。即便成年人也无法很好地适应不断进步的人类文明、科学与发明所带来的实际生活的变化。

人类的其他情感现象也可通过同样的办法进行深入研究。在每个案例中，我们都会发现：情感现象只能在人类种族发展的历史中才能得到充分解释。早先出现的原始情感是较晚出现的高级情感赖以形成的基础，认识后者要以前者为参照。想要对人类的高级情感（比如宗教情感）进行解释，就必须回溯到个体及其祖先的全部历史中去。若要弄清宗教是怎么回事，就要对人类的原始本能及其对于自然和社会环境的态度进行考察。在远古时代，丛林、风暴、天空、天体、云彩、海洋、风、动物和植物等都可能引起人类的恐惧，这些恐惧在后来出现的高级情感和人类的理性生活中都扮演了重要的角色。不仅高级情感须经由原始情感来解释，且人类的高级智力活动也与其早期对大自然和他人的反应方式紧密相连。事实上，如果不去研究人类的原始情感，就不可能充分理解人类生活。对人类情感中的重要分支——宗教情感——

的细致研究，能帮助我们更好地理解人类生活。

宗教的本能与情感[①]——自人类从自然状态中分离出来以后，宗教生活就成了人类高级精神生活的重要部分。宗教生活贯穿了个体青春期之后的整个岁月，在此期间人类文明建构的过程被重演了。如同在青春期到来之前的阶段，我们通过对像饥饿、恐惧和愤怒等原始本能和情感的研究对童年做了最深刻的阐释一样；在青春期，我们的研究兴趣自然而然转向了道德和宗教生活。

儿童所经历的宗教信仰的成长，重现了人类在较低发展阶段的信仰和崇拜。在这一过程中，儿童依次受到不同宗教形式的影响，从野蛮人的宗教到后期宗教发展的高级阶段，经历了整个人类宗教生活的发展历程。起初儿童处于对山石、树木、动物、天体等物体盲目崇拜的阶段，后来才发展到将自然视为一个整体来敬畏与崇拜的阶段。如同原始人类一样，儿童的宗教概念也经历了从特殊走向一般的过程。儿童所崇拜的对象也经历着阶段性的变化，正如同在此阶段人类崇拜的偶像曾有孔子和耶稣。随后这一漫长过程的自然高潮部分以某种形式悄然发生变化，宗教生活逐渐走向成熟。随着成年和老年阶段的到来，宗教生活逐渐表现出衰微和迟缓的特征，以佛教和婆罗门教为代表。

宗教生活是心理学的一个基本命题，然而对于宗教生活的诠释离不开对低级情感的研究。高级情感发端于低级情感，并且利用低级情感或者将其转化为某种新的形式，其中复杂结果的出现意味着新的发展阶段的开始。我们能够在生理发展和神经反应的过程中找到宗教情感的基础，这一过程伴随着物种根据环境变化

① 由于原作者是一名信仰基督教的宗教徒，因此，此部分的观点请读者辩证认识，注意鉴别。——译者注

对自身做出的调整。在此基础上，人类经历了上百万年的发展，与自然抗争，情感生活为实践所引领，对自身发展的过程也有了越来越清晰的意识。宗教情感与态度就这样固定了下来，并且传递到人类每一个个体的身上。在儿童身上，宗教情感成了其宗教生活最深层的基础，同时也是各种情感中最深刻的部分。在此意义上，儿童首先是一个自然崇拜者。不论在思想或是情感上，儿童都受到自然力和自然物的影响。若无这一基础，种族的宗教就不可能发展；并且对于个体而言，高水平宗教情感的形成离不开人类对于自然界深广的同情。宗教信仰由此建立在较之个体经验更加确定的种族经验的基础之上——整个人类的经验活跃在儿童的头脑中。认为自然物比人类对自然的感知更加深刻真实，这是超自然信仰的开始。不论是在儿童还是整个人类种族的头脑中，这都是神话、传说得以产生的关键。这些都是儿童建构超自然概念的要素。自此儿童头脑中就存在着两个世界：一个世界可以看得见、感受得到，由自然界的物质和规律组成；另一个世界是心灵的世界，充满着想象与虔信之物，是一个充满了宗教信念与信仰的世界。

正是在这种一般的心理状态所提供的自然土壤之上，宗教才得以存在和生长；若失去这一自然基础，后期宗教的发展会缺乏根基和力量。整个童年时期，儿童都在忙于打破可见世界的边界，建立起一个更为广阔的世界。他逐渐学会在任何地方、任何时间下生活。尽管他并没意识到这有多么重要，但是他已经感觉到整个人类种族的经验在他的意识中激荡。当青春期到来时，儿童开始对道德产生浓厚兴趣，并在此力量的推动下，做好以宗教的方式解释一切的准备。早期的观念和情感将被年轻人用宗教术语加以解释，这些也将构成他们的宗教生活中最为真实的部分。

这样的信仰由于吸收了深刻、自然与真实的直觉，是生活中更真实的部分，比任何理性规则和信条都更深刻，比一切证据和推理都更正确。

青春期之前的儿童已经历了与其种族相应的发展阶段，并停留在人类最成熟的文明阶段到来之前。儿童生活被个体的需要和兴趣主导，他完全是为了自己而生活，并不是为了任何实践性或道德的理想而生活。因此，儿童期最大的特征就是利己，试图得到自己想要的一切。儿童从成人那里得到养育、照料和教导，其生活的环境都是为他服务，而非由他创造的。在这期间儿童经历了一个又一个发展阶段，感受着祖先遗留的特征在其头脑中不断蓬勃生长。在想象中，他不断变得充实丰富，最终过上人类种族特有的生活；在游戏中，他随心所欲地扮演角色，并享受扮演带来的极大快乐。

在这期间，儿童听从来自早期遥远祖先的“训示”，重复着他们的生活方式；而如今较近的祖辈成为青少年成长的主要影响人物，他们向青少年传递为种族服务的观念，帮助青少年重新调整个人生活，将追求快乐的自私意志服从于对未来及种族后代的热爱。这样自我便不会无限膨胀，而是获得一种非个人的生命体验。当自我范畴被限定时，个体必须使自身更有能力，在为后代建立家庭的过程中承担起责任，为人类的福祉贡献自己的一份力量。

以自我为中心的生活方式会被抛弃，取而代之的是一种寄托于自身之外的其他生命身上的美好希望。在新的世界里，被剥夺了“全能存在感”的个体会在视野的不断扩展中找到补偿。但是，在此过程中，冲突在所难免。推动个体沿着兴趣通道发展的古老冲动已经根深蒂固，个体也已经适应了一种与其发展阶段相得益彰的生活方式。但是一旦新动机出现，强力迫使他的生活习惯脱离现存状态，混乱和冲突就出现了。新的生活方式显然是种更好的存在，而旧有模式并不完美，且缺乏理想的指引，与美好和正确的社会理想疏远背离。在发展的常态下，崭新、高级的推动力会很快占据主导，在经历了一系列风暴、紧张和冲突之后，新的调整会逐步完成。此时新的社会理想会流行起来，个人生活将长远地以社会服务为目标。任何生活模式的改变，都可视为一种宗教性的转变。

心理学上，这种转变意味着个体从利己主义向着利他主义的转向，在这一转变中所有推动力在更高水平构成统一体。这一转变在其宗教形式上可分为四个阶段，或称“经验四时段”：(1) 在原罪或自利的生活中求得和谐阶段；(2) 紧张与对原罪、错误、堕落的感受阶段；(3) 放下负担，或屈从于非正当的愿望阶段；(4) 感觉被拯救和向着新的、更高的阶段发展与成长的阶段。

这些阶段描述的是人类个体逐步发展转变的过程——从童年期必然出现的利己主义阶段发展至甘愿为下一代的福祉去奋斗、献身的成熟阶段。不论在道德观念还是宗教理想的影响下，这一动机如何拓展、转变，其基础和核心都是亲代的本能。每个人都有两次生命，一次是作为单独个体的生命，一次是作为其种族利益代表的生命。一种生命向另一种生命的转变是深刻而根本的，包含着生命中方方面面的改变。宗教正是基于这一过程，并阐释着这一改变，称其为“精神转向”(conversion)。虽然这一过程中总会有意外和危机出现，但一般而言这是一个缓慢积累与转变的过程，会贯穿整个青春期阶段。宗教的功能就是使这种转变进行得迅速且彻底，最终要实现的结果就是使人步入为人类种族服务的道德生活。

虽然在前文中我们更多在强调宗教的转变功能，但我们必须看到宗教对人一生中的每个阶段都有改变作用，此外还要重视其在教育理论中的中心位置。青春期的转变是一种自然且正常的过程，这种转变在生长发育完成的时刻就会发生。

精神转向是一切宗教的中心，在与自然的联合中重新建基，也正是从这个时候起，个体似乎开始从自我中心的状态中抽离出来。在这一过程中，个体对于自然的热爱在不断加深，形成了对于自然的精神性与意义的强烈信念。

作为一个伦理的过程，这一转变是行为与良心的重新契合；作为一个理性的过程，这一转变会使人类的心智与真理愈加接近；这一过程还包含着情感的变化，意味着深切热爱与崇高目标的又一次结合。转变起初伴随着一种紧张、疏离的感觉，而紧随其后的便是转变完成后信仰与直觉的接近和融合，这一结果令人狂喜，且有着极高的价值。

这一转变过程不仅是青春期宗教与生理变化的中心，也为理解人类种族历史中高级心理发展的阶段提供线索。转变过程所包含的动机在人类历史发展中起到了非常重要的作用，在文明发展进入更高水平的地方总能发现这一动机的作用。在对早期人类的研究中，我们发现了“成人礼”的最初形式，这一仪式标志着年轻人步入成人的行列，开始承担起成人的责任。成人礼是原始教育的起点，是在新一代头脑中有意识建立种族最优秀传统的重要努力。宗教中有很多标志这一转变的象征。耶稣用自己的生命，通过艰难困苦征服世界，就是这一转变的表达。十字架象征着青少年内心的激烈斗争——利己、罪恶的先前自我与被热爱和服务精神所充斥的崭新自我之间的尖锐冲突。这场冲突不仅发生在个体身上，它更具有种族性。

类似主题在许多文学作品中也会出现。但丁讲述的是青年人的故事，圣杯、金羊毛、普罗米修斯、贝奥武夫和海华沙也都讲述着相同主题的故事，这些故事无不体现着高级宗教伦理的核心。那些生活在更高水平文明中的儿童，经历过宗教发展的低级阶段，恰恰可以通过那些偏狭错误的观念达至对宗教本质最真实、最高级的认识。只要宗教是真实深刻的，就不会被束之高阁或抛弃，更高水平的信仰中往往保留了古老信仰的种子，而且对其热爱过的一切都会抱有同情。因此，宗教被视为内心成长的产物，是人类经历的情感发展阶段的自然产物。宗教对于人们的内心具有约束力。宗教仪式的价值在于它能够将一个人引向他的内心，去发现他内心隐藏的力量。高级宗教能够帮助人们形成个体自我与种族自我、宇宙自我之间的联结。

宗教生活中包含许多心理学方面的问题，有正常的，也有非正常的。其中最具心理学属性的宗教术语有：祈祷、服从、牺牲、贞洁、禁欲、克己、信条、教义、学说、崇拜、圣礼、仪式、典礼、祭祀、圣徒、奇迹、安息日、象征、誓言、誓约、宗派等。以上及一些类似术语都有待心理学去研究，以心理学为基础对其重新描述，并对事实重新解释。所有这些概念都属于高级情感的范畴，须以个人与种族的感觉发展阶段作为参考进行研究。心理学须以感觉元素的合法性为依据，对古老的宗教信条进行改造。从这个意义上讲，宗教中的真理性认识可以用科学话语体系重新释义，其中的实践性问题都可为教育问题或社会生活的其他需要提供必要的启示和帮助。

第六章　智力活动

我们已在对本能和情感的探讨中发现了一条线索，这是一条我们在研究智力的本质和发展规律时也必须遵循的线索。情感和本能构成了人类精神活动中的最强大、最深刻的部分。它们存在于意识层面之下，且以个体经验的方式呈现出来；它们是具有种族特性的古老遗传力量的表达，在个体出生之前已获得；这不同于知识的获取过程，因为意识领域的内容都是在出生之后获得的。这些感觉、本能反应和兴趣是我们对待所有人生重大问题时最真实、最重要的态度。只要我们遵循本能行事，我们的所想、所做都会与我们最深层次的本能相连，并呈现本真的自我。

研究智力问题就是去发现个体和种族当中智力活动过程与感觉、运动之间的种种联系。只有这样，我们才能理解思维的本质和心理训练须遵循的原则，并判断高级推理过程的正确性。如果我们想要理解人类的头脑，就要不断地回到人类与动物所共有的能力、体力和精神等方面上去。意识虽然出现得最晚，但未必是心智当中最高级、最中心的部分。当我们在专心致志地怀疑和思考时，事实上此时的大脑离纯粹的精神活动与精神生活的表达最远。因为最深刻的思维是在运动中呈现的，而集中注意力却会打断这一运动。根深蒂固的本能与冲动推动着生活平稳连续地前进，相比之下，有意识的生活却明显缺乏组织性与联结性。在思维中，个体人格往往表现出混乱性和表面化，而在运动中个体更能表现出真实的自我。

智力的概念如同建构在重要且复杂的无意识活动之上的上层结构。这一概念被用以解释很多事实，被当作智力训练的基石。正是基于这一概念，大脑才被认为是由位于潜意识的自我和超我两部分构成的。位于意识阈限以下的潜意识主导着如出神、白日梦等非常态的心理状态，在此类状态下发生的智力活动有时会具有超自然的力量。什么是支配人类日常智力活动的根本力量？除了存在于每个个体身上来自种族的力量以外，我们无须假设其他力量。正是这一力量支配着人们的意识活动。尽管最深层的兴趣往往埋藏于无意识当中，体现着对个体过上完满生活的渴望，但对于无意识力量仍需一种超越现世的解释。

情感与冲动对于智力活动的影响，可直接在信仰、信念和想象等心理状态中得到证实。信念是种族生活的代表，信念的力量比个体经验更有力、更强大，它是种族在重要关头如何行动的决定性因素，它隐藏于想象、梦境之中，又是兴趣、注意和统觉背后的推动力量。神话，是智力活动为信念所支配、而信念又为下意识所主导的最好例证。神话是从种族情感中生长出来的真理。正因为它建构的世界不知所处，所以它实际上也就无处不在。神话世界的建造过程并无甚特别，它是整个人生中，特别是儿童期智力生活的典型范式。发育中的头脑以不同方式重复着种族创造神话的过程。人类的思想不断从情感当中生长出来。人们常常不可避免地将感知到的世界与想象世界混淆在一起。在儿童身上，在未开化的野蛮人那里，以及在大多数受过良好智力训练的成年人身上，这种混淆时常发生。大脑总在忙于将情感转化为意识，并将其投射到实际生活中的每一点上。儿童更是同时生活在两个空间当中：感觉世界与想象世界。一个是由他的外部经验构成的世界，一个是由他的种族经验构成的世界。他在这两个世界中自由转换。且在儿童的世界中不仅包含着过去，也包含着未来。理想从情感中产生，指引人们去提前设想未来的经历，塑造行为，培养兴趣。

对于儿童而言，真理只是感觉经验中的一小部分。儿童会不断依靠本能建构自己的真理世界，并以几乎不受环境影响的方式在自我发展过程中使用所建构的真理。若发展正常进行，那么，同样的精神创造性力量也会在以后发挥作用，用于塑造道德与宗教力量。是本能，而不是感觉经验和批判思维，在指引着思维发展的方向，并判断着其正确性。这一观点试图去寻找研究信念，特别是宗教信念的心理学方法。在构建信念的过程中，来自感觉的证据比历史性证据更有力量。在相关案例中，历史性的证据与影响尚存疑问，真理却可建立在感觉的基础之上。尽管人类智力有时看起来是不切实际的，甚至是在帮人对抗现实生活的要求，而非去帮人想办法调试适应现实生活的要求，但是，经细致观察会发现，智力的发展和其他身体机能一样也有规律可循。我们会发现，智力发展过程中的一些特性，及其拒绝受特定时刻的感觉经验和实际需要束缚的特性，都可以在复演理论中得到解释。人类个体心智的发展是在重新经历种族心智发展的路程。我们无法真实地回忆起种族的经历，就像我们无法确知柏拉图和华兹华斯在如何思考一样，但是人类的心智发展确实经历了漫长的阶段。在这一过程中，一些尚未充分发展甚或至今仍沉睡的心智功能不断浮现出来。这些萌芽会成为兴趣产生的基础，它们在经验丛生之处形成中心，影响着一切智力活动。通过看似平常的方式形成信念，并激发想象。一些心智功能一旦出现，在个体的一生中便不会衰退；而另一些功能则处在不断变化之中，出现一段时间后会逐渐消失——为高级功能的形成做好准备，或为个体进一步适应环境积累经验。人类的智力活动是一个不断成长、演进的过程。这一过程由个体对实际需要的局部适应的一系列阶段组成。所以即便在成年人的智力活动中，“改善”也在以一种看似迂回的方式随时随地发生着。对自身进行调整以适应环境需要，这是不变的法则。考察这一过程中的每一阶段，会发现每一阶段的思维总量都超出该阶段的需要；但正是依托这些过量的思考与想象，来自现实生活的要求才能对人类心智加以塑造。人类天性和种族情感特征决定了人类心智在本质上是自由散漫、缺乏目的性的，但最终被驯化出目标指向和为完成特定任务而努力的特征。

如今与人类智力发展过程相对照，我们可以对儿童智力发展的特点进行细节性描述。对人类智力的系统描述以对空间知觉的研究开始，因为空间知觉是所有思维的背景。我们发现空间知觉先于清晰意识而出现，且存在于肌体可收缩组织最初的感觉元素当中。生命出现伊始，空间知觉这一特质为后来视觉、触觉等高级感知觉的形成提供了材料和基础。

一切高级感知觉都是逐渐从触觉中分化出来的，因此，对触觉的研究可谓心理学研究的“考古”领域。在触觉中，我们能够找到人类智力生活中最古老的层次。在婴儿身上，我们仍然可以发现触觉占据着主导地位的情况，在感觉生活中还保留着另一些古老的遗迹。到了成人阶段，连续且有组织的感觉生活就不存在了，感觉分化出不同的领域。手部率先从其他感官区域中分离了出来，随后是嘴部和眼睛，而最终这些感官又相互结合起来发挥作用。成人所谓的手的功能，其实是口手、手手与眼手联合发挥作用的结果。人体的其他感官也同样如此，各种感官的联合，形成了“自我”，一切事物的初始都是实验性、零散断裂的。在种族基因发展程序的指引下，儿童将嘴巴作为最初的探求、觉察的工具，对外部世界进行探索和感受，随后嘴巴的这一功能转移到手部。

在语言学习方面，儿童再次表现出一种特殊的迂回发展的方式。他们以自己的方式获得语言，并非从成人看来最简单或最基本的音节开始学习。在这一过程中，儿童学会后看似又忘记。这与成人所期待的最经济、直接的学习方式颇为不同。显然，语言发展的最初过程是受某种内部动因的驱使，并不是由儿童最先听到什么来决定的。随后，儿童会用自发获得的语言元素去模仿他所听到的东西。但是儿童发出的第一个声音来自本能的赋予。

儿童的习惯和兴趣是以同样方式获得的，其中一些习惯和兴趣是短暂存在的，另一些则是持久的。在个体发展的早期阶段，兴趣是不断发展变化的。经由兴趣这一通道，儿童获得大量感觉材料，并对其进行组织和掌控。而且，儿童并不是在等待经验的出现，而是以自己的方式去搜寻、挑选。儿童早年强烈的听觉和视觉需求使得听觉和视觉成为该时期教育的可依赖的主要途径，且长期以来对于感官经验的渴求成为人类心智的重要特征。特别是对于自然物经验的强烈渴望，要求人们应为儿童安排尽可能多的户外活动，以满足他们心智建构的需要，这就是乡村被视为养育儿童有利环境的原因所在。在乡村，儿童对于自然物的自发兴趣能够得到满足，大脑得到了所需的滋养。可以肯定地说，儿童的思维十有八九都与自然界中的人与物有关。成人教授儿童实际经验，帮他们了解基本的行为规则；自然物则刺激儿童的想象，并为其提供建构想象世界所需的材料。当仔细研究儿童的头脑时，我们发现儿童思维的内容是多么依赖于他的感知所得，仅仅从语言中学习事物又是多么苍白无力啊！

通过研究儿童对于自然物的态度与看待自然物的方式，我们能够更好把握儿童思维的本质及其心智发展的一般特征。也会发现日常生活经验是如何在自发兴趣和本能的刺激下以想象来维持的，人类创造出的理念又是如何激发最实用的适应环境的行为，并形成成人强迫儿童去学习的知识的。

太阳、月亮、云彩，自然界中的光明、黑暗、火、热、风霜和寒冷等现象，以及动植物和无生命的物质，都与儿童心智紧密相连，激发着儿童的想象，并为他们的思维提供着大量原始素材。所有这些都与学校教育无关，而与未开化的原始人类的自由精神活动极为类似。儿童的许多思维都极具创造性，他们在头脑中重现了一个人类创造史诗和神话传说的过程。他们的思考方式很有韵律和节奏感，使用类比的方式进行思考，从不同角度阐释概念，正是以这些零散的、富于想象的、易受外界影响的方式，儿童重现着人类发展过程的重要特征。

考察种族的文学或者研究儿童的大脑都能够了解人类智力发展的情况。不论通过哪种方式，都离不开客观方法的运用。我们无法依靠某一部落的情况得知种族精神能力发展的全部情形，也无法通过某一儿童的大脑发展情况获知儿童大脑的全部情形。但是，如果将大量儿童的想象、思维集合起来进行研究，便可解开人类思维、想象的发展之谜。儿童的想象与人类祖先创造神话和英雄故事的想象，与创造这个世界上大多数宗教和科学的想象是同样的。

儿童对于云朵的兴趣和丰富想象呈现了其大脑发展的智力类型。借助想象，儿童在云朵里可以看到任何东西。儿童对云朵的兴趣之深厚，情感反应之强烈，使人坚信人类精神中的古老遗迹具有引发行动的巨大力量。这些想象追溯到一个古老的时期，实际上是那个古老时期在人类心智中遗留的痕迹。那时的人类正处在尚未掌控自然的阶段，他们的生存全部仰仗自然，观察天象至关重要，那时的天气状况对于人类来说事关生死。而少年期对于云朵的大量想象，则可视为对人类发展早期神话创作过程的复制——那时人类的想象是那样自由自在，不受知识的约束，雅利安人的自然神以及稍晚出现的颇具人性色彩的希腊罗马诸神便产生于这一时期。

对于儿童关于冷热认知的调查也同样表明，这类对于人类生存曾具有重要意义的自然现象对人类心智产生了深刻影响。当我们将儿童的想象集合起来，人类种族心智特征对于儿童心智的影响便清晰可见。因为，即使儿童个体的贡献微乎其微，但将他们的想象集合起来却能汇聚成一个意识体系，这几乎是一个逻辑严谨的哲学或天文学体系，透露着哲学和宗教在原始人类头脑中的 最初起源。关于儿童对于“杰克冻人”的想象这一新近研究表明，在建构某种理论的过程中，创造性想象是一种重要力量，人类祖先在创造伟大神话时所运用的正是这一力量。由于“杰克冻人”是现代儿童的创造，因此他依旧处于被创造的未完成状态中。

对于其他自然现象，儿童的心智反应同样丰富。风深刻地影响着人类的想象，它仿佛是在告诫儿童——不可见的事物是真实存在的，而且拥有极大的能量和速度——正如同它很久以前第一次告诫人类祖先那样。正因如此，“风”的现象成为古老宗教发展的动力。在一些语言中我们也会发现，表示“灵魂”“精神”的词语是由“风”这个词语衍生而来的。

在儿童与人类祖先的头脑中，都有着有关岩石、石头和矿物的故事和传说。在许多游戏中，儿童将石头和枝条当作圣物来崇拜。由于人类在长期的历史中与这些自然物打交道，因此，对于儿童心智而言，这些物品充满了意义，是一种语言。

森林物候的变化，激发想象的季节变换与晨昏更替，儿童对于这一切自然现象的反应为我们认识人类智力的本质及其与情感的关系提供了重要线索，同时也告诉我们：想象力与实践能力的共同发展是可能实现的。若不去关注这些现象在我们祖先头脑中引起的变化，就无法认识儿童的心智。特别在科学知识出现之前，太阳东升西落以及阴影、黑暗交替出现、循环往复的过程引起了人类祖先巨大的好奇和兴趣，从而深刻影响了人类心智的发展。从儿童的想象当中，我们也能看出人类的思维是如何看待这些神秘事物的。尽管对构成科学精神的质疑态度一无所知，但儿童的思维状态是积极而自由的，如同早期人类的思维一样，常常为渴望和恐惧所驱使。在关于太阳的神话中，我们同样发现儿童与人类祖先之间在思维发展上有着相似性。在二者身上，智力发展的第一阶段都以无偏狭地接受事物的原貌为特征；其后，当想象开始与实际事物相结合，就出现了对同一事物的不同解释，但其中精神活动的基本模式是相同的。事实上，关于太阳的神话是人类个体与群体智力发展的一个阶段性标志，体现了人类智力成长的标志性时刻。月亮对于想象和推理的影响，构成了遗传心理学中有关智力的另一个有趣篇章。在一切自然物中，月亮与人类的快乐和感伤有着最紧密的联系。月亮已被编织进人类的思维和想象当中，并成为宗教生活的一部分。月亮也常出现在人类的想象性创作当中，以民间故事、传说和诗歌的形式表现出来。

因此，若无法认识到对自然物的思维和想象在儿童期心理活动内容中占有多大比重，我们将难以理解人类的智力活动。对自然物的思维与想象并非人类心智成长的附属物，而是作为其基础出现的。自然物不仅丰富着人类思维的内容，人类对自然物产生的兴趣还为人类思维发展提供动力，并引导、生成着人们在实际行动中所使用的思维模式。

如同身体发育要经历不同阶段一样，儿童心智成长也以思维发展的阶段性为特征。那些心智中有更丰富的种族原始力量的人，在种族发展阶段徘徊的时间会更长，也能更充分地运用这些力量。在儿童心智发展的每一阶段，其兴趣与思维类型会与这一阶段的整体特征相吻合。尽管儿童会根据成人的要求进行学习，其心智发展会不停地受到各种外界因素的影响；但归根结底，儿童智力活动的形式和内容都是由其内部力量的特质决定的——吸收、同化和成长只有依靠自然指引的兴趣和提供的方法来进行，才能自然而然地发生。

第七章　个体发展阶段

到目前为止，我们已经探讨了人类个体发展的基本原则，且阐释了这些原则在本能、情感和智力等领域的具体表现。现在让我们换个角度来研究这个问题，考察一下作为一个个体，儿童是如何经历一系列成长阶段而发展成熟的。且通过视角的转换，这一研究能够深化我们对于已发现的基本原则的理解。

人类个体完整的成长期大约有25年，这一过程由许多小阶段组成，每个阶段都独特而短暂。每个个体都在规律的驱使下，经历着渐进且迂回的发展过程，直至最终发展为成年人的成熟状态。在不同发展阶段之间转换过渡，是童年阶段的主要特征。

从个体出生前，到儿童期，再到成熟期之间的发展变化，虽然有规律可循，但那绝不是已存在的各种身心机能匀速渐进、缓慢提高的过程。每一阶段都不同于之前或之后的任何阶段，且看起来都像是发展的最终阶段。但目前这一特征已发生变化：各阶段之间的过渡过程极为短暂，新阶段仿佛不是从前一阶段中生发出来的，而是断然将其取代。

儿童生长中的不平衡性和不规则性带来了童年各阶段的多种尝试。虽然一些显著的成长特征已得到公认，且一些特定身心功能的出现被锁定于特定发展阶段当中，在更大的运动系统中，一些机能会显示出它们特有的周期性；但在人类个体发展过程中至少可找到四个明确分化的阶段，这种划分可为人类个体发展过程提供明确的解释，且基于各阶段特征的研究，可揭示教育科学的最重要原则。

这四个主要的发展阶段分别是：婴儿期、儿童期、少年期和青年期。每一阶段都有其显著的特征，同一个体在其人生不同阶段会看似获得新个性甚或成为一个新个体。通过更精确的观察，人们发现各阶段间是有中间阶段存在的，且也可为其命名。在两个相邻阶段中间会有一个或明显或模糊的过渡期存在，这一阶段个体会兼具其前后两阶段的特征。

婴儿期是指从出生到第二年末的这段时间，这是一个生理发展和感觉经验占主导的时期。2至8岁是儿童期，这一时期的特点是丰富的想象活动。从8岁到12岁是少年期，这一时期的特征是根据实际情况调整行为方式。青春期是情感占主导的时期。

婴儿期包括从出生到某些特定的身心变化已完成的时刻（这个时间大约在18个月大时），学会行走是该阶段的重要发展成果。这一阶段个体的生长变化十分迅速，并且肌体生长是持续不断的。在这一阶段，婴儿表现出太多与成人不同的特征，这使他们看起来像一个谜，使其成长规律看似难以用进化理论解释。然而，在这一阶段的婴儿身上，不论从体型、抓握攀爬等动作，还是内部器官的形状和比例来看，都表现出类人猿而非晚期成熟人类的特征。在整个婴儿期直至童年，有许多现象只能用进化理论去解释。人类幼小时候的喂养习惯、儿童的游戏、自我防御模式、好奇心、社会性本能等，都需要以类人猿时期的生存状态与习性作为主要的研究参考。

出生后的第二年末到8岁左右是儿童期。与其前后两个阶段相比，这一阶段的特征是身高和体重增长缓慢。儿童在3岁时的脑重已经达到成人脑重的2/3。到7岁时儿童的脑重已经非常接近成人的水平，尽管内部结构还有待完善。儿童期身体活动量是非常大的，但这些活动却既不够有力，也不够协调。虽然6—8岁是一个肌肉控制能力迅速发展的时期，但在这一时期得到发展的主要是大块肌肉，而非支持精细动作的辅助性肌肉。

儿童期的这几年是身体自由活动的时间，自然而然游戏会成为儿童的主要活动方式。在游戏中，游戏本身就是目的，儿童不会在乎有什么结果或产出。其精神活动与身体运动的状态极为相似，快速且不受控制地进行着。儿童的大脑具有极强的接受能力，这使得他们对各类知识都强烈渴求，且注意力会在不同的兴趣点之间跳跃，但由于缺乏主导兴趣的控制，思维往往缺少关联且稀奇古怪。儿童的记忆力也非常强大，大脑记录信息的准确性令人惊叹。4到5岁是想象力最为活跃的时期，此时儿童的大脑中充满了天马行空的想象，游戏也充满了想象和创造。处在这一年龄段的儿童生活在一个想象的世界里，这是一个自给自足的世界，因而不太需要陪伴。此时游戏对儿童的全部身心功能似乎就是协调并引导感觉经验与内心经验的整合。

儿童对自己或他人从不苛求。儿童愿意动手尝试任何事情，他接受外界的一切影响，不管你对他说什么或做什么，他都不会质疑。儿童对于“法”和“规则”尚未形成牢固概念，因而其思想和行为不会受到自然和社会规则的束缚。在人的一生中，这一阶段的心智是最易于吸收和模仿的。同时，儿童在道德和审美方面的发展水平与野蛮人接近，处在野蛮、未开化的阶段。整个童年时期处于粗糙和未成型的发展状态之中，但童年生活又是那样丰富、饱满且充满活力。这可在我们发现的儿童身体发育的特征中得到印证：大脑体量很大，但功能上缺乏协调性，结构上还远未精致。

紧跟着童年时期到来的是一个过渡期，这一时期会有一些明显的变化出现，但该时期的重要意义尚不为我们所知。最明显的变化发生在身体上。身高和体重的增长速度明显缓慢下来，脑量也不再增加。此时甚至出现体质下降的趋势，儿童变得容易疲劳，容易生病。但他们的动作不像从前那样突兀、莽撞，对肌肉的控制能力也增强了。同时，他们在精神方面也经历着变化和调整，思维方式明显向着成人的方向进步了。在这一时期末，还会出现想象力的提升。儿童在这一时期极易受到恐惧和其他情感问题的困扰。女孩对玩偶的兴趣在这时达到高峰，随后逐渐减退。从某种意义上讲，这一时期是一个“前成年”阶段，在这一时期，我们能够发现一些属于种族成熟阶段的特征。

儿童期表现出的许多特征与野蛮人的特征极为相似，如反复无常、缺乏耐力、无忧无虑、贴近自然、将自然物拟人化、混淆生命体和无生命体、善于模仿、易受他人意见影响等，这些特征在原始人身上都不难找到。儿童和原始人类都会混淆真实情境与理想状态，分不清现实与梦境。他们看待相似物体的方式、类比的方式、建构语言模式的方式都很近似。儿童语录的表述方式很像早期人类的民间传说。

尽管我们无法否认儿童和野蛮人身上存在许多共性，但一些人坚持认为这些共性的出现是由于二者都处于经验缺乏的状态之中，因而，这些相似是表面化且缺乏深刻意义的。但是如果仔细考察进化论的种种证据，就会得出这样的结论，即：儿童与野蛮人之间存在的共性具有深刻意义。在儿童身上复演着种族发展的漫长经历，且这些经验构成了个体内部发展规律的一部分。在个体发展的早期阶段，这一复演过程可以被清晰地观察到，之后则会随着年龄的增长和经验的复杂化而逐渐模糊。可以肯定的是，与推动婴儿期身心发展的力量一样，儿童期性情和精神习性的迅速转变也是在种族复演这一动力的推动之下完成的。尽管到了儿童晚期，无法再找到与其对应的种族发展的明确阶段，但至少童年期复演了种族历史的特定片段，且儿童期的幼弱状态恰恰成为当时人类种族尚未成熟的一种象征。另有一些力量在儿童个体发展逐渐脱离种族进化阶段的过程中起到了很大作用。一些在复演过程中保留并传递的已固定的特征和习惯，在此后的适应过程中以我们尚不了解的方式被改变着。

少年期，大致可划定在8至12岁，这是人生中的一个独特阶段。从基因的角度进行研究，这个阶段是非常有趣的。在这一时期，儿童的牙齿已更换成恒牙，大脑体量已非常接近成人，身体也处在最佳状态。此时的少年运动量和运动的多样性都超越了其他阶段，他们有持久的耐力、强大的活力和旺盛的精力。他们在家庭之外有了自己独立的生活空间，在兴趣方面也有了更多自主的选择。他们的感觉十分灵敏，不再害怕当众亮相、危险或诱惑。同时，推理、道德感、宗教意识、同情、爱和审美的愉悦感等也在缓慢发展。此刻，他们认为成人制定的规则是专制且武断的。他们头脑敏捷，对事情的反应直接而有力，记忆迅速、有把握且持久。此时的少年最容易接受纪律的约束和操练，习惯最容易被塑造，也最容易适应新环境。此时一些有难度的运动不再令他们感到为难，学习手工技能也变得容易起来。他们开始对活动的成果感兴趣，而不只是享受活动本身。这一时期的想象力依然十分活跃，但较之于儿童期，此时的精神活动变得受控、联系增强，且开始有些平淡无奇。这一时期，行为变得更为合理，也不再完全受控于父母和老师。他们开始关注事情的动机，而不仅仅是看重后果。因而这一时期的青少年会更加公平地对待他人，且能更公允地看待那些施加在他身上的、必要的控制行为。

这些明智行为的增加以很多方式表现出来。少年不再对自己的所作所为毫不挑剔，也不再有动手尝试一切事情的冲动。他们也开始对他人有了批判意识。他们有了更加明确、坚定的信念，做事情也更加依赖推理，对别人告知的东西不再轻信。总之，少年期的心智已不断调整去适应外部的秩序，思维和行动也不再出于内部的冲动。此时，创造性在减少，但力量和秩序感在增强。

因此对于少年期可以这样描述：这一时期的孩子曾拥有过儿童期的“野蛮”特性，此刻则进入了一个短暂的完备时期，此时的个体比其前后时期都更接近成人的样子。他们的行为仿佛就此固定下来，因而此时的孩子总被称作“小大人”。孩子们成长中的局限被宽容和接受，生活就这样平稳地继续着。

然而，这种调适后的平稳状态过不了多久就会被打破。许多看似稳定的特征会在接下来的阶段减退甚至消失。但当这一过程继续下去，便会出现一种适应良好的生存状态，显示出与人类进化过程的一种有趣平行。少年期是人一生发展脉络中的高潮部分，代表着人类发展过程中所经历的某种长期、稳定的简单存在形式。在人类族群发展早期，年幼个体会在气候温和时较早脱离父母的照料而独立生活，比今天年轻人独立的时间要早得多。一些在少年期稳定存在的遗传特征，是在种族发展历史中长期存在并不断完善的。纵使这些遗传特征中的个性化因素极少，也被组织在种族进化简约、高效的进程之中。少年身上的这些遗传特质比现代文明更为古老，代表着那些遥远未知的时代形成的习性。这一时期的个体看似成熟，是因为他们身上具有的特性曾经是早期成人生活的必备属性，由于后来人类成长周期的延长，这些特征被遗留在了这一阶段。现在身体的发育成熟延迟了，但许多曾与之相伴的成人期的心理特征却在此时出现了。此时，少年的头脑中充斥着本属于先前时代的未充分发展的机能，这些机能此时提前发展起来，意味着将日后的发展前移了；本能，若主要为成熟的力量所推动，则会对文明构成危险；就像现在少数案例中仍可看到的那样，在青春期这一阶段，这种力量会过分强大。

最后到来的发展阶段是青年期。人们从哲学、心理学和教育学等角度对这一时期展开研究。整个青年期大致囊括了从13岁到33岁这一漫长时期。从整体来看，青年期意味着全面成熟的到来，也意味着个体获得了种族发展的最高水平。

最初两年可被称为青春期（pubertal）。在此期间，繁殖器官逐渐成熟。这个时期大约从十二三岁延伸至十四五岁，且两性会表现出不同特征。直至少年期结束，男孩和女孩的生长成熟水平大致相同；但是在12岁女孩和14岁男孩身上能够看到一个加速生长的时期，这一过程大约持续两年的时间，结束时两性身体发育成熟的特征已十分明显。这是人成长过程中变化最剧烈的时期。除了更为特殊的变化之外，身体在整体上也呈现出快速成熟的趋势。女孩的身体变得更加圆润，并且伴随骨盆的形状、位置的变化，步态也发生改变；男孩的肌肉力量大大增加，整个身体开始呈现出成年男性的特征。青春期的孩子与成年人之间新的相似点会突然出现，仿佛各种遗传倾向在争夺永久存在权。此时，他们的音色也在变化，健康状况也许会反复无常，神经紊乱、情绪波动是极为普遍的现象，对人或事物异常的渴求、冲动和固执习性常常会持续一段时间。事实上，所有这一切都表明了有机体内部正发生深刻变化与动荡。此时的生长易受到来自外部和内部的影响，也会为失调、疾病所打扰。最大的问题莫过于个体在此时没能达到完全成熟，而呈现出一种发展的不完美的状态：某些部分或功能被阻止或扭曲，在某些阶段无法发展完善。从轻微的干扰平衡或某项功能欠缺，到整体人格异常，此类情况不同程度地存在着。

青春期现象出现的原因一般认为是与性活动有关的身体器官与功能的突然成熟，以及由此引发的身体的连带变化。在这一过程中，大脑收到大量新信息，原有的身体秩序与平衡被打破。为了引入新元素，身体各部分原有的协调消失了。此时，整个身体、心理的特征突然被放大、加强，变得更加复杂、丰富，但呈现出无序、失调的状态。许多处于休眠状态的身体器官都在此刻苏醒，遵循自身规律，有些短暂活跃，有些永久保持。整个有机体在各种影响下变得更具可塑性；与之前阶段相比，个性更加明显。简言之，少年期简单的生长秩序被新元素的出现所打破，迫切需要内外部的重新调整。

青春期里，个体精神生活的变化之多之剧烈，使我们难以一一详述。此类现象可解释为旧有遗传因素此时出现且想要在个体生命中占据优势，其中最重要的变化是对各种感官体验的极度渴望。冲动成为个体生命方方面面的推动力，并且促进着个体能力的发展。所有变化的中心可谓是道德生活。事实上，整个青春期是个体道德发展的重要时期。少年突然间长大成人，就必须认识到成熟的责任，他从一个以高度自我为中心的个体转变成了为种族服务的成熟个体。这一转变涉及整个身心，并且可以通过生物学进行解释。在不同人类种群中都能发现这一转变，其道德意义也通过许多不同形式表现出来。其最突出的表达形式是“宗教转变”，但是这一转变仅仅是有机体中正在发生的各种变化的集中表现形式。虽然在青春期也会暂时出现邪恶力量掌控个体的道德危机，但只要青少年沿着正常的轨迹成长，他们很快就能从这一危机中走出来，能够很好地控制内在冲动，并将其导向正常健康的活动中去。

青春期情感生活的各个部分都在发生改变，且得到深化。快乐与痛苦的领域大大拓宽，对常规的厌倦、对权威的反抗时常出现。自我意识被夸大，利己和利他的倾向同时增长。个体在社会本能的发展中，表现出在敏感与冷漠无感之间的摇摆不定。对大自然的爱不断加深，大自然给此时的年轻人带来新的启迪。这一时期，他们喜欢独处，渴望四处游荡，有一种脱离原生家庭，建立属于自己的广阔天地的热望和冲动。

综合考虑所有事实，对于青春期出现的剧变与动荡，我们很难求助于其他理论，唯一的解释只能是：人类种族发展后期出现的文明开始相应在个体发展中占据优势。少年时期已经适应了一种古老的秩序，对应的是人类种族发展的前文明阶段，那时的人类生活相对简单、容易且安全。可如今到了青春期，由于性成熟的推迟，使得在性成熟以前，成长中的个体便可利用所有可能的遗传力量，这就使得人类种族生活的最后一个层面出现在了意识领域之中。起初会有剧变和动荡，即使经过了两年的调整，个体对于现实条件的适应水平仍不及少年时期；但个体的确拥有了一个构建更完善身心结构的广阔基础。这一时期的变化表明，种族发展过程中心智较之体力发挥更大作用的时期已经到来。因此，环境的影响并不直接改变行为，而是影响着感觉和本能。对于种族发展而言，此时人类历史的黎明已开启，许多伟大的思想处在酝酿之中。而这段历史又早已从种族有意识的记忆中消失，只有神话、故事和种族传统保留了这一时期的些许痕迹。

这就是为什么青春期会是现代遗传心理学中最重要的问题。因为青春期里的一些痕迹能够帮助我们重建人类种族的历史。在这个短暂的阶段，可以看到我们的祖先是如何思维和感觉的。在不同种族的文学当中，都讲述着人类祖先为达到新的精神层次而付出的努力，这是所有神话创作和各民族“圣经”的主题。基督教《圣经》就是一个关于人类种族发展历史的故事，它比其他任何讲述都更加完整。

不论在个人还是种族意义上，青春期都有其另外一面。那就是需要考虑在年轻人的生活中究竟发生了什么。人类种族的所有过去都努力在他身上得到显现，并尽可能表现得和谐。所有种族理想都想要在个体的意识中居于主导。过去每一代人都想要对他有所要求。年轻人也一度希望在自己身上实现这一切。他背负着所有理想，不愿抛弃其中任何一个。但是很快他就放弃了这最初的向往，他越来越发现这是遥不可及的，最终他只会去尝试这些理想中的很小部分。这就意味着成年期的到来。堕落与退化是成年期的真实感受。成年人必须为自己牺牲理想，但他不会完全放弃理想。他必须去规划和建造，以便他的后代能够继承他的所为，并替他实现年轻时的愿望。

因此，青春期既指向过去，也指向未来。它揭示了人类的历史、经验和理想，同时也总结了这个种族想要去做却尚未实现的东西。“超人”形象曾是青春期形象的代表。在其成长的过程中，年轻人总会被赋予未来人类的形象。正是基于此，一个民族建构着自身的文化。这种建构须通过更高水平的青春期成长，去实现其对自身的更高期待与承诺。在青春期，个人对于种族进化或退化的影响都异常敏感，对青春期所做的一切都会影响种族的未来。不论是使青春期稍稍延迟，还是最终将其引向个体的完满成熟状态，都是推动人类种族完善的过程。只要使青春期充分发挥其作用，就是对人类文化做出了巨大贡献。人类的新理想必须由年轻人创造。而且年轻人也须趁着自身创造、改变的热情还在，抓紧行动起来。

第二部分

教育的一般原则

第八章　教育的一般原则

回顾个体身心发展的原则，我们发现教育实际上是一种有意识的进化过程。教育就是引导一代代年轻人超越前人、向更高的水平发展，其最终目的是使人类种族臻于完善。人们通常会将这一目的作为标准来对教育机构进行评价。如今，很多重大问题最终都被归结为教育问题，因为想要解决这些问题的首要策略，就是去完善年轻一代的品德。一个国家的未来将取决于对年轻人的教育，因而教育就成为最重要的政治问题。

在教育问题当中，年轻人的过度个性化是我们当前时代面临的主要威胁。若年轻人经历了青春期还未能达到完全成熟的水平，做好为种族服务的身心准备，结果只会导致当前一代预支、占用本属于下一代的资本。从某种程度上来说，使自身充分发展是造福下一代的最佳途径；然而问题的另一面则是，过分沉溺于自身发展也是一种对未来的掠夺。因此，对未来所怀的信念以及对年轻人的热爱是教育当中最动人的力量。虽然采取的方式、途径各不相同，但为了年轻人的福祉而努力是世人共同的责任。因此，从这个意义上来说，教育（青年）是一项极具普遍意义的职业。教育包含在所有具有实用价值的人类活动当中，无论一个人从事什么工作，头脑中都要存有教育的意识。在社会生活中，政治、宗教、科学都具有各自的价值，因为它们都推动了人类的进步，促使人类向更高层次发展。在所有社会变革当中，教育的变革是最根本的，其他一切变革只有对教育产生影响才具有彻底性。由此看来，教育的进步是衡量文明进步最好的工具，教育哲学是最基础的哲学。教育哲学的基本问题在于将人生理解为为个体发展创造理想的环境，一种可以确保人类身心得到最全面发展的环境，一种可以进行理智培育、身体训练和更多感觉与意志教育的环境。种族所留存下来的文化材料都应根据孩子发展的需要进行明智调整后，再呈现于他们面前。任何教育制度、学校或大学，其自身都不是目的，它们也不仅仅为我们这代人服务，其功用如何应站在人类进化的视角去评判。至此，当我们回想起学校其实就是最为普遍的社会机构时，教育问题的深度和广度就显而易见了。

但凡在哲学和科学领域从事相关工作的人，如果想要正确认识自身肩负的任务，则都应在实用主义理念指引下工作。而当下以知识自身为目的的理念却很流行。这是狭隘且自私的做法，与人类演进的需要相违背，因为这类研究将对个体利益的追逐置于人类发展需求之上。在关于人类身心发展的全部真理当中，最具合理性的就是实践性或教育性真理。对于所有真理的有效性，我们都可以根据其满足深层需求的能力来予以检验。当然，若想彻底检验某一真理，就须将其运用到对年轻人的教育之中。总之，在教育工作者中，下述理念正在为越来越多人所接受，它带来了一种转变：人们的关注点开始由学校本身转移到对儿童的热爱，他们希望在这一理念的指导下，不再让儿童去适应学校，而是让学校去适应儿童。

教育哲学的基本原则之一便是：教育哲学的理念须将青春期阶段的教育作为一个重要关注点。教育始于对青年及其在青春期的神秘转变的密切关注。在人类发展历史上，最初的公共制度就与青春期的启蒙有关，而后才向上、下两个方向逐渐延伸——向下延伸至幼儿园教育以及对婴儿的科学护理和训练，向上则延伸至大学教育。但教育的中心任务总是在于帮助青年人走向成熟。希腊之所以能够创造出人类有史以来最卓越的文化成就，就是因为他们非常注重青春期这一年龄阶段的教育。青年人的发展状态为整个人类的发展设定了一个标准。实际上，教育最重要的任务就是使更多的人拥有人类的理想品质，并且在经年累月的漫长发展中保持这些品质。

因此，广义上的教育包含所有有意识的进化过程，其中既包括教学方法、人类内在的发展规律，又包括改造教育的手段等。教育需要考虑影响个体发展的各方面因素。从科学的角度来看，教育是处理环境与儿童发展之间关系的科学。从实际角度来看，教育的功能即对环境加以控制以确保人的正常发展。教育的目的就是以人为本、不断促进人类的发展进化。狭义的教育指的是教学的艺术，或者称之为知识授受的艺术，但这其实只是教育的一小部分而已。

教育作为一门综合性的科学，必须回溯到人类发展的历史中去寻根探源。教育学首先要建基于人类教育的全部历史之上。其中必定包含对青年人实施的所有教育，即在不同地域、不同的人类文明发展阶段，为青年人提供的不同学校和年级中的各类教育。除此之外，还应包括对动物的教育本能、原始人类驯化动物的过程，以及文明民族对野蛮民族施加的教育影响的描述。

其次，教育科学还需要利用一些在研究中发现的有关人类身心发展的基本事实，其中包括一些卫生学原则、诸多心理学知识及医学原则。

人类各种族的文化资源也是教育学必须关注的。种族文化中每个重要主题都应成为课程的一部分，既包括其发展过程，又要充分展现每一主题各方面的价值。这些文化素材应包括种族经验中所有值得传予后代的经验，如文学、神话、音乐、游戏、艺术等具有文化价值的一切部分。

接下来，教育学还须以遗传学的理念和原则为基础。而这些构成教育学学科最基础部分的理念和原则，正来自对不同种族及个体的遗传学研究。因为遗传学研究不仅为我们提供了最本真的教育理念，揭示了衡量教育活动价值的标准；同时还提供了教育实践的原则，告诉我们一种教育理念如何得以实现。这是评判以往教育价值观的最好方法，也是对基于情感、偏好和常识的教育价值判断进行纠正或肯定的方法。总之，遗传学理念必须成为教育研究理念中的基础部分。只有这样，系统的教育研究才能为一种更科学、更专业的精神所引领。

从一开始我们就应意识到，任何一部当代哲学都不足以成为教育科学的全部基础。与其他学科相比，教育科学需要从各门学科中汲取养分，采众家之言，取各家所长。教育科学必定包含理想的、理性的以及直觉的成分，因此，它必须涵盖能够满足人类进化需求的全部哲学。它应该乐于吸收一切有益于其目标实现的学说，并将其组织在自身的理论体系中，去一步步接近终极真理。当然，这些理论对于教育学研究的重要程度还不十分确定，因为人类心智成长的复杂性及其需求有待进一步研究。

这一触及问题关键的认识便是新教育的基础。新教育意味着我们对教育的关注点将由学校转向儿童，这样，就将儿童置于教育的中心位置上，并要求所有的教育理念与方法最终都要接受儿童天性与成长需要的检验，并不忘以种族的经验与理念来阐释教育问题。从前发生的教育变革也都来自对这些理念的认同，并从对儿童身心发展的真正了解中受到启发。

依照对成人头脑的了解来假想儿童心智的状况，无疑是错误的。儿童与成人有着很大的不同。不断成长、玩耍与学习中的儿童正是崭新教育哲学的核心。那些找寻到更好方法去了解儿童的人，将为教育做出重大贡献；而那些自满地固守其原有哲学的人将会阻碍新教育理念的实施，因为他们更多关注的是学校机制与制度，而不是儿童发展的需要。

有关儿童的研究以及对人类遗传心理学的探索，是教育科学与实践的中心。对此，我们再怎样强调也不为过。因为，几乎所有教育界权威人士都是在深入了解儿童之后才对教育有所贡献的，未来的教育者也必然如此。对于个体从婴儿期到成年各发展阶段的研究，为教育哲学提供了新的启发和研究思路。在对儿童心智进行的研究中，哲学与教育都回到了它们的自然起点上。新知识的产生同样有助于纠正那些我们曾尊崇的、过时的知识与方法中存在的明显错误。这终将引起一次思想的转向：一次从尊奉超验哲学向依靠实践原则和自然本能、常识的哲学转向。崭新的教育哲学确实从很多方面满足了我们时代的需求，它为教育理论和新哲学理论的建构提供了基础。这是一种有助于问题解决的哲学，借助它，任何人都可参与到解决问题的过程之中，而这类哲学问题的回答均可用于指导实践。新教育哲学能够帮助我们避免陷入某种狭隘哲学的危险。新教育科学中包含着对于各年级教育内容与方法等最重要问题的衡量标准，这一切最终要依据遗传学证据来做出判定，而这将给予教育其长期缺乏的真正的科学基础。新教育科学的诞生将促使教学走上专业化发展的道路，并将使其成为世间最重要的职业。它使世上所有教育者都能参与进来，能被运用到学校各个年级的教育当中，从幼儿园到大学；它还向我们讲述家庭教育的真谛，将对儿童的爱视为教育的核心。不论在教育科学方面，还是在教育实践中，我们都能感受到这一崭新的教育哲学在宗教、医学及青少年犯罪等问题方面所发挥的作用。只要是人类本性发展所遇到的问题，这一哲学都能够有所作为。

教育发展的历史为我们提供的另一点提示是：所有新理念、教育进步及改革，均不是来自教育制度或体系自身，而是来自教育科学的推动，来自位于教育体系顶端的大学。而承担主要教育工作的学校机构已变得狭隘、呆板、故步自封。各种新观点、新理念在庞大的教育系统中被淹没、被压制了。学校很容易就变成了固守并传播已有知识的地方，教育方法也停滞不前，不求创新与改变。

崭新的遗传科学给了教育系统前所未有的强大冲击。这一新观念的最大优势在于，它对很多问题保持开放态度，并试图动摇人们早已安心接受的许多结论。当然我们可以料想，它最大的反对者或许就如赫尔巴特的追随者。[①]诸如赫尔巴特学派的教育家或许会对该哲学持有不同意见，他们希望这种哲学能直接应用于教育方法之中；同时，希望这种哲学是可以通过特定的法则、公式传授给所有教师的。然而，不同于这类哲学，儿童研究坚持对很多问题持开放、自由的态度，而反对一些公式化的结论；既然教育最终建基于对人类本性及发展规律的认识，则实践性的结论越晚得出，教育科学的基础就会越宽厚扎实，对于儿童的成长就越有利。几乎所有的教育问题都需要以遗传学方法做更深入的研究，这类研究必将成为未来教育实践的基础。在这方面，教师应当得到必要的指导，他们也要成为儿童研究者。不以形式化的、

① 赫尔巴特（Johann Friedrich Herbart,1776—1841），德国近代哲学家、心理学家和教育家，近代教育心理学化的重要代表，科学教育学的奠基人。其教学形式阶段理论结合学生学习时的心理状态，运用统觉原理加速新旧观念的结合，旨在建立一种明确规范的教学范式，使课堂教学有序可循。以斯托伊、齐勒尔、赖因等为代表的赫尔巴特学派将“四段教学理论”发展为“五步教学法”。——译者注

常规的方式去解决教育教学的实际问题，就必须了解教育的本质。然而就目前的情形来看，教师们对于儿童本性的了解似乎并不充分。教师们只用了很短时间就接受了这种新理念，因此难以把握其实质，他们仅仅用它来完善知识传授的过程，而非用以培育并发展儿童。教师们把注意力过多放在了教学内容上，而非儿童身上。教师们很可能会求助于自身童年的经验和记忆，由此认为他们对儿童已有全面的认识；然而，他们并未意识到自身的记忆多么有限，而个体经验又是多么狭隘。且教师所学的心理学知识也难以满足其需要。因为这些心理学知识太过抽象，又过于强调概念和定义，过于关注某些有争议的问题，注重对成人头脑的精密分析。因此，这样的心理学知识对教学的帮助只是聊胜于无。教师必须从各个方面去研究活生生的儿童，学习如何走近他们，并去了解他们。这与我们强调一致性的主流观点截然不同。从前的教育将平等的受教育机会作为最高理想，很少关注个性化的问题。而当下选修制度已经从高年级向低年级拓展，体现了重视个性化的新观念与新趋势。

教育的起源哲学所带来的对于童年及青少年本性的新认识，将教育所面临的问题清晰地呈现于我们面前，同时也揭示了教育的主要目标与基本原则。知识的传授只是教育工作中极小的一部分，教育的最大目标是生命自身的发展，教育要推动儿童的正常发展，以使其身体健壮、心智成熟。我们必须反复重申这一点，因为这正是建立在生物学基础之上的新教育的核心思想。如果有一天，人类种族将会退化，那一定不是因为我们缺乏那些代代相传的文化知识，而是由于我们未能认清教育的本质，未能认识到促进年轻一代顺利成长，并使每一代人都在前人的基础上前进一小步才是教育的真正任务。如果教育活动无法推动人类种族的发展和进化，则任何教学艺术都不能阻止人类种族的堕落退化。由此看来，我们的主要工作并不是传授知识，而是发展人类的本能。只有这样，人类的最高理想才能以最完备的方式实现。促进本能发展完善的唯一途径便是，通过新理念的输入与新动力的培育，使儿童身上与生俱来的遗传素质不断获得新能量，从而得到充分发展；同时注意激发儿童内心潜藏的道德兴趣，转化为道德行为，避免道德沉沦。当本能为了种族的利益而调整个体行为时，我们便实践了教育的本意。而如果仅仅将学习与道德视为个体自我意识的调整，通过事实灌输或者当前流行的粗陋教学方法就可以实现，那么，这种学习就只是真正的学习过程的替代品而已，与教育的真正目的还相去甚远。

迄今为止，教育哲学领域流行过的理念主要有三类。第一类理念认为，教育的最高理想是将种族的优秀传统传递给下一代。这一理念试图还原（复兴）古希腊罗马文化，因此在这一理念的引领下，教育的目的就是让儿童了解祖先的生活方式，并从中受到教益，改良天性，以文明人的形象从普通民众中脱颖而出。这一理念的支持者大多来自教育机构中最为保守的一类——教会学院。

第二类教育哲学理念，则包含着一种为社会发展服务的学校定位，将对学校的设想规划进社会发展的蓝图之中，并以儿童对于当前国内政治、经济和社会生活的适应情况来评判学校教育的效果。这种以教育迎合当下社会生活、服务当前社会体制的理念，虽然比迎合过去社会要好许多，但也带来了狭隘性与地方主义的危险。这一理念的支持者，往往只会选择那些在成人看来有用且有利于达到自身目的的知识来传授给儿童，而完全忽略了那些真正适合儿童的知识。这导致了教育的功利主义和不自由。持这种教育观点的人将学校置于首位，儿童必须服从学校。与关注个体发展相比，公民教育被赋予了突出地位。由此带来的最大弊端是，在儿童尚未成年之时，就以一种急功近利的效率理念去影响他们，让他们去关注日常生活中的各种实际事务，从而过早地将儿童引向对专业的兴趣，而兴趣的过早分化也使儿童自此走上了过度个性化和利己主义的生活道路。在整个过程中，一个更宽广的概念——人类概念——丢失了。

在第三类教育哲学理念中我们看到，学校教育不再需要遵循古老社会或当前社会对于教育的设定，教育的任务是去帮助人类完成其下一阶段的发展。在如今这个人类历经变迁、扩展的时期，这一理念必然占据主导，否则我们的国家将会衰败，在人类各种族的竞争中处于劣势。因此，我们的孩子不仅要通过接受教育去保存现有的文明，更要推动文明的进步。我们绝不能忘记，人类时代远未终结，来日方长，我们必须了解时代的精神，以批判的方式服务于时代。教育必须注意保存人类文明的优秀遗产，同时还须向年轻人心中灌注一种对现实的深切的不满足感。教育必须为引领人类的进一步发展提供信念。教育总要为年轻人的未来生活做准备，而不应过于关注当下或过往的生活。

当然，文法学校可以以适应当下生活为目标去实施教学，将传授大量有用知识作为目的。但到了中学和大学，教育的目标必须转向未来。这一时期的年轻人必须尽可能充分地展现个性，国家、各行业、家庭以及教会都应对自身进行调整，以便为年轻人的个性化发展提供保证，而不是反过来让年轻人适应它们。但是，成人大多无法透彻地理解青春期的特性，这很容易限制他们对教育的理解，使他们只关注当下和过去，而缺乏发展的眼光。所以明智的教师应当遵循学生发展规律，而不是主导他们。为使年轻人日后能过上更加高效、完美的实践生活，教师应在其身心得到充分发展之后，再赋予他们实际生活中的任务。然而，即使遇到最适宜的发展条件，年轻人个性发展的过程也总会过早地被成年人关注的事情所打断，因此，教育的最好选择就是延长个性成长的过渡期，直到年轻人的心性达到彻底的成熟，直到完整的种族经验都传递到他们身上；只有这样，面向未来的教育理念才真正建立了起来。

因此，应将教育理解为一种道德活动。教育的目的就是使年轻一代适应生活，适应社会群体中的道德生活，但适应当下生活又只是我们的理想之一。从实质上说，教育是一系列理想，再没什么比道德理想更具有实践性了。学校必须代表社区，并与过去、现在和未来保持联系。学校会帮助儿童充分运用自身内在的天赋力量，会把当代文化的精华传授给他们，教会他们如何根据现实需要去适应生活，同时，学校还必须教会他们如何面向未来去生活。学校必须在儿童身上激发出一种为人类未来生活服务的热望。因此，学校必须与人类生活的方方面面保持密切联系。学校不仅要像生活的一面镜子，反映生活，更要为生活做准备，甚至创造生活。

我们可以借助对“适应生活”的界定，来进一步理解教育的内涵。“适应生活”意味着为生活的方方面面做准备，即为每天的实际生活服务；同时，也须为个体身心全面而充分的发展服务。因此，面向实际的教育的基础首先是帮助年轻人适应职业的要求，并最终培养起专业化的兴趣和劳动能力。不论实现的过程是多么迂回，实现更好的专业化水平都是教育的理想和目标。这是一个基本理念。教育的最大问题就在于如何确保这一目标的实现。这就涉及如何处理服务社会与满足个体兴趣的关系，协调文化与实际生活的关系，以及如何在知识传授与精神训练之间找到平衡点。只有从生物学的视角认识个体成长的问题，理解个体成长与种族演进的关系，才能发现这些问题的主导原则以及教育应当遵循的真正秩序。

这一教育生物学观的主要原则，以及协调教育实践与纪律、文化方面关系的方式，都是十分容易理解的。儿童在其成长过程中复演着种族经验，最终发展到与自身所处的社会环境相融合的阶段。然而，这一发展过程并没有明确步骤，也缺乏某种人为或逻辑的秩序；实际上，这一过程是曲折的，其间时常被某种力量牵引而偏离其目的即专业化活动的轨道。在某种意义上，这一过程是具有实际价值的，如果某个个体被允许在适宜的条件下依照自然进程发展自我，或者他所受的教育未干扰其发展的自然步伐，他终会抵达成长的曲折旅程的终点。在他身上便会呈现出过往那些最可贵的经验，他能够适应目前的体制，且在他身上会拥有一种不断发展的势头以及不断超越现状的渴望，他将有能力过一种造福于未来的、十分高效的生活。简而言之，教育的任务就是先发展儿童的一般兴趣，并以此为基础，适时发展其专业兴趣与能力，尽可能延长为未来生活做准备的时间。教育的生物学概念还将教育的实际功用与文化功用结合了起来——就实际功用而言，学校教育应向儿童提供对其适应生活直接有用的知识；就文化功用而言，则要求以最一般的方式训练儿童的心智，这可以古希腊、罗马的教育理念为代表。从教育的生物学观来看，理想的即实用的。儿童通过经历种族发展的各个阶段，学习适应实际生活，在这一过程中，也吸收了最高形式的文化与教养。受到种族发展阶段的引领，儿童有些兴趣的出现只是暂时的，因而只需跟随自然发展的节律，儿童的兴趣也会向随后阶段的更高层次发展。儿童在其发展的每个阶段上，都要成为其种族的最佳代表，培养起广泛的兴趣与多种发展的可能性，以便日后在实际中最好地应用。在教学中，仅仅关注实际，而不顾学生在不同阶段的成长需要，或仅仅传授可以在成人生活中应用的知识，是对教育的生物学原则最严重的背离。以成人的兴趣和视角选择教学素材来训练儿童的心智，而不考虑教育的时机与方式，这是最大的教育学之罪恶。

教育的这一生物学理念必然在课程问题的方方面面反复得到印证。若以个体生理发展为例，在哺乳动物成长的早期阶段，比如从人类胚胎发育的状态中很难看出成人会是什么模样，这看似经过了一些错误且多余的发展阶段，然而这些阶段却具有十分重要的意义，因为其中酝酿着生物体高级结构的产生。一个具体的例证就是蝌蚪的尾巴为何存在，它对成年蛙看似并无用处，然而这尾巴的存在却酝酿着腿部生长的可能。这一生物学原则对人类心智发展而言具有类比意义。人类心智的发展遵循同样的原则。实际的就是自然的、正常的。不管发展过程的复杂性导致人类心智发展的后期阶段变得多么模糊，儿童的发展从头至尾就是遵循自然的安排，其发展中通常是以明显不切实际的方式最终达到实际的效果。教育也是一样，通过间接的、看似不切实际的方式为最终实际的目的服务。因此，教育并不仅仅是教给儿童一些有实际应用价值的知识，因为那些知识无法提供动力。比单纯学习实用知识更重要的是激发学习兴趣与动机。而想要激发兴趣与动机，只有遵循自然的节奏和脚步，除此以外别无他法。整个动物界的生存历史都证明了这一观点。这是一个基本的生物法则。教育必须遵循生物学路径而不是逻辑学思路来实现其最终目的。当然，就具体细节而言，运用这一原则还是会遇到许多困难和障碍。因为儿童本身的复杂性，其成长各阶段之间的界限也会模糊不清，且其中有些阶段会缩短甚至略去，所以对于这一点我们仍然难以完全理解。到目前为止，我们尚未以人类个体成长发展的充足事实为基础，总结出人类成长过程的一般阶段和标准，也未形成一个令人满意的复演理论构想。但是，我们仍必须坚持将人类个体发展的生物学规律作为教育的首要原则以及面对学校重大问题时的首要考虑。我们必须认识到遗传因素在儿童成长中的重要作用，种族通过基因传递给儿童的有关其过往经验的信息，比教师能够传授的要多得多。自然引导着儿童成长的方向，并包含着儿童成长的全部节律。只有将教育建构在自然的节律之上，教育才能够与自然一起促进儿童的发展。反之，二者的冲突必然会给儿童的发展带来伤害。因此，教育的主要问题就在于认识孩子的成长阶段及儿童在各阶段中成长方式的转变，学习如何促进儿童的成长，使其成长的各阶段协调统一，并为儿童各阶段的发展提供适当的文化素材。只有这样，我们才可能找到教育的真正标准，并使儿童免于受到来自家庭、学校、教堂、社会文化等打断其自然发展过程的影响。这些影响使他们过早成熟，过早走入专业化的、服务实际的生活道路中去，被迫接受一些他们尚未准备好去学习的东西。

个体间存在很大差异，不仅种族发展进程在个体身上的表现有所不同，而且这些表现经过不同的排列组合会产生更加多样的差别。尽管如此，然而基于对大量个体的平均水平的研究，所得出的对个体发展过程中尚未成熟阶段特征与倾向的认识，能够帮助我们避免目前教育体制中存在的错误取向，为最好的课程与教育方法的创制提供参考。目前，首要的问题是了解如何认识个体发展的自然节律与阶段，必须让这些阶段自由地展现，使教育、文化的过程与自然节律相适应。要相信，对于自然与种族发展的深切洞察总优于教育者的主观臆断。如果遵循自然会出错的话，那么我们也难以找出任何减少错误的办法。在婴儿期与青春期，我们能够明显发现自然节律在主导着个体的成长和转变，并由此获得一些正确的教育方法。在这两个阶段中我们必须注意，不要试图去加速自然发展的进程，同时也要确保这一进程没有被延迟。充足的营养应当成为加速个体发展进程的唯一因素，一切外部力量都有违自然。由个体内部生发的兴趣是最好的指引，而来自外部的干预之手必须轻柔。

如果生物学原则被视为教育理论的真正基础，我们就会发现：游戏是能够真正显露儿童天性的活动，也清晰预示着教育实践安排的路线。游戏是世界上最普遍的活动，它是自然的产物。在游戏中，儿童经历的自然发展阶段得以清晰地呈现出来。游戏是极具实践价值的活动，虽然看似缺乏直接目的，但在游戏中儿童的遗传动力得以显现，有助于儿童沿着种族发展的步伐，最终走向成熟和自我实现。游戏同时代表着过去和未来。游戏不仅是儿童对种族历史上古老活动的重演，作为所有未来能力的基础，游戏也指向未来。这也正是游戏的最高实践价值的体现。这是许多儿童活动实现其目的的唯一途径。儿童进行这些活动的时间很短，且很快会被其他兴趣所代替。然而，这些活动已在儿童向更高阶段发展的自然过程中起到了重要作用。

在游戏的过程中，儿童是最自然、最完整的。教育者必须注意观察游戏中的儿童，并研究其在游戏中所使用的方法。许多对游戏的兴趣都会转移到教育的实践当中，因为在游戏中儿童的各种能力都得到发展。只要在学校的教育活动中允许游戏的存在，则教学的任务就能圆满完成，因为在游戏的环境中，儿童在内在动机的驱使下心智处于活跃状态。让儿童处于身心自由的状态，做他们想做的事情，能够自由地做自己，这就是教育的精神所在。当然对于这一原则的实际应用，我们尚未具体研究。我们不了解儿童成长的哪些阶段正在缩短，而哪些阶段又应当被延长或者强化；我们也不知如何为儿童的自然发展提供适宜程度的适时帮助，也不了解如何利用种族过往经验帮助儿童面对当下的问题；我们同样不知道自然因素是怎样在遗传发展的不同阶段选择其发展道路的，也不知如何选择适合每一阶段发展的文化素材。因此，我们不懂得以何种方式去指导游戏活动，以最大程度削弱那些个体发展中的不良特征，这也是儿童游戏生活的重要功能之一。

我们必须明白，游戏的功能不只限于运动。儿童的身心都会经历游戏阶段，任何一个发展中的个体都会经历不切实际的自由活动阶段，这种活动我们称之为游戏。在儿童成长、变化的过程中，存在一种基于儿童自身的一般发展范式，该范式是由内部动力推动的，而非从外部输入的。成人可为儿童选择适当的学习内容，以促进其游戏兴趣的拓展，但成人无法生发这种来自儿童内心的动力，也不能将其引向任何反自然的方向。

在游戏与工作或游戏与学习之间不存在本质区别。教育应从游戏开始，而游戏精神应当渗透到一切教育活动中去。游戏是教育活动中最经济有效的方式，因此必须尽可能地予以使用。游戏应贯穿教育的各个时期，成人生活中也应充满游戏精神。当游戏精神充斥人们的生活，则自我牺牲与自我表现之间的分歧就会消失。游戏是活动的最佳组织者，正是在童年与青少年期注入了游戏的力量，个体生活才得以联结成为一个有机整体。在这样的生活中，个体的兴趣、需要都能够得到一定程度的满足。若在工作中毫无兴趣可言，则个体必然缺乏内在的精神动力，陷入这样的工作状态，无疑是世上的悲剧。这样的工作带给人的只有疲劳与无奈，而疲劳又是个体或种族正常发展过程中的最大障碍；它阻碍成长与行动，使个体发展永久停留在低层次的结构和功能上。

与重视游戏的教育方式相反，教育儿童的另一极端方式便是依据成人的理念与标准，向儿童传授一些成人文化的基本原理。在这一教育方式中，主要通过威吓、奖励、考试和各种或近或远的奖惩激发儿童的学习动机和兴趣。而这一方式重视习得，而非教育的实用性与成长性。这一方式会在个体成长的初级阶段造成严重的混乱和破坏，它建立起一种人为的逻辑，与遗传的、自然的逻辑相去甚远。这种方式过于强调形式，而忽视内容。它将个体发展等同于心智训练，在其中自然兴趣无立足之处，它忘记了知识本身并不是教育的最终目的，学习的目的也不仅仅是培养能力。这种教育不主张在学习当中追求快乐，而希望能够最大限度地获取知识。反复操练的方法与对知识正确性的强调都被置于激励与建议的方法之前。而这一理念无疑是错误的，儿童在其引导下不可能达到完全成熟的状态；因为该理念没有遵循自然的秩序，甚至与之背道而驰。在各科教学当中，教师既不考虑这些教学内容给学生带来了什么，也不曾考虑学生将如何处理、使用这些知识；而教学内容的选择，只是根据他们对于知识的实际功用的人为的、表面化的理解，或根据为当下实际目的而进行训练的考虑，或者为了满足升级考试的需要。所有教学活动都是依据逻辑的顺序来展开的，所以教学内容都在教科书上，都在教师的头脑之中。如果教师想要促进学生心智的发展，他就必须具备大量的知识，仅仅懂得教科书上的一点点知识是远远不够的。但现实情况却与此相反，教师往往对教材以外的知识信息知之甚少。现实中，教师常常需要在无充分准备的情况下教授一门又一门课程。如此这般，教学方式就比教学内容本身得到更多重视；而学科的训练价值及其在培养努力、注意等重要心理品质中的作用，被置于学科的营养价值与适时安排之上。但是，这样的学习方式受到太多规则的束缚，太过重视精准，重视公式的使用。这些教学方法遮蔽了本应呈现给学生的广阔知识世界，只教给他们少量的事实和原则，这些做法易造成学生对于知识的自负心态，而破坏了其好奇的天性。此类教学的大量实施使教育对个体发展的滋养作用几近丧失。此种教学方法的反复使用与教学内容的一致、重复，便是最大祸首。教师年复一年地教授着相同的内容，随着时间的流逝，他的知识储备日渐陈旧过时，不再能适应儿童当前发展的需要。所有的反对意见都可归结为一点：学校的教育教学方法都建基于成人的知识观念，而这违背了儿童心智的本性。进入学校使得儿童脱离了家庭和社会这一自然、原生环境，从而无法发展自身的天然冲动。在学校中，儿童被置于教师的束缚之下，较之一名教育者，教师更像是一个严行纪律的人。如此对待儿童，带来的最坏结果便是儿童的过早成熟，这种成熟缺乏应有的深度。儿童天真烂漫的童年被夺走，年轻人过早开始思考不适合其年龄的问题。所有这些理念都违背了儿童游戏的精神。我们不应忘记，学校教育旨在帮助人们应对文明带来的非常态状况。同时我们也应当记得，学校顾名思义，意味着“闲暇”。从深层意义上说，学校确实可代表一种人类婴儿期的延续，因此，学校应珍视成长、健康、遗传因素和游戏精神。而前面提到的各种努力却要将儿童带离自然发展的道路。每一次对儿童自然闲暇状态的破坏，都是对自然法则的一次冲撞，因此都须证实自身的合法性。我们对字母表、乘法表过分重视，以至于忘记了阅读与写作能力不过是种族发展史上的新近产物，而在数百万年的人类历史中，人们不读也不写。这样看来，许多儿童根本无须接受循规蹈矩的学校教育。[①]

教育有许多其他形式，学校却总将自身视为影响儿童生活的唯一教育因素。其实，从某种意义上讲，学校教育对于儿童成长的积极意义还不及原始农耕生活对儿童的积极影响大。[②]以前，劳动方式尚未分化，儿童通过劳动参与到家庭与社会生活之中，在劳动和与长辈的接触中完成教育的过程。现在，这样的生活在乡村依然存在，并形成了一种值得现代学校效仿的教育体制。农场是理想的自然实验室。它并不破坏儿童游戏的天性，不人为去干预他们，却能将儿童培养成有用的人。农场生活还包含了丰富的促进心智发展的元素，通过发展年轻人对于自然的天然兴趣，使其免受身心健康问题的折磨、伤害。在生物学原则的指导下，我们必须任由自然去引领儿童的发展，而切勿插手干涉。这一原则强调，儿童在整个发展时期最大的需要就是过好每一阶段，并将每一阶段视为发展的最后阶段来认真对待。在大多数情况下，这一原则要求：儿童的成长宁迟勿早，以使儿童在所有发展阶段上都能达到完全成熟。儿童若能以悠闲的状态复演祖先发展的历程，则每个成长中的个体都能体验其祖先曾经历的一切，这便是教育的理想状态。理想的教育同样具有最大的实用价值，因为它能使个体达到完全成熟的状态，这正是为社会发展培养人才最经济、最有效的方式。教育的艺术就是把每一个复演阶段发展到极致，并将其作为下一阶段发展的最好准备。儿童发展低级阶段的教育必须认可这些阶段的价值和重要性，能够营养其心智的文化

① 此观点具有较明显的时代局限性，请读者注意辨识。——译者注
② 此观点具有较明显的时代局限性，请读者注意辨识。——译者注

材料，必须与种族发展早期阶段所使用的文化材料相类似。教育的主要功能之一就是防止建立起低级形式的兴趣与热情，而要利用各种力量推动其向更高水平发展。总之，生物学原则强调，那些未受重视的早期发展阶段应当得到强化，应允许儿童充分享受每一发展阶段，成人要为每一阶段的儿童提供一切能够使之丰富、快乐、自由的条件，注重塑造、发展儿童自身的能量，并将其引向最终的发展目标。在这种方式下，孩子在不知不觉中完成了自我教育。儿童以一种无害的方式重复着人类历史上的种种恶行，并努力使自己免受这些行为后果的影响。儿童逐渐用尽其本能冲动的力量，并将可运用于此后实际生活中的能量完全地释放出来。如此，教师教学的艺术就在于将文学、传统、历史这一切的文化资源生动地、以儿童易于接受的形式呈现出来，向儿童最大限度地提供他所掌握的丰富文化资源。孩子每一阶段的成长、每种机能的成熟过程都必须是缓慢的，除非儿童头脑中已积累了大量的文化素材，否则这种缓慢发展就不可能实现。相反，饥饿的心智反而会加速成熟，同时为随后的发展留下虚弱的基础和各种隐患。而各种后果中最糟糕的情况莫过于儿童的性早熟问题。如果社会生活中的刺激过于丰富，而儿童自身的天然兴趣又未能得到满足，就很容易发生性早熟。如果儿童天性为成熟的冲动所推动，如果他所接受的训练又使其习惯去模仿成人，而非处在应处的自然阶段之中，那么早熟问题的各种表现必然会接踵而至。

虽然目前我们对于童年的研究还远不充分、完善，这让我们还无法探查个体发展的每一个细微阶段，无法准确知晓个体与种族发展之间在各时段上的具体关系，我们也未建立起科学教育学的理论体系，为个体发展的每一阶段和节点提供适合的文化素材。但我们已拥有一条首要原则，这是确定教学秩序和恰当的教学方法的可靠途径。这条首要原则的内涵即：对于兴趣的重视程度，是对教育学理论的功用和成熟程度的重要检验。兴趣如同饥饿，是需要的表达，是自然和理智告知我们的儿童需求的最好表达。如果教育活动的效果有好有坏，则应从活动的推动因素去查找原因，看活动是由儿童自身的兴趣引起，还是违反儿童天性需要、由外界力量所推动的。二者的效果差别巨大。成人若要人为地在儿童身上制造兴趣也是容易的，因为儿童的兴趣与能力都具有可塑性，但这种强加的兴趣如同无根之木，它能够为儿童所接受，却无法被吸收。这种兴趣在儿童心智中始终如同一个阻碍发展的植入体，为儿童心智的成长埋下祸根。缺乏自发兴趣，就不会有正常发展。因此，教师的首要任务就是发现孩子的兴趣，并创设适宜环境使其兴趣得以表达。

童年中的每一阶段都有各自的兴趣特点和起始时期作为标志，不同的活动方式从内部生发出来。这些重要的时间节点都应成为教师安排教学的重要提示。为了更好地教育年轻人，就必须首先满足他们的兴趣和需要，以激发他们内在的能量，同时通过教育给予他们指导、刺激、启发及知识材料的滋养。成人的学习兴趣与方法应始终作为背景而隐性存在，一切教学安排都应适应儿童的需要。当我们对儿童发展各阶段中的不成熟期有了更深刻的认识后，就能够找到更经济有效的教学方法。然而，对于成长中不成熟期的相关规律，我们尚不完全了解，还须探究儿童发展各阶段中成长与衰减的年龄曲线，也需明确应当在何时、在多大程度上去刺激各种身心功能的发展，以及在各种兴趣发展得最快与最慢的时段该如何作为，如何根据每个个体能力的独特性对其施加教育和训练。同时，我们还须思考，对于儿童表现出的突出特点，教育是否应当予以强化，以促进其能力的充分发展；或者教育是否应当训练、弥补儿童身心机能中存在的弱点，以达到儿童发展的均衡，防止过度个性化。我们相信，上述所有问题都会得到解决，且途径只有一个，那就是在大量个体身上搜集证据，对各种天然的兴趣展开研究。想要完全解决这些问题是一个属于未来的理想，然而与此同时，教育者必须尽其所能充分发挥激发儿童天然兴趣的作用，将儿童在各个阶段取得的进步视为自然力量的体现；作为教育者不能违背这一力量，按照成人的逻辑去安排儿童学习的方法和进程。只有遵循自然发展的进程，儿童才能发展起完整、健全的人格。只有遵循儿童兴趣内在发展规律的教育，才是唯一正确的教育，课程也会呈现出一种自然的联合，而无须人为地将其组合在一起。这样的课程的优势在于，即便课程中文化材料的内涵十分复杂，但只要遵循自然的秩序将其排列，就能看到一种有益心智发展的统一性。这样的教育简单易行，因为它以人的本能为基础，而不用强迫儿童去做违反意愿的事情。这些课程将个人置于与同伴的正常关系之中，以深刻信念影响他们，培养他们思维与行动的规则和习惯，发展其独特个性，以个人天然兴趣为基础，为其日后的专业化发展做好准备。这样的教学活动和文化材料的使用，能够激发并强化人类的基本美德与情感。

然而，现实存在的主导文化却将教育引向了相反的方向。课程中的大量知识脱离儿童的天然需要，从而只会扰乱他们的心智而非使其受到教益。因为这些知识无法激发起儿童天然的热情，所以只会阻碍身心的发展。这样的学习带给人们的只有疲劳，因为学习变成了一种依靠意志去完成的努力，并非来自学习主体的自然需求。与城市生活的弊端相联系，我们发现有太多人为的兴趣及其附属物不断地刺激着人们的头脑，造成了身体及智力的过早发育成熟。而教育并未触及儿童本性的核心部分，只是流于知识传授以及为考试做准备。

应反复强调教育的生物学原则，因为各课程主题以及各种教学方法中都必须去运用和体现这一原则。儿童是复演种族历史的有机体，在不同的教学情境中的首要问题是，我们提供给他们的学习内容是否适合他们的天性。如果不适合，那么这些教学内容就是错误的、不具有教育性的，不论成人对这些知识多么心仪。这一原则的应用形式十分多样，但原则本身却是简单明确的。虽然许多具体问题还有待解决，但解决问题的方法是明白、直接的。我们必须从种族意义上来诠释儿童，不仅将儿童视为种族经验引领下的人类种族成果创造的有机体，而且将其看作人类种族利益的产物，儿童会通过接受自然取向的课程和训练来完善自我，未来将通过专门活动为人类发展服务。当然，这些课程和教育是遵循基本的自然发展规律的。如此看来，关于人类心智发展的知识，即从个体出生之前直到发展成熟的最终阶段的全部知识，在教育儿童的一切问题中都具有重要意义。教育的进步必定要建立在人类发展科学之上。

第九章　体育与职业教育

生物学原理告诉我们：整个人类的进化过程和个体身心成长的过程遵循的是同样的发展规律。当我们将这一原理运用于教育理论当中时，就会认识到身体锻炼的重要性。从某种意义上说，体育与职业教育是一种特殊形式的自然教育，此二者都是先于学校教育出现的。在户外、森林或乡村的原始生活方式当中，常常可以发现在现代生活中已经稀缺的大量教育资源。而将这些资源融入学校教育，目前依旧是个理想。健康的体魄作为热情与兴趣得以产生的重要基础，来自自由活动的生活方式。若将培养儿童健康的体魄作为学校的首要任务，则需提供类似自然的环境。当前一代人的健康是我们唯一可以许诺给下一代的福祉。因此，是否促进了学生健康，成为对所有教育机构进行评价的首要标准。

依据生物学界的权威观点，对于儿童健康的照料，是家庭和学校共同承担的首要职责。其中，食品问题、身体锻炼、空气质量都是影响儿童健康的根本因素。目前在确保儿童健康成长方面存在诸多问题，我们需要发起重大变革，并拓展公众教育。婴儿喂养需要建立在更加科学的基础之上，城市中过高的婴儿死亡率及其致死原因必须得到认识和改变。生养子女并不是为人父母的全部责任，父母还需要尽己所能确保孩子健康成长，直到孩子长大成人。而教导父母如何履行为人父母的责任，这必须成为公共教育的一部分。人类的未来便取决于此。

当儿童进入学校时，学校面对的首要问题便是如何确保他们身体的健康。在这个问题上，家长、教师与医生必须联手协作。在缺乏儿童活动所需自然条件的城市当中，儿童的健康更难保证，学校就更要担负起维护儿童健康的职责。如果一所学校不关注儿童的身体健康，它就无法履行其社会职责，因为它忽略了最宝贵的社会财富——年轻人的健康。

在学校中，与儿童健康相关的因素复杂多样。比如学校建筑就应体现出建造者对于完美建筑艺术的追求，它需选址在空气和光线状况良好的区位，且远离各种干扰因素。操场设计也应确保健康、卫生，且应时常开放。校园里的土壤应根据其具体使用需要做好准备；操场不应用栅栏围起来，四周都应是开放的。通风、采暖、照明、课桌的外形与排列、阅读与写作中的卫生保健、运动与休息、学习时段的长短、儿童作息秩序、传染病的预防、儿童个人卫生与学校环境清洁等所有问题都是严肃的科学问题，且站在进化的角度看，这都是需要仔细研究的重大问题，需要对儿童学校健康问题负有责任的人们共同予以关注。

在校外，也应为儿童的健康和福祉做好充分准备。去往公园或乡村的车辆应降低车速。同时应当建造大量的公共运动场、健身馆和公共浴室，城市空地则应用来为儿童提供游戏空间。

对于青春期早期的健康情况，学校与家庭都要密切关注。在这一阶段，个体对于自身健康的关注需要被唤醒，他们需要学习身体保健方面的科学知识。这一时期的健康问题具有特殊性，性健康问题是该时期的特殊问题。一个人未来的健康状况，以及人类种族的未来发展，都取决于个体在此阶段对性器官与性功能的适当保护。没有任何一个人生阶段会像这个阶段一样，对个体健康造成如此巨大的影响。

目前，我们维持和增强儿童或青少年健康的最佳途径就是进行有规律的肌肉运动。人类天生就是好动的，其所有的兴趣都是对于运动的兴趣。人类身体有将近一半是肌肉组织。生活就是行动，肌肉系统是将人类的想法、感受付诸实践的唯一工具，我们的生活正是一个不断行动、实践的过程。因此，行动已被视为生活的主旨，仅仅了解、知晓是无用的，必须付诸行动。如果教育想要代表生活或为未来生活做准备，则在其本质上必须包含肌肉运动与意志努力的行动。在活动中教育儿童无疑是明智的，即便他们能够为世界创造的价值还微乎其微，教给他们行动的方法，也好于在他们头脑中储存大量无法表达也无法运用的知识。

现在我们比以往任何时候都更加需要增加肌肉的力量和耐力，尤其是在工业大发展的城市当中。然而也正是在城市生活中，肌肉很难得到锻炼，面临着退化的危险。正因如此，我们需要对肌肉训练的作用有更为广泛深刻的认识。肌肉训练能够唤醒种族记忆中对于运动生活的兴趣和冲动，因此有益于提升我们的身心健康与效能水平。而且，青春期阶段正是肌肉快速增长的最佳时期，如果此时忽略了肌肉训练，则是教育的最大失误。在青春期，肌肉的大小和力量都开始迅速增长，心脏的大小与动力也在增长，心壁厚度也在增加。此时，必须养成良好的肌肉运动习惯，因为它是进行意志与情感教育的基础。这是激发热情、进行熟练运动的必经之途，同时也是在这“恼人的”阶段避免年轻人出现道德问题的最好保障。

当我们估测运动教育的功能与价值时，必须注意两条原则。第一条原则，运动教育与肌肉训练不只以提升健康水平、增强体质和力量为目标，心智与道德训练也是其重要目标。肌肉是人体的重要组织，不论是心性、习惯的培养，还是以各种方式表达自己，都离不开肌肉的协助。在发展心智的过程中，肌肉训练的作用并不弱于其他学科的教学，因此，必须重视强健身体以外的功能。

第二条原则，神经机制与肌肉组织的生长变化是以某种固定顺序进行的，都是先完成基础性发展，再发展附属机制和功能。个体发展遵循着种族发展的轨迹，首先完成的是大肌肉组织的生长及其内部神经联结的形成，因为这是人类种族运动功能的重要中介。在童年期，背部、手臂和腿部的大肌肉群是最常用的，因此这一时期的运动训练应以这些肌肉群为中心展开。而更加完善、精细的运动出现在这些基础性运动之后，就如同在基础层次上出现的优化和升级，这一顺序不论是在个体发展中，还是在种族进化过程中都是一致的，是一种已经固定下来的自然顺序。然而学校却常常违反这一运动发展的原则，低年级的书写训练和繁重的课业任务便是明证。有些人认为小孩子年龄小，就应该做一些细小的事情，这恰恰是错误的。儿童年龄越小，就越适合做那些粗大动作和自由的运动。种族的各种活动方式、运动兴趣会在特定时期呈现在儿童身上，这正是遗传力量在起作用。而这些都应在儿童的游戏中得到自由表达，因为他们需要在游戏中形成身体的适应性，丰富运动经验，为日后更加精细的技巧性运动打下基础。

8—12岁通常是儿童发展精细运动的最佳时期，此时他们已掌握许多运动技巧，且神经机制已发展完好。因此，这一时期是儿童最容易学习技巧性运动、完善自身运动技能的重要时期。接下来的青春期，又是一个基础性运动快速发展的时期，大肌肉进入第二个快速生长期，大运动量的大肌肉训练是此时所需要的，肌肉将在高强度的训练中获得力量。如果肌肉未得到适当训练，则个体肌肉的控制力以及肌肉力量都会明显不足，而错误的运动习惯一旦形成，也将影响一生。

就当前的目标而言，可将运动训练分为四种基本形式：（1）游戏——包括整个青少年期各年龄阶段的自由活动；（2）职业教育（industrial training），包括过去和现在针对所有成人的职业教学实践活动；（3）手工训练，包括所有正式的手工艺系统化训练，如瑞典的手工艺教育（sloyd）；（4）体育运动，包括所有可被定义为身体训练的项目，如柔体操训练以及各种健身与体能训练项目。

游戏——游戏与人类所有实践活动相联系，在心智层面，它是组成一切有目的活动的原材料。在游戏中，儿童依序重演着人类的早期活动。不论何时，游戏中的孩子都处于最自然的状态，因为在游戏中，儿童是一种种族性的存在；游戏中的儿童无须做出任何努力，只是在享受着无尽的热情与快乐，因为，他们为人类种族的强大内在冲动所驱使。这种力量在儿童身体里重生，并驱动着他们的行为。如此考虑，则游戏无疑是适合所有儿童的最基本的运动训练形式，同时也是其他一切活动的基础。游戏是一种最好的活动形式，因为它是最自然的、最普遍的、最自觉自愿的活动。在游戏中，自然的要求表达得那样清晰无误，因此儿童能够最大限度地进行自我教育。

游戏必须被视为最伟大的教育力量，因为它是教育的基础。如果离开了在游戏中产生的兴趣，真正意义上的教育就难以发生。教育者可从游戏中学到的训练儿童的方法，比从任何方式中学到的都要多。至于在各年龄阶段儿童应该玩些什么，如果社会环境正常，则遵循儿童自身的兴趣即可。儿童对游戏的兴趣恰恰指示了某些正在成熟中的机能需要得到训练。教育者可把最佳社会环境下儿童发展的常态水平作为参照，来刺激、引导儿童做游戏，但不能在儿童游戏中做任何人为的规定。

在儿童的游戏动机中，有些是与教育活动直接相关的，因此教师与家长应对儿童的游戏生活抱以肯定态度，因为这些兴趣在某种程度上可以被教育者引导和利用。

在一切运动形式当中，没有哪种形式比舞蹈更普遍、更深受人类种族动机的影响。在舞蹈这种运动形式中，每种重要的行为、情感、生活中的重要事件都可以得到表达。跟随舞蹈，我们能够回到游戏、艺术与工作尚未彼此分离的那段时日中去。舞蹈是儿童的游戏冲动和运动需要的最佳表达方式之一，因此是最自由的和最好的运动教育形式。而现代交际舞却是一种包含文化元素最少、对身心益处最小的舞种。应努力丰富其文化内涵，以挽救这一舞种，使我们可以利用其激发和表现出的动机来促进个体发展。舞蹈不仅是一种理想的形体训练的形式，使人在力量、协调性和耐力等方面均有所提升，也是意志与高级情感训练的重要手段。

在儿童活动中，存在一种古老的深层次动机，那便是冲突。这种本能冲动能够激发儿童许多种类的运动，如摔跤、格斗、拳击、追逐等。对这种强烈的原始冲动，必须予以适当引导，为儿童的教育和发展服务。所有由此原始冲动引起的运动、兴趣和精神状态，都能够用来增强儿童从事专门化的游戏和职业的热情。

还有一种不那么普遍的、偏静态的种族性兴趣，但它却能激发出最多样的活动，这便是对玩具娃娃的兴趣。玩娃娃游戏不仅是女孩的一种母性本能的表达，也是一种社会性冲动的表现，所以不论在男孩还是女孩身上这种兴趣都会存在。玩娃娃是一种伙伴关系的产物和呈现，在这些兴趣、活动中，儿童对日常生活进行重演、重塑；而更为重要的，在儿童玩的娃娃游戏中，他们的大小肌肉群都能得到训练，他们还会进行大量遗传性活动，其中许多预示了未来的职业活动。儿童几乎可以在娃娃身上把他们所知所能都重演一遍，因此学校完全可以本着经济的原则，利用这种已被激发的可塑能量来安排教学。事实上，在早期阶段，教师可以利用这一种族性兴趣，教给儿童任何东西。

对于儿童同样热衷的收集活动，其本质和功能几乎可以用与前文相同的表述来解释。收集的兴趣是儿童身上普遍存在的深刻动机，它与种族深层次的占有本能相联系。在教育活动中，也有重要的利用价值。一旦收集的兴趣被激发，儿童几乎会乐于完成所有的智育任务，即便是纯粹的文化科目，也会被儿童假想成包含运动元素的收集活动。

另有一种活动方式，同样包含着促进教育和协调心智发展的本能，那就是儿童对于玩土、玩沙的兴趣。当儿童自由地安排游戏，或接受适当指导来玩游戏时，他们会将此游戏发展成社会性活动，在吸引他们的环境中进行充分的表达。通过游戏，孩子的思维得以发展其建构性和想象力，他们能自然而然地学到一些社会生活经验及职业技能。游戏方式作为一种可利用的教育因素，相较于学校教育的一般方式有着巨大优势：在游戏过程中，儿童可将学到的知识充分表达出来，且这种学习是出于兴趣的。一切都自然地从前一步中生发出来，因此，一切都和谐一致。不论游戏还是学习的过程都自然、和谐地发生，并且最终汇聚到一点：各种事实与行动所组成的一个统一体。因为这一切都是以儿童兴趣为中心的，儿童在游戏中将各种不同的兴趣融合在了一起。这是对运动教育的理想表达，在运动中发展心智，所有心智训练都应在运动中进行。

从某种意义上说，儿童身上的所有冲动，都来自原始的种族冲动。在这些冲动由不成熟发展至成熟阶段时，儿童已为源自兴趣的某种自然的学习方式做好准备。这些兴趣出现的顺序、表现形式及一般特点都由自然所决定，而儿童使用的活动材料、其兴趣的体现方式等则与家长、教师所提供的支持有关。儿童的游戏精神是如此重要且意义深远，甚至现在有很多人认为，全面发展的自由教育只要通过玩耍和游戏就能实现，认为缺乏乐趣的任务不会给儿童任何益处。现在，越来越多的儿童游戏场地、各种公共游乐设施、游戏学校、游戏教师等纷纷出现，所有这些都是为了促进儿童身体与智力兴趣协调发展。“游戏”在新教育中是具有魔力的一个词。目前游戏已成为贯穿整个教育过程的重要问题，教育实践中的最重要的问题之一便是如何将游戏作为教育儿童的主要方式；不仅要在幼儿园中采用，还要向上推及学校系统的各个年级。城市则需充分利用空间，扩展儿童的游戏场地。屋顶花园、运动场、休憩场所、校园以及校舍都要利用起来。孩子们还需要远足活动，需要自由开放的空间，这些都将有助于他们的成长。青少年剧场、男孩俱乐部、自然探索发现、工业剧表演、课程情景剧以及各种游戏、运动器械、公园、动物等这一切都必须为教育所用，要将它们的价值在不同年龄儿童的身上尽可能地发挥出来。

当青春期来临后，游戏的问题又将以一种新形式表现出来。青春期就如同第二个婴儿期，此时游戏具有了新的功能。应充分利用游戏精神来保持青少年的身心健康，将他们的热情和身心成长引向更高的层次。社会、学校与家庭都应认识到游戏的本质和作用，并尽其所能给予支持。在众多适合此阶段的运动方式中，游泳无疑是对青少年身心发展最有益的一种。每个城市都应该为市民提供充足的游泳设施，因为这项运动还能帮助人们调节、释放情绪。节律运动以及包含被动运动的游戏都是有效的。滑冰、网球、高尔夫、板球、手球、棒球、保龄球、掷圈环、冰壶等运动都有助于情绪控制，适合青少年学习和训练。散步、跑步、舞蹈、出海航行，还有最重要的——登山——等运动都有助于控制青少年在该时期容易出现的亢奋或异常的性冲动。

职业教育——职业教育的重要性及必要性已受到关注。儿童绝大部分的自发活动都是对人类种族职业活动的预演。每当儿童身上出现某种强大的兴趣或冲动时，我们常常发现这其实是人类种族实践兴趣在个体身上的复活。然而受现代生活的影响，儿童已经远离了对种族生活的自由表达，取而代之的是压抑儿童天性的、久坐不动的学习，这种方式甚至从儿童一入学校就已开始。

然而，教育需要与成人的劳动实践和生活方式保持密切联系，因此学校教育需要一种近乎戏剧性的巨大改变，那就是将能够表现出职业活动的运动形式，如抬举、采掘、击打、投掷、跑步等以和谐的方式引入儿童的经验当中。孩子应当掌握祖先们的各种活动及劳动方式。产品的完成意味着制作过程的完结，而不仅仅是一种训练活动或运动体验。在种族发展过程中，那些成果、产品是最有意义的东西，也最能给人灵感与启发。儿童必须制作一些东西来满足自己对游戏或自我表现的需求，且其制作过程应与其学习过程协调配合，这对儿童也是最珍贵的体验。儿童必须体验食物采集、捕鱼、打猎、驯化牲畜和农耕等过程，必须懂得早期人类制作衣物、处理兽皮、编织毯子以及制作鞋帽和装饰品的技术，还要了解各种器具、武器、崇拜物和陶器的制作工艺。对祖先们如何为种族的生存繁衍尽己所能，为保护幼小而努力抗争，现在的年轻人须能感同身受。他们还应学习，祖先们是如何一步步改善他们的生存条件，从洞穴到帐篷，再从棚屋进入各种现代居所的。通过教育，现代人须尽可能地了解原始职业中的精神和技艺，并汲取其中的教育价值。在各种原始职业当中，儿童最需体验的莫过于耕种土地。这是人类进行其他一切活动的基础。人类社会的生存建基于此，尤其对雅利安人而言，农耕理念在其身心教育中扮演着重要角色。当然以上这些并不能代表学校职业教育的全部内容。我们常常担心在对儿童的教育中，会忽视那些职业教育中最一般的问题，尽管我们已在尽力满足儿童的兴趣。

从现代人的两种活动方式中产生出了两种遵循自然的教育理念——普通的农场理念和开拓的理念。其一是普通的农场理念。在两个世纪以前的乡村生活中，可以发现对学校职业教育，尤其是低年级的职业教育的有益参考。对儿童成长的某个阶段来说，那时的生活为他们提供了历史上最适合其发展的环境。因为那时的教育将体能训练、职业训练、技能培养与公民教育和宗教教育和谐地结合在一起。儿童对于乡村生活有着浓厚的兴趣，学习传统农业中的种种技术不仅有助于儿童智力的发展，同样有益其身心健康。在现代学校制度下尽可能去模仿历史上的各种职业模式，是建立理想职业教育模式的重要途径，依此行动，则将建成有史以来最好的职业教育模式。由于学校教育在这方面的疏忽缺失，父母就更要承担起这一责任，了解儿童对于乡村生活和大自然的热爱，并为儿童提供一切有可能到乡村度假远足的机会。

其二是开拓的理念。该理念所包含的精神特别适合处于青春期早期的少年。在最早踏上美洲大陆的先驱身上，我们能够看到这种精神。开拓理念的主导精神是自力更生和追求进步的精神，是一种开拓荒野的意志与热望，一种试图适应任何未知环境的力量和信心。如果一个孩子在童年期接受了适当的职业教育，那么当青春期来临，他身上将具有这一精神。在大工业发展、物质日渐丰裕的今天，只有这种精神能让我们的国家在日趋激烈的国际工业竞争中立于不败之地。这是比娴熟的技能训练更为必要的东西。这就是对工业生活中最重要的积极与高效保持一种深刻、基本、持续的情感与本能反应。我们只有通过保护儿童对户外活动的热情，并将其自由游戏的精神导向生产性的活动中去，才能使儿童获得这些特质。我们需要将职业教育的理想贯穿到整个学校体系中去。恰当的职业教育能够激发出儿童身上的本能，这是其他教育活动无法做到的。

但是我们不能只从儿童个体发展的角度来看待职业教育的问题，还应站在各行业发展的角度去思考教育问题。除此以外，我们还必须考虑社会的需要。我们的教育体系没有及时跟随工业发展的进程来对自身进行调整。工业界的新技术、新方法层出不穷，所有这些都离不开大众对进步的渴望与进取精神。它要求将绝大多数国民的能力开发出来，以努力实现完全专业化状态。然而，我们目前的学校体制只忙于传授与专业相关的知识，只关心准备进入大学深造的极少数，而不关心即将进入工业系统谋职的大多数。在五、六年级之后，我们的学校仿佛都是在努力培养文职人员，而并非在为广大民众的各类教育需求服务。儿童对于建构性活动的兴趣不仅没有得到发展，反而被压抑了。这在一定程度上要归咎于我们对功利化教育后果的不必要的恐惧，这使得我们过分重视纯粹文化价值的传授，即便在很多时候，我们并不知道这些文化会产生怎样的作用或影响，不了解如何去培养年轻人的一般能力，也不知道学习某门科目的能力是否能够迁移。于是，学校离我们的生活越来越远。当生活越来越充满活力时，学校反而变得越来越没有生气。

学校缺乏根据现实生活的变化调整自身的能力，其中一个关键的原因在于人们将学校视为教育孩子的最佳途径和引领人达到心智成熟的文化场所。而这恰好与职业教育的理念和要求相背离。职业教育确信教育儿童的方法与文化载体有许多种，每种方法都各有长处，它们分别适合不同心智类型的人群以及不同社会秩序的需要。很难说哪种学习方法就是最好的，不过是不同的学习方法适合于不同的成长阶段罢了。职业教育的实践已彻底证明：职业训练与专业工作一样需要高水平的智力活动，并将我们从一边宣扬劳动的尊严，一边拒绝在教学中教授劳动知识与技能的矛盾中解放出来。

职业训练不仅需要以主题形式引入课程，还要求我们自下而上重建教育体系的整体精神。实际上，如果职业教育得不到重视与改善，我们将无法维护我们国家的繁荣。过去，我们一直依赖丰富的资源、大量的人口与物产以及高额保护性关税来使国家得到维持和发展。但是，我们一直在浪费各种资源，也未形成将科学成果应用于工商业界的重要传统。现在，行动的时刻到了。

我们首先要对学校进行分类。今后，各类学校将会以所服务的职业群来进行划分。我们必须尽可能为兴趣选择提供机会，为专业能力和倾向提供发展空间，使年轻人与真实生活保持密切联系，同时将文化要素与职业训练相结合。必须设立尽可能多样的课程、学校和各类职业技术学院，全天候向学生开放。我们还迫切需要职业专家对个体能力进行评估，以便消除目前普遍存在的人力资源浪费的情况，并帮助年轻人肩负起公民职责，过上自立自尊的生活。然而先前的职业生活中，在完成职业活动的效率和职业选择的自由度方面存在太多困难和问题。我们必须尝试在不违背国家文化理念的前提下进行改革；同时，在不违背儿童发展的自然秩序的前提下使其了解工业界的最新成果。我们必须懂得在引入最新、最好的事物时保留过去的精华。我们必须提前做好计划，以防培养出未接受良好教育且缺乏劳动技能的人，比如一些在14岁左右离开学校的男孩，自身带有多个职业发展方向的可能，但却因缺乏足够的理智方面的兴趣的支持而难以得到进一步的发展。

摆在我们面前的一大问题便是：具有现代特征的专业化分工与实用主义削弱了工业生活中的人文特性。在旧时的行会中，每个人都是艺术家，他们的工作与生活紧密联系，他们需要参加各种各样的活动，掌握不同领域的知识，这就是真正意义上的教育。这正是我们的职业教育所要提供给儿童的，同时将其引向更高的专业化熟练水平。

在职业教育中，其实并不必为缺乏足够的文化素材而忧虑。因为只要学生具有足够强烈的职业兴趣，他就会被激发去涉猎丰富的知识。而且，与某一行业相关的知识（包括与该行业相关的基本事实、全部法律和原则等）数量之大、范围之广，也足以令我们惊讶。这些知识无疑具有重要的人文价值，同时也是学习科学知识的基础——简言之，受过良好教育的匠人智慧过人，若其能与求知若渴的年轻人密切接触，那将是不可多得的理想的教育方式。

所有职业领域都迫切需要提供适当的文献给年轻人去阅读。所有行业都具有丰富的文化价值，都值得人们以人文的视角和兴趣去关注。教育者需要做的就是将这些价值正确地呈现出来，以启发年轻人的心智。我们需要有关各个主要行业的著作。这些书籍能够为我们提供综观整个职业界及各行业间关系的理性视角，有益于年轻人的心智发展。这些文献著作应当为所有职业学校所采用，融入世人所谈论的一切行业的教学之中。这将有助于我们重拾古老的行会精神，使劳动者更加忠诚于他们的职业。

在教育体系中，我们必须为商业活动的教学留出更大的空间。商业活动正在以这样或那样的方式影响着所有成年人的思想和行为，而我们的教育却从未为此做过充分准备。在学校的教学计划中，没有对商业内容的相关介绍；在年轻人对商业活动的影响最为敏感、想要从书中学习相关知识的时候，我们反而对商业活动内在的神秘感与魅力避而不谈。的确，学校似乎宁可将孩子们保护起来，不让他们与繁杂忙碌的世界接触，也不愿给他们洞察身边事务的机会。当然，我们也不必一味指责学校，因为商业活动同样没有为激发儿童兴趣提供适当的机会。商业活动自身的文化与人文价值应受到重视，因为如果缺少了这些价值，企业就无法存活下去，无法为其劳动者提供长久的谋生之所。作为企业，不仅要研究人类生活，对人类生活要达到熟知和灵活应对的程度，就如同对自己的生产材料一样熟悉，从某种意义上说，企业还必须承担起教育的责任。在各种商业活动中存在着许多需要通过教育和学习获得的能力，如广告、购买、售卖以及贸易中各种其他活动都要求参与者具有很高的智力水平。

参与商业和贸易活动需要基础、全面的教育准备，既包括理论的，也包括实践的。所以，学习商务的学生不仅要从书本中学习，还要在学习生活的各个阶段与实际生活保持密切联系。学校的商务系科与商学院一定要了解外面世界的精神样貌，并注意吸收新的理念与方法，不断拓展，获取有价值的事物。商务课程绝不能停留在任何固定、静止的状态之中。

农业教育是职业教育中另一块重要、宽广的领域。农业教育必须以对自然与乡村的热爱为前提，同时对城市生活要能做出客观的评价。学校花园是农业教育可利用的近便场所，常在花园中活动有益儿童的身心健康和道德发展。但是，我们必须谨防这些在儿童身上被唤醒了的兴趣、热情到了中学阶段就逐渐消退。儿童对于自然的热爱与热情必须保持下来，因为这是对实用生物学问题产生兴趣的基础，在生活中发挥着重要的作用。所有农业生活的教育都具有一个优势，它们具有古老的、原始的种族根源。在教育中，充分利用这些本能力量能够促进儿童的身心成长。而当前农学院中所开设的现代课程却很可能削弱年轻人的这些本能，使他们不再热爱、亲近乡村生活，甚至永久地将其与这种生活隔离开来。

女性的职业教育是如今的又一大难题。因为，职业活动与家庭事务的学习完全是截然相反的两个方向，其理念与方法也不同。后者具有普遍性、全面性，能够整体提升个人的能力、品质；而前者则是特殊的、具体的，只需要个别几种能力去完成。女性的基本职业应是持家，因此，在女性教育中，必须提升家务活动的地位和尊严，并将其视为女性一切活动的中心。如在烹饪技艺的教学中，就应涉及这门技艺的尊严和价值、其与科学的联系，并对其发展的基本阶段进行概括性介绍。我们必须提出一种新的家庭生活理念来指引女性教育——如果一个女孩长大到十几岁，却不具备烹饪、缝纫、洗烫衣物、照料孩子等实用性知识，我们就认为她没有为生活做好准备。①

手工训练——我们很难将手工训练从职业教育中分离出去，在理想的职业教育体系中应当包含手工训练的内容。正如我们所定义的，手工训练应属于运动教育的形式之一，而与专业性的职业教育无关，其目标是对手脑协调的一般训练。它是教育中的一项重要活动，符合健康的发展原则。手工训练不仅能提升儿童的动作控制协调能力，还能激发儿童的兴趣，这是学校中的很多活动都无法做到的。相比学校中的其他活动，手工训练的优势在于具体和客观，教师能够给出明确的指导和批评意见，儿童也能立刻看到自身操作的失误和局限所在。在手工训练中，没有任何东西能够掩藏或弄虚作假，因此，这是一种教导儿童诚实工作的有效方式。

可当我们从遗传角度去考察便会发现，目前学校中的手工训练大多是狭隘且不充分的。手工训练经常被视为教育的终结阶段，而其恰恰应被看作教育的开端。到目前为止，职业教育中的核心工作已经打破了我们对于纯粹智力教育的迷信和幻想，学校

① 该段落中关于女性职业与教育的观点具有明显的时代局限性，请读者注意鉴别。——译者注

不再是传授有用知识的唯一场所。但在目前的手工训练中存在很多问题：手工训练的自由与人文价值尚未充分体现，其与随后教育阶段未能很好衔接，与实际生活也未能紧密联系，因此给人留下了单调乏味、陈腐呆板的印象。而所有这些错误和局限性的存在，都是因为对儿童发展的自然节律和儿童自然活动背后的遗传性动因缺乏认识。例如，瑞典的手工教育过于强调操作的精准度和操作技巧训练，而很少考虑这些安排是否能激发儿童的兴趣或对儿童的成长有何作用。教师们也往往拘泥于形式，引导学生经历一系列精心组织的阶段。这类课程和那些强调按照学科逻辑来组织的课程一样受到批判。由于过于强调教学方法和形式化训练，儿童头脑受到的训练极为有限，难以代表现代职业生活中的三百种手工职业所需的能力和训练。其实，学校的手工训练课程应当首先对人类活动的基本类型进行研究，但此工作尚未着手。目前手工训练课程使用的材料太过狭窄局限，而真正的原因正是教育者没有利用儿童的天然兴趣去刺激、拓展其心智，并结合儿童的其他兴趣，尤其是科学兴趣来设计教学。事实上，儿童对于科学的兴趣是与他们建构的兴趣和对成人实践活动的兴趣密切相关的。总之，手工教育若要发展，就要站在当前教育失败的原点，努力唤起儿童最深刻的本能和兴趣；要将手工训练视为对儿童完整个性的熏陶和培育，而不只将其看作对手部动作的训练。因此，手工训练应在两个方向得到拓展，其一是拓宽心智训练的领域，其二是关注职业生活中的实际问题。不论训练的具体内容是什么，我们都必须坚持这两个方向。比如在编织篮筐的活动中，我们必须使这项活动有益于学生心智的成长和深层次本能的激发。也许可以从野蛮人的做法中得到启发，他们会将自己种族的故事、传说和历史，将自己的内心活动，以及动植物图腾的形象都编织在篮筐之上。手工劳动的目的不仅仅在于生产器物，或训练某种感官能力（如观察力），它还必定与参与器物设计、制作、售卖等活动的专业人员、匠人和商人自身的主要需求有关。这样看来，手工劳动可能带来多方面的收获与成长。

手工训练课程应从较为粗糙的工作开始，起初先进行一些测量练习，学习制作测量杆和一些简单的工具。在此过程中，基本的数学知识就可引入了。接下来可以学习使用直角尺和圆规，再学习用榫接合交叉的木条或制作风筝，慢慢接触更需技巧的精细工作。一切活动应结合儿童的本能兴趣，并适应儿童的运动发展阶段。活动安排应遵循的首要原则是：要制作孩子们想制作的东西。因此在最初几年，玩具制作会成为儿童工作的中心。孩子们会运用各种材料制作出种类丰富的物品。许多与原始职业类似的活动都应当被采用，因为这些曾经满足我们祖先实际生存需要的活动，如今就像游戏一样吸引着孩子们。在儿童对风筝感兴趣的阶段，可以围绕这一兴趣做很多事情，可以阅读以风筝为主题的书籍，学习有关风筝的知识（比如风筝如何凭借气流飞上天空）以及许多科学原理。陀螺可能成为另一阶段手工活动的主题。它激发着儿童实际操作的兴趣，同时围绕它，物理学的一些基本原理也得以分类展开说明，有助于儿童理解涡流、原子、恒星系统等。能引起男孩强烈兴趣的还有枪械等武器。既然男孩们对此深感兴趣，那么，枪支的制作方法和各种武器的历史概要都可以提供给他们去了解。另有一种很好的活动便是制作木偶剧场，这一活动将儿童对于文学和历史的兴趣与手工活动自然结合。此外，魔术也可作为另一个新起点；摄影活动亦能提供精彩的教育资源；且在创意工艺当中，玻璃吹制和铅管制作将生物学、物理学和化学三大领域的知识结合了起来。

到了中学或高年级，手工训练就应围绕各类科学课程（如化学、物理学和生物学）展开。一条需要遵循的重要原则是：相比于各类机械，科学实验用具更具一般性特征，其制作也更要遵循基本的科学原理。此类用具涉及一些基本的运动定律，而未涉及其他特殊的原则，因此，其制作十分适合青春期阶段的少年。在此阶段，年轻人对于科学知识和实践活动的需要都应保持在通用性的一般阶段。此时，制作各种玩具和风筝、学习摄影并实践以及类似主题的学习都可作为一种兴趣。艺术和工艺制作活动都包含一个原则，就是强调为青春期阶段的手工活动做好计划。其目的就是达到艺术的理想化境界。通过这些艺术活动来唤醒少年们的审美感受，这在青春期是尤为重要的。由此，工艺艺术与高级情感联系在一起，对操作活动的兴趣成为情感范畴的一部分。此刻，工作与艺术的理念同时渗透到年轻人的头脑之中，使得他们对于艺术模型十分敏感，一旦看到就能将其印象储存在头脑之中，待艺术制作能力有所发展即以生动的形式加以呈现。因此，在该阶段不应过分强调“正确输出”，对年轻人的艺术表现能力和成果质量也不必过多要求，不必过分地强调精准的手艺和高超的技术，而应让他们在手工活动中轻松、自在地进行自我表达。由此，手工训练的基本理念就确定下来，更广泛的兴趣范围也得以确立。作为教育者，最需要关注的是年轻人的本性和需要，而非艺术的需要或成果的艺术造诣——许多青年艺术活动的倡导者没有认清这一点，因而未能将艺术理念建立在对儿童本性的关注之上。

体育与竞技运动——在当今“反自然”的城市生活条件之下，体育和竞技运动体现着教育者某种有意识的努力，试图找回人类在古老社会条件以及自然状态下身体训练的古老秩序。然而可以肯定的是，目前儿童在校外的自由生活以及在校参与的日常活动都无法使其身体获得适当的训练。而他们若凭借这样的健康状况，在成人以后便无法过上正常、健康和高效的生活。如前文所述，未来的职业教育应当能承担起使年轻人的身体获得适当训练的责任。当然这或许是一个遥远的理想，因为目前儿童在学校的运动生活存在着十分严重的问题。

目前，我们有许多体育培养方案及相关制度，但都不足以改变现代职业生活给青少年带来的体质下降的现状。年轻人的运动训练急需一场革命。我们需要一种新的健康哲学来引领一场体育革新的全民性运动。对处在青春期的青少年而言，这仿佛是一次对运动热情的重新唤醒和对运动生命的拯救。在运动理念方面，只重视竞技运动是不够的，各种游戏、运动都有其独特价值。这一理念完全不同于我们目前的观点，似乎也不利于运动冠军和体育专业人才的培养，但这一理念呼唤的是一种更加普及的运动文化，一种提升全民健康水平与运动标准的有效方法，且人们因此而获得的益处将会传递给未来子孙。这种健康理念与文化体系是最为根本的，能够激发出更为深刻的运动动机，远比民众对国民运动的兴趣和大学体育团体的竞技理念深刻得多。在该文化中，一定包含有伦理与智力方面的目的，也包括对博爱精神与亲职本能的唤起。体育文化必须成为大学或学院中的一门学科，与其他课程享有同等地位，只有这样，体育文化的作用才能得到发挥，指导大学以前各阶段的体育革新。当然，为了使不同年级、不同身体发展水平的学生都能得到科学的指导，还必须拥有训练有素的体育教师。

有人将体育运动领域分为四个部分，或者说是四种较为独特的理念，每种理念都有一些热情支持者。但这些理念不论是单独还是联合起来，都难以实现体育的最终目的。此四者具体内容如下：（1）使身体像机械装置一样完美；（2）完全自主地控制身体；（3）保持最经济、节能的姿势或运动状态；（4）实现身体的对称发展。而体育的基本原则未包含在其中。

无论身体训练的原则多么具体而微，其本质上必须体现生物学原理。对儿童进行身体训练必须遵循其身心发展的基本规律，并以此作为一切安排的基础。在运动开展过程中，必须以成长中儿童的兴趣需要和游戏精神作为向导。游戏既是体力活动，又是脑力活动，因此若缺少了智力方面的刺激，则这种方法就是违反自然的。游戏是年轻人理想的运动类型，其中包含了多样的运动形式。游戏动机是一切运动的内在动机。这一动力将单纯的身体训练融入一个庞大整体之中，并将其与生活中其他活动相协调。各种游戏为年轻人道德和心智的进一步发展做准备，而这些发展必须在理想的体育文化体系中才可能实现。

若以有指导的游戏活动来带动学校体育教学的改革，则对从低到高各年级学生都应兼顾。到了高年级以后，还需要学习一些竞技运动。竞技运动，不仅是对肌肉活动的调节和训练，同时也是对个体的一切本能和冲动的训练——如果不加训练，很多本能便不能正常发展，更无法发展至其巅峰水平。因此，竞技运动能够挖掘人体巨大的潜能，当然这一过程是可能性与危险性并存的。在理想状态下，竞技运动有助于个体形成更高水平的行为动机，并促进其宗教和道德理念的发展。但是一旦引导不当，竞技运动就只能令极少数参与者受益，其专业性特质和低社会参与度的问题就会显现。大学体育的目标比较容易被忽视。大学中开展的体育运动不是为了运动自身而存在，也不是为了学校的荣誉，其真正意义在于培养年轻人的勇气与刚毅。所有学生都应该达到这一目标。由此看来，体育的理想在于实现身心和谐发展，同时形成优雅的体态、举止和风度。竞技体育的历史文化尚需充分研究，且在教学中加以应用。大学应为年轻人提供更加宽泛、丰富的卫生学课程，并把体育锻炼的相关问题作为探讨的中心。体育课程应围绕学生的多方面兴趣来组织，比如军事体育，既有助于培养健康体魄，又是很好的道德训练。通过这种方式，年轻人对于智力活动与竞技运动的兴趣自然地结合在一起；只要给予适当指导，他们都会积极运动、勤勉训练，以求成长为健康强壮、美丽聪慧、德才兼备的人。

第十章　情感教育

可以毫不夸张地说，我们生活的十分之九是由情感构成的。从教育的角度看来，兴趣、动机、渴望、热情和习惯等都属于情感教育的范畴。情感教育是所有学校教育必须涉及的主题，贯穿由低到高各年级、各学科（各系科）的教育活动当中，几乎是无所不在。即便如此，我们却常常忘记深层次情感是对其他一切心理因素起决定作用的先决条件，是一切心理活动得以发生的基础，是决定我们思想的首要因素，需要我们付出巨大的努力去探究。本章将对情感的一般原则进行阐述，但未必能对这些原则相应的教育意义做足够清晰的说明。情感无处不在，它是人类生活最重要的推动力。如何用情感来正确地指导生活，在很大程度上，这就是教育要解决的问题。

与其他学科一样，情感教育同样需要复演原则的指引。儿童的发展重新践履着种族演进的步伐，在他们发展的每一个阶段，都应该根据他们当前所处的阶段而非根据他们应该达到的终极目标进行教育。某些从成人的观点来看是不良的情感特征，从遗传心理学的角度来看，却是个体成长过程中的一种正常且必然的现象。要探讨情感训练的问题，我们可从一些基本情感，如快乐、痛苦、愤怒、恐惧等入手，阐释其在教育中的应用。但如果止步于此，则得不偿失。道德、宗教和艺术体验是由发展到高级阶段的情感与思维构成的，这才是人类情感领域的核心所在，这一层次的情感发展需要教育者运用一切智慧和教育资源去努力推动。如何将复演原则运用到具体而微的情感教育问题中去，是在儿童教育的整个过程中一直会遇到的普遍问题。且复演原则在具体教育情景中的运用还存在诸多困扰，需要运用大量心理学知识才能解决。

快乐与痛苦——快乐与痛苦原本是世界上伟大的教育者，而这一真理在人为过分干预的现代生存环境下，几乎已被忘记。我们剥夺儿童生活中的快乐体验又将痛苦视为邪恶，不让儿童去体验。这些做法无疑是违背自然的。我们不应对儿童过度保护使其免受痛苦和艰难。如果不经历痛苦挣扎和艰辛努力，人类的身心机能将会退化。不让儿童体验寒冷与饥饿，就等于阻止他们重走种族演进历程的步伐。

恐惧——不难发现，虽然恐惧在人类种族发展过程中的作用举足轻重，但到了现代文明社会，恐惧似乎已经离我们很远了。如此看来，恐惧仿佛已失去了其存在的价值，我们应想方设法克服它才是。但这种认识显然是错误的，恐惧依旧在我们的生活中扮演着重要角色。因此我们要做的不是想办法消除恐惧，而是思考如何将恐惧作为一种教育力量好好加以利用。应当像教给儿童如何去正确思考一样，告诉他们如何去正确地利用恐惧，二者在儿童的发展中同样重要。对于恐惧的正确训练方法不是保护儿童免受各种天然的强烈恐惧的伤害，因为恐惧本身就是保护我们免受伤害的情感工具。在儿童正常成长的过程中，恐惧情感的正常发展为高级情感的形成打下基础。如果没有体验过恐惧，则道德和宗教精神就无法正常发展，一些最野蛮的兽行就无法避免。因为对于高尚、神圣的敬畏感、崇拜感都是由恐惧而生。儿童对上帝的敬畏来源于他们对雷声的恐惧。如果这些恐惧的体验缺失了，则儿童也会失去心智发展的动力。

看个体是否能克服恐惧，其高级情感与理智兴趣能否从低级情感中得到激发，这是对个体所秉持遗传特质的重要检验。不同个体对恐惧的反应千差万别，在一些个体身上，更加大量、强烈的刺激才能促使其行动。被过度保护、未经任何恐惧痛苦，对儿童的成长无异于一场灾难，并将使其难以发展至完全的成熟。恐惧是科学探索活动的重要动因，也是培养儿童尊重、理解能力的重要手段，还是培养注意力的重要基础。

愤怒——考察愤怒这一情感在人类历史和个体成长中的发展便可知，它是儿童生活中又一重要教育性力量，而不应被视为人性的某种错误或弱点。愤怒一直在人类生活中发挥着作用，这一点在男性身上表现更为明显，至少男子气概的正常发展总不是一个和平宁静的过程。一派平和的情感将冲突与愤怒彻底压抑，这意味着种族进步的结束和退化的开始。冲突及其所激发的愤怒的力量在某种程度和形式上是我们所需要的。对强烈的热情与情感拥有控制的能力，这是形成强大人格的关键，也是人类高级心智紧张状态得以发展的必要条件。世界上各种杰作均诞生于这种紧张状态之中。对愤怒这种情感进行训练，意味着学习如何将其转化为一种能量，而不再是对体力、智力及道德能量的消耗。

我们必须训练儿童控制坏脾气，减少由某种刺激引起的过于迅速又无用的情绪反应，因为这与适当控制愤怒而产生的创造性紧张状态是完全相反的两种状态。

在男孩的生活中，愤怒情绪的强烈表达是自然且正常的现象。人们在很多情况下会产生愤怒，因为此时没有其他更合适的情感可以应对。男孩之间的冲突也是正常的，好斗的阶段是他们步入日后平衡、健全的社会生活所必经的阶段。在战斗与愤怒中，男孩们学会如何去依靠自己，一种极有价值的为自己而战的勇气被激发出来。而试图在儿童身上压抑或消除愤怒的情感，则大错特错。因为一旦愤怒的情感遭到压抑，懦弱就产生了，而这对于儿童的身心发展没有任何益处。儿童只有拥有完整的愤怒情感，在需要时强烈地表达过愤怒，才能走向真正的成熟。当成人对儿童的错误行为进行惩罚时，也需要愤怒发挥作用，正义的愤怒有助于促使儿童改正错误。因此，切勿在自我控制、保持镇静等愚蠢理念的引导下，放弃愤怒的权利。在世界上仍有许多任务需要运用愤怒这一情感去完成。

社会情感——儿童的社会情感只能在自由且复杂的社会关系中形成，他们需要与大量不同的人接触、合作，保持联系。因此，因担心儿童学坏，而将其伙伴关系限定在某类或某几类儿童当中是不可取的。儿童只有在与同伴的相处中才能懂得给予和索取的含义，这是他们自我教育和成长的必经过程。儿童需要好的同伴，也需要坏的。坏同伴帮助他对比好坏善恶，并确定自己的行为标准。在一定程度上，对恶行的观察有益于道德的形成。但对于恶毒的同伴一定要小心避开，特别是在青春期早期的那几年里。另外，年幼的男孩需要与一些年长的男孩交往、相处，这也曾是乡村学校的优势之一——能给孩子们提供更多与年长的伙伴交往的机会。在青春期，同伴是影响男孩生活与成长的首要因素，其处事风格和行为标准便是在同伴相处中形成的。在儿童成长的每个阶段，各种同辈群体对其发挥着巨大影响，此时对儿童的社会生活进行正确引导比向他们头脑里填塞知识要重要得多。在大学时期，从教室外的生活中学到的常常比从教授那里学来的知识对年轻人的生活影响更大。一个因体育竞技或其他特长而被同伴艳羡的人，会对其同伴的一切观念产生巨大影响；而同辈群体中领导者的影响力会十分持久深远。

人类最强烈的社会动机即赢得同伴们的友爱和善意。如何训练并利用好这一动机，是社会情感教育中的一个重要问题。若要使这一动机得以实现，则在自我意识发展方面必须努力在鲁莽冒失和羞怯寡言之间找到平衡点。具有某些气质类型的人很容易出现自负、自大、一意孤行的性格特点；而另一些人则在良好亲密的交往关系形成之前表现出羞怯、怀疑和退缩，这一特征多见于女孩身上。当然，女孩常会通过改变衣着来改变自身形象，因而也较容易表现出与事实相反的自我意识。在儿童成长的过程中，所经受的一点点违背其本性的对待，或者受到他人错误暗示的轻微影响，都会给他们的心理和行为带来一系列改变，甚至导致虚伪造作或欺骗行为的出现。比如，冲动在男性身上常常以炫耀或者勇气的形式来表现，这容易导致儿童对于勇气或荣誉的误解，甚至会导致犯罪。相比于遗传取向，父母或教师对于儿童的忽视和不当对待更容易导致儿童心理异常。

另外，儿童过度羞怯以至于惧怕陌生人，是个严重的问题。任何过度的恐惧都会严重制约儿童的正常生活，而社会性恐惧则会阻碍其多方面的发展。这类恐惧会对儿童的动机表达产生巨大的消极影响，甚至会导致其出现行为异常或自动症。长辈的不满、缺乏理解和同情将使情况恶化，儿童的情感生活将遭到极大破坏。对儿童情感的压制最终会导致其个性发展的停滞。不难发现，所有社会生活的问题归根结底都是人的问题。个体的正常发展必须在攻击性冲动与克制、尊重和服从之间找到平衡。若要顺利完成对儿童社会情感的培育，我们必须对每一个作为个体的儿童充分了解。

目前，对如幽默这类社会情感下教育性结论，恐怕还为时过早。对于风趣、笑、嘲笑以及戏弄人的习惯和恶作剧究竟有何作用，我们还无法确知。所有这些表现都是儿童本能的表达，在教育中必定可以发挥实际作用，且比我们目前所知具有更强的可控性。若能对嘲笑、讽刺和挖苦行为进行正确引导，则能对具有此种性情、习惯的人起到巨大的教育效用。某种程度上，笑的产生是与战胜敌人和成功捕猎的快乐相连的，后来则成为一些间接情感的表达方式，如击败反对者、除去不良者等。过度的利己主义会因此受到约束。嘲笑包含着某种优越感，可被视为社会意识教育的有力武器。被嘲笑者由于受到贬低必然调整自我认识与自我评价，因此嘲笑也成为一种抵制社会中不良变化的方式。有不少观点对恶作剧予以支持，如认为恶作剧能够使迟钝的头脑变得敏捷，或认为它对过度自负的个性有纠正作用。同时，恶作剧也是一场残酷、痛苦的战争，只不过以游戏的方式表现出来。

同情——我们可将与愤怒、恐惧同样的观点应用在同情这一情感上。同情的情感在那些对此十分敏感的人身上常常会被放大，接受同情容易使人沉浸其中，变得意志薄弱、病态、柔弱。很多时候，同情的表达与生活的真实需要并不协调。然而，帮助那些最需要帮助的人似乎是最自然不过的事。但是就像愤怒和恐惧一样，同情往往被视为一种人性的缺陷，只会妨碍而不是激发人类更有效的行动。当然，这一观点低估了同情的功能。在教育中训练同情这一情感的最好方法或许是将父母的身份与情感融入其中。当与婴儿或成长中的儿童相处时，最理想的态度便是无私与利他，教育应当有意识地激发个体身上父母的本能，将它们训练成有益于儿童成长的形式。对于同情若没有完整的体验，则宗教生活便是难以完成的。基督教在一定程度上建立于同情的基础之上，而宗教课程的核心也正是同情情感的一种。

因此，利他主义思想所指引的正确方向是一个深刻、重大的教育问题。同情的合理表达是解救人于苦难的切实努力。学习同情是道德发展赋予我们的责任。而目前在个体社会性成长的过程中，同情情感所存在的问题在于对于那些已无法弥补的各种情形关注过多，导致徒劳而无实际效果。这是亟须改变的。同情的作用不仅仅是向过去投以悲悯的一瞥，而更要着眼于平顺未来的建设。从教育的视角来看，最值得同情的莫过于年轻人在发展其潜力、通往最终成熟状态的成长道路上的种种困难。

性情感——性教育及性情感在教育中的重要作用是无法估量的。性生活是联结我们生活各部分的一条重要纽带，没有哪种教育理论可以不承认性生活的核心地位而自圆其说。实际上，个体在青春期之前就已存在各种性尝试，其发生频率比我们通常所知道的要高得多。在各种原始性冲动当中，只有一部分被用于维持生育功能，而其余则被用于满足其他方面的兴趣和需要。由此可见，性生活及情感在个体成长过程中始终扮演着重要的角色。在青春期，尤其要重视对于这部分情感生活的适当教育和调控，因为它是各种高级身心功能得以发展的基础。可以肯定的是，青春期以后的生活中所有最美好的事物在根源上都与性有关；这是人类种族性生活的自然发展，种族发展的最佳状态也是以性能量的正常发展为基础的。人类文明的进程主要是在与自身的性本能进行斗争的过程中实现的。由此看来，性在人类种族的成长与国家的兴旺中发挥了重要作用，尤其是在道德和宗教领域。当我们了解性是如何深刻地影响了人类生活的方方面面，并了解其曾经受到过多么频繁、恶毒的搅扰和攻击之后，就应明白任何单一的补救和教育措施都难以奏效，只有运用强大的智慧去持续推动情况的改变。目前的情况是，我们对于性教育问题的深刻性尚未充分认识。

性教育应始于婴儿期。在这一时期，要以有益健康的方式照料婴儿，保持其衣物和身体的清洁，小心处理婴儿身体的各种不适，同时注意观察其是否有坏习惯形成。一般情况下，要尽量避免让婴儿处于性兴奋状态，即使是在护理的过程中。应避免过多地抚摸婴儿，尤其要避免有节奏地拍打这类容易触发其兴奋体验的动作。一切强烈的痉挛反应都不利于儿童的性发展。当儿童已有能力理解生殖的意义时，父母要确保儿童最初的性知识不是从他们的不良同伴那里得来的，因为他们对于自身起源的认识以及与此相关的对未来的想象，不应与羞耻、欺骗和粗俗有任何关联。在儿童的性教育中，正确观念的引导非常重要，所以，家庭必须承担起儿童性教育的职责。其目的主要在于预防恶劣行为的发生，而非事后的救治。

在儿童8至10岁时，家长就要开始有意识地让孩子接触与性相关的知识，当然那些超出他们年龄阶段的知识则不要过早提及。儿童对性的正确认识能够使其顺利成长，且能保护他们免受某些精神上的伤害。对于女孩而言，性教育的重点应放在生育的功能方面，则日后她们对于爱的观念就会与母性的观念自然地结合在一起。在儿童幼小的时候，可讲一些创造生命的神话给他们听，待年龄稍长便可带他们去观察植物受精的过程。在此过程中，应向儿童强调母性的功能。此外，对低等生物进行观察研究也是不错的方法。在这颇为困难的教学之中，教育者应注意观察儿童的个体差异，细心了解儿童的性情及其所处的环境；教育的方式与时机也非常重要。一般说来，性教育课程最好简洁明了，并应注意选择在儿童乐意接受之时教授，师生之间的和谐关系与共情状态也是性教育顺利进行的重要条件。有一点可以明确，那就是所有儿童都应在学前阶段开始接受适当的性教育。师范院校应当在教师培养的过程中，加入性教育的相关内容，因为如果教师能够认识到性本能包含的潜在危险，则能提前采取措施，阻止性教育缺失导致的道德危险在儿童当中蔓延，以确保儿童在完整、正常的社会关系中健康成长。儿童必须通过各种方式与异性建立正常、健全的交往关系。在游戏中形成的两性之间的友好关系不论对男孩还是女孩来说都非常重要，因为这是许多兴趣和优秀品质得以形成的唯一基础。

如果儿童能够在青春期到来之前就接受适当的性启蒙，他们就不会在性冲动萌发之时，才突然出现性意识，而此时心智极易受到不良观念的伤害。当青春期迫近，此时对于性情感的控制需要通过一些间接的方法来实现；在这性情感萌芽、性观念慢慢形成的时期，任何有关性的粗俗描述都可能对儿童造成巨大的伤害，导致性本能发展的异常。在青春期将至的紧张与压力之下，应适当激发、培养儿童的一些兴趣爱好，这些活动有助于他们控制或转换自己最初的性能量与热情。在所有这些活动当中，身体锻炼是首要方法，所有运动方式都是自我控制的方法。而理智方面的兴趣同样是一款镇静剂。音乐，乃至所有艺术活动，以及所有职业兴趣都能够丰富少年们此时的人生，并将此时充足的性能量转化为更高级的热情和紧张状态。因此，从某种意义上说，该阶段性教育要解决的主要问题就是如何将年轻人身上属于低层次欲求的热情和能量提升到更高层次。单纯依靠意志去控制和监督是无用的，不如将这些能量引向其他可以发挥作用的方向上去。儿童若能在青春期到来之前，接受一些艺术技能方面的训练，则在青春期到来之时这些训练的价值就会显现，艺术活动为低层次情感的宣泄提供了重要的途径和出口。一切与性有关的从属性特征都应得到训练，如风度、礼仪、衣着、装饰、忠诚、友谊、荣誉感、高尚情感、健身理念、对韵律活动的热爱以及宗教情感等——所有这些都可被视为性本能的某种替代。若能对其进行正确训练，使其成为控制性能量的有效方式，则可帮助年轻人度过紧张和苦恼的青春期，助其向更高文明层次迈进。因此，应以任何可能的方式促进个体性本能的正常发展，帮助其建立健康的性观念，并保持其性兴趣的纯正与强大。但是如果在个体身上，性不能得到正常发展，则这些人格特质也就无法得到激发，弱小的个体意愿将不足以推动其完成彻底的成熟。

相比于儿童期的性教育，青春期阶段的性教育同样重要，且会面临更为复杂的问题。女孩在这时需要认真学习与个体成长相关的生理学和卫生学知识，教育者需要注意了解她们的个人需要和习惯。所有课程的安排必须明白易懂、合乎情理。年轻人必须清楚地知道，如果他们想要得到梦寐以求的东西，就必须形成良好的性习惯。道德教育，特别是宗教教育，都可以帮助青年人做到这一点。将年轻人的性成长与宗教相联系是十分重要且必要的，而且可以肯定的是，宗教可以帮助年轻人避开性的引诱，这是宗教教育的主要目的之一。

目前来看，性教育的开展尚缺乏充足的（研究）文献支持。关于这一主题，会涉及大量的科学知识与一般文化知识。当然，各年级都应有相应的教科书，比如包含了性教育内容的植物学和动物学等。我们同样需要涉及婚姻的历史、离婚、宗教与性的关系等相关主题的书籍。对于中学生和大学生，我们还要将优生学的主要原则传授给他们，如此既能将青年人性冲动的层次提升到更高水平，又能激发他们更高层次的利他精神，还能唤起人们对历史和社会学深层问题的探索热情。

第十一章　道德教育

道德教育是人类文化中最重要且最难解决的问题。道德教育并不是仅靠教育者的努力便可完成的，它需要的是整个国家的通力合作。从某种意义上讲，一切教育都是道德教育，因为一切教育教学的目的都是向儿童传授国家、民族的道德观念，推动儿童的道德成长。没有任何知识只是为了自身而存在的，一切知识都以某种方式影响人类的行为。而从某种意义上说，一切行为又都是道德行为。

道德教育不应被视为为训练个体的某种情绪、习惯而建立的固有程式，它必须成为渗透于社会生活方方面面的一种强大力量和热情，能够通过各种途径、渠道得以显现。因此，在道德教育中，除了学校以外，其他机构也都需要参与其中，付出自己的努力。为了道德教育的目的，我们需要对剧场进行改造，需要崇尚健康理念的体育馆，需要将丰富、健全的社会生活提供给民众。教堂必须在社会道德控制方面起到更切实的作用。我们确实需要各种类型的社会机构的精诚合作来推动道德的改善，因为我们明白，年轻人的道德热情便是我们最宝贵的资源。

道德训练必须从婴儿早期开始。我们必须承认，婴儿身体的保育是日后道德形成的基础，因此，让婴儿养成健康的睡眠、进食等习惯都应被视为道德教育的一部分。母亲对婴儿的早期影响表现在方方面面，她的爱抚、情感与性情都会对婴儿的成长产生重要的影响，当然有好也有坏。但不管怎样，母亲的行为方式都会给婴儿留下深刻的印象。

在随后一段时期，学习服从是儿童道德训练的主要任务。这对于儿童的未来生活而言是一个决定性的时期。此时儿童必须对父母的要求做出及时可靠的回应。无须向儿童说明理由，只要让他们感到必须服从于他们父母的意愿即可。父母必须成为儿童绝对可靠的道德准则，而他们的要求必须是坚定不移的。

接下来，在儿童入学之前，作为具有代表性的道德问题——诚实问题开始出现。诚实是一种综合性的美德，诚实的表现可能出自不同的动机，其中有些动机出现较晚。我们要明白，不同的说谎行为包含的道德意义可能完全不同，不同年龄阶段的说谎行为，其严重性也不相同。其中最常见、也最不应受到责备的是想象性的谎言，这类谎言的出现是由于儿童尚无法清晰分辨感觉到的世界和想象中的世界。对大多数儿童而言，这种想象精神应该得到刺激与鼓励，而非打击和抑制。这种想象性的谎言其实是儿童时期情感表达的正常方式。这些浪漫想象中包含着日后艺术与文学素养发展的萌芽，因此成人若以准确客观的表达相要求，只能压抑儿童的想象，这样的做法显然是错误的。对于儿童来说，评判事情的标准并不是唯一的，他们以两套标准评判朋友和敌人。总之，为人诚实是一种来自内心的强大动力，儿童获得这一动力远远比理解“忠于真理”这类抽象概念要早得多。

当然，说谎行为背后还有很多不良动机存在。比如，以自我保护为目的的谎言就是必须纠正的行为，但又要避免以强迫儿童坦白错误的方式来促其改变。每个儿童都有一块属于自己的生活领地，需要受到尊重，不被侵扰。为确保诚实而对儿童进行野蛮干预，只会适得其反，使其变得更加不诚实。对那些为满足一己私利或膨胀的欲望而说谎的行为必须及时制止，否则日后这一动机若继续滋长，则会进一步违背儿童的天性，并严重破坏儿童的道德生活。然而从某些方面来看，学校的所作所为似乎正在鼓励不诚实行为，甚至随着学校生活的开启，制造谎言的新动机也随之出现。目前学校中的环境大多是违反自然的，学校提出的种种要求并不适合儿童身心的发展。在学校里，儿童对权威的恐惧成为欺骗行为的又一诱因，而作为权威代表的教师也就成了被欺骗的合法对象。

其实，培养诚实品德可以借助很多方法，其中有直接的，也有间接的。如“观察并准确描述”训练便是有效方法之一。首先要让儿童明确任务，之后教他们如何坚定地面对这些任务，例如手工训练的任务便有助于诚实品德的形成。一所学校应为儿童的发展提供丰富且令人满意的智力支持，在这种条件下，儿童就不会以某种不健康的（机械生硬的）方式去扩充其经验；学校若能激发起儿童对知识的热爱之情，这将是对其心智最好的保护，也必然有助于其诚实品质的形成。此外，家长与教师必须时刻做好表率，遵守承诺，言出必行，避免一切欺骗、诡辩和心口不一的表现。

类似的思想可以应用在各种冲动、本能和情感的训练当中。我们必须避免对儿童看管过紧，如果他们无法接触到不良信息或不良同伴，则无法在道德经验的基础上建立其善恶标准。在儿童的道德教育中，不可一味追求完美，完美的状态不仅不存在，而且会有害于儿童的道德成长。大多数成人的道德标准对儿童而言，都是反自然或违背遗传原则的，这些标准只会抑制儿童良好品德的发展。童年期中的很多道德错误仅仅是儿童身上动物倾向的表现而已，在正常的环境下这些表现并不会发展为不道德行为，儿童只需运用其内在力量便可将这些不良表现转化为美德。我们需要做的就是让孩子们自然地生活和发展，而不是过早唤起其良知；必须避免一味地道德说教，因为儿童内心并不存在任何能够帮助他明辨善恶的神秘力量。道德生活也并不像我们想象的那样简单，它是一点一点增长的。同时，每个个体都是复杂的，其行为是多种冲动和本能共同作用的结果，而且这些因素常处在不和谐的状态之中。无论如何，每个人都在经历着一个个道德成长的阶段，在此过程中，稍晚出现的高级情感和抽象的品德的出现都是以低级本能和习惯的正常发展为基础的。

在儿童发展的前道德阶段，确保儿童正常发展的教育方法是广泛多样的。对儿童的一切自然冲动和兴趣都要给予引导和道德上的推动。以下问题都可作为家庭闲聊的主题：如一场公平的比赛、一次戏弄、衣着的含义、愤怒的体验、一位密友、课堂上的尊重、善意的谎言、虚伪的行为、清洁的必要、秩序的意义以及荣誉、品位、自尊，如何对待动物、选择读物、安排假期等。对这些实际问题的探讨是培养儿童良知的最可行的方式。如果儿童生活中的这些具体事件得不到管理和控制，更高层次的道德习惯的养成就无从谈起。道德教育应是宽泛的、引导性的，且教育的过程在某种程度上具有实验性，总是以个性化的方式进行。

在进行道德教育时，必须充分利用民族文学作品。首先应接触的便是《圣经》中的道德故事或者更原始的伦理故事，接下来可阅读《圣徒传》、印度神话、德国童话、各种历史故事及人物传记。此外，讲解格言和精短的道德经典，也是道德教育最直接的教学方法。教学图片的使用是道德教育中不可或缺的。如果抽象的道德真理能以图片形式展示给学生，这将使教学变得更加经济高效。一幅好的教学用图往往能够切中道德的真意，将生活的重要方面呈现给儿童。每一种具有典型行为表现的道德情感，都可为教育者所用，去建立道德教学的有效模式。

作为一切道德教育的前提和基础，社会当中必须存在惩恶扬善的力量和善恶皆有报的信念。这也应当成为儿童世界观和道德观的重要组成。道德，可以说是与宗教相互依存的。如果失去了宗教这一依托，道德教育很容易刺激良心过早成熟，以致日后人们的道德生活会变得狭隘浅薄，道德教育也会因此无法达到应有的深度。人类的一些品性特征很可能是由古老的动物行为方式遗传、进化而来的，由于这些特征都存在于深层的心理领域，导致今天的道德教育方式未必能发挥作用，因此就需要宗教情感的参与和激发。这些来自心理深层的声音必须被聆听，必须求助于神或来自社会的某个权威，并确保我们所采用的每一个合法方式都是处理道德生活问题所需要的。

到了青春期早期，孩子们取得自身道德生活管理权的时刻终于到来了。但这并不意味着儿童在很短的时间内就会完成整个道德转变，他们的个性、品德成熟的过程是在不同的时段里循序渐进地完成的。因此，成人对儿童道德生活的控制也是逐渐放松的，儿童道德的新秩序在此过程中缓慢形成。此时，正确的教育方法是由直接的道德教育和控制转变为间接的教育和控制。如果此时内在和外在的力量都不足以应对发展中遇到的问题，道德危机就会出现。即便如此，我们也不应急于将这段不稳定的发展时期尽快结束。处此阶段的年轻人若仅满足于将道德生活止于符合标准的自我意识和时而做出的道德行为，则只能导致个性的狭隘肤浅，因此有必要建议、指导他们去参加各领域丰富的活动，以健全、深化其道德生活。此时年轻人的家庭生活必须营造良好的道德环境，增强家庭生活的道德吸引力。年轻人所表现出的在智力、社会、运动、艺术等方面的所有兴趣都能够服务其道德发展。先前所有的道德教育此时都应汇聚成一点，即指导年轻人的道德应用。宗教依旧是道德教育的重要途径。在道德教育中，阐述道德理念、原则固然重要，同时也须注意其与日常生活的联系。个别指导的方式尤其适用于这一阶段的年轻人，智慧长者与其相伴、共同探讨生活中的重大问题，会对其道德成长有莫大裨益。

针对中学生和大学低年级学生，学校需要开设两门具体的道德课程，课程所需材料可从伦理学、社会学和心理学等相关学科中获取。年轻人真正需要学习的是各种类型的、真实可感的美德，而不是各式道德理论，因此他必须从不同类型的人身上学习各种美德。虽然单纯的道德教学活动常会受到压制，但其中所表达出的道德目的却是至高无上的。

个体的道德践行应从规律生活和卫生保健两方面着手，学习健康饮食、运动锻炼和身体照料等方面的知识；此外，还应注意衣着、装饰和礼仪方面的学习。对于人类的重大罪恶与基本美德问题要进行探讨，同时，还要讨论个性气质、性情习惯、生活状态、公民身份、道德榜样以及自尊、自控、无私、诚实、乐趣、抱负、学习方法、对自己的责任、对他人的责任、对国家和教会的责任等方方面面的主题。道德讨论最终会集中于如下主题，如纯洁、婚姻、组建家庭、父母的身份以及对下一代的责任等。所有这些道德功课都在历史、文学和生活中被呈现、阐释。宗教本能的激发、谨慎尊重的态度的形成以及常识的拥有，都有助于年轻人的道德成长。

综上，青春期的道德教育应围绕以下三大主题来展开：一是健康，二是尊重，三是了解并忠实履行自己的人生职责。一切重要的道德成就都以此三者为基础。对健康此处不再赘言。尊重代表着我们对于人类种族所关注之事的忠诚态度。对于正常发展的年轻人而言，尊重的产生是自然的和自发的，因此，它是道德教育可以依靠的无可争议的力量，并应成为利他主义、忠贞与勇气教育的基础。而忠实履行自己的人生职责，则是近来出现的一种具有完善特征的美德。每个人都会在生活中做些什么去表现、完善其人格，这些往往是他深感兴趣的事情，也是他获得自尊以及外界尊重的依托。所以只有以此作为完善道德的中心理念，才能培养出忘我无私、忠实履行人生职责的一代青年。

此外，我们还需考虑的另一问题便是年轻人之间的道德影响问题。对于年轻人之间相互的道德激励与教育，我们尚知之不多，因此在中学、大学的德育活动中，也很少去利用这一力量。但实际上，这种相互影响的力量是巨大的。尤其是竞技运动中的领袖人物，不论善恶，他们身上都有一种巨大的道德示范力量——他们表现出众的领域是其他年轻人所艳羡并追求的。总之，青年人之间会相互吸引、相互听从，他们与同伴之间的道德互动远多于与成人之间的交流。因而，由青少年创作的文学在道德教育中也占有一席之地，但其作用尚未得到充分认识。

社会性道德的训练是教育问题中最深刻、最复杂的问题之一。“服务”一词已成为教育界的一个重要词汇。个体只有运用自身力量去帮助他人，才算实现了自身的真正发展。这意味着教育理念的深刻转变，这种转变甚至在宗教与神学领域中都可看到——古老的有神论逐渐让位于新人文主义理念。这一转变在学校中也带来了令人欣喜的变化，那就是出现了对公民道德的浓厚兴趣。当然，社会性道德的训练是一项艰难的任务，所以我们必须尽早开始，并长期坚持。

作为一个移民众多的多种族国家，美国的道德问题更加特殊、复杂一些。这些道德问题对于移民人口和本地居民都产生了一定影响。移民们会发现他们与自身文化传统和原有生活的联系突然被割断，而与新文化、新生活的联系尚未建立起来。这是早已存在、而我们最近才注意到的情况。目前我们正在以适当的方式努力保存移民种族的家居艺术、各种传统职业、家庭习俗、传统故事、舞蹈、生活方式和衣着中的民族元素，并将这些文化元素传授给下一代。希望通过这些做法，在各种族人民之间建立起理解与支持的纽带，作为国家道德生活中的新要素。

为了做好学校德育工作，避免恶行发生，就需要让儿童学习社会管理的原则及守法原则，这项工作迫切需要家庭、学校和法律界之间的合作。学校应邀请法律界的代表（众议员）站在行政管理者的角度，组织儿童对法律、正义等问题进行讨论。想要让儿童理解什么是正义，再没有比这更生动直接的方法了。虽然儿童的正义感与生俱来，但依旧不能放松这方面的教学，因为正义感是一切社会美德的基础。而对于善意、仁慈和宽容等品德，倒不必过多强调。因为有时想要去原谅一切毕竟是容易的，而行正义之事则需要强大的智慧与意志的支持。

公民教育的核心在于团队精神的培养。根据时代的要求，我们应不断加强公民教育，以避免其止步不前甚至退化。因为一些男孩团体常常成为滋生各种社会问题的温床，所以，学校只教给儿童社会管理的原则是远远不够的；学校本身就是一个团体，其首要职责是教育学生如何像一家人一样友好相处，并给予他们归属感。儿童应对帮助其成长的各类团体有所了解。在每一个富有纪念意义的节日、纪念日，应为儿童安排相应的活动，譬如，可组织儿童去慈善机构参观体验。令人遗憾的是，目前各种社会团体的活动并未得到学校教育的适当配合。爱国教育是一项非常重要又困难的工作，其顺利开展需要一切社会和教育资源的配合与支持。爱国教育的课程可从了解国旗入手：如学习歌唱国旗的歌曲，学习向国旗行礼致敬，熟知国旗的历史等。要在儿童心中树立起热爱和平的理念，同时也要让他们铭记战争中英雄的名字。到了中学，则需学习关于政府和国家管理层面的知识，重点应放在优秀的管理集团、公民福利团体、税务伦理、拥有财富的责任与义务、股票的功能、公共事业、仲裁、节约资源、公共土地管理、行政管理、资源节约的基本原则以及个人、家庭、城市与国家的经济状况等方面。总之，高中生应对所有社会公共事务有所了解。

学生在学校里的自我管理是个意义重大的问题。目前存在引导年轻人过度社会化的趋势，对其自我管理方面的过多要求便是表现之一。在一切情况下，我们都不应对学生的自我管理做出过度要求，以免违背其成长的自然原则。在学生尚未做好准备时，该做法只会降低个体自我调节的能力，削弱个体的内部动机，并将年轻人变为成人权威的附属品。此外，我们必须清楚，对人忠诚是公民美德的重要基础。因此，在培养自我管理精神的过程当中必须小心避免顺服与服从精神的丢失，避免对社会化早熟的鼓励。对儿童而言，在青春期到来之前，不需要太多成熟的动机；尤其是男孩，必须给他们充足的空间去学习自我掌控和服从。

接下来谈一谈犯罪问题。虽然犯罪问题属于另一门特殊的学科，但具有综合性特点的教育理论应对此类问题有所关照。充分的道德训练是应对初期犯罪和行为异常的有效方法。其实，犯罪与美德、正常与异常行为之间并无清晰的界限划分，每个青春期少年的身上都存在某种犯罪的倾向，常常站在犯罪与美德之间的中点上不时地来回摇摆。法律与惯例也没有必要在异常与正常行为之间划分明确界限，因为很多法律在处理问题时也会权宜解决或遵循惯例行事。加之法律赋予我们的权利范围也在不断变化，有些曾经被禁止的行为现在成为合法的了。因此，无论在何种情况之下，明确划分出某些行为究竟是否合法是件困难的事。在正常成长发育的个体身上，总会存在某种想去打破各种禁令的强大冲动，请不要将这种力量与堕落退化或返祖现象混为一谈，也不应将后者与来自未发育完全且不受控制的器官的暂时性冲动混同起来。许多青春期少年所犯的错误都应归因于正常冲动的作用，而一些由未发育的冲动引发的行为则是由本能在青春期的剧变引起的。因此，对于发生在年轻人身上的戏弄、说谎、残忍以及易于愤怒等情况，应当给予合理的解释，因为引发这些行为的冲动是其生命中某种强大的力量，而此时这股力量却很容易导致发展的异常。

目前，无论是学校所做的犯罪预防工作，还是各类教管机构的惩罚或行为矫正工作，都未触及遗传学理论所揭示的问题的更深层面。当然，目前学校在学生道德生活的调控方面所做甚少也是不争的事实。在学校里，智育材料中所包含的道德力量被忽视了，而犯罪行为是无法因知识的丰富扩展而消失的。学校未能依照其本能天性对青少年进行适当的教育引导，因此对于由其本能所引发的犯罪行为，自然无法有力应对。犯罪青年较之普通青年往往个性更强，而美德与恶行相比，又显得如此千篇一律、单调乏味。学校若不擅长应对各种人格特征上的特殊与例外，就很难做好预防犯罪的教育引导工作。

若从遗传学角度去看待这些青春期的幼稚错误与罪行，我们就不会再将刑罚建立在打击、制裁的观念基础之上，取而代之的是对犯罪者的治疗。因此医院应当取代旧式的监狱，并以医师代替狱监。这些年轻罪犯的看管者和行为矫正者应当请心胸宽广、拥有深厚教育情怀的教育者担任。他们应当通过学习，对最野蛮的犯罪行为与美德之间的联系有所认识，并须依据个体正常发展的规律，承担起对这些特殊年轻人进行道德训练的责任。只有这样，才能激发这些年轻人身上正常发展的本能，帮助其天生的冲动力量建立起适当平衡。对于男孩来说，要特别注意培养其正义感，以作为道德发展的基础。同时，诚实品质的培养也同样重要。此外，培养儿童正确的金钱意识是防止偷窃行为的重要手段。丰富品行不良青年的社会生活，使其与更多的人建立起健康的联系，会有利于他们的正常发展。因为犯罪青年未来还有恢复正常发展、回到健康生活道路的可能，所以过早对其下断言毫无意义。因而对于青少年犯罪（尤其对于那些只有轻微违法或行为偏离之人）的惩罚也要慎之又慎。

第十二章　宗教教育[①]

若从教育的层面看，我们可这样来概括宗教生活：宗教的功能是帮助个体建立某种崇高、统一的人类理想。个体的成长是对种族道德与精神发展过程的复演，个体只有完成了青春期的成长，才能形成奉献精神。从生物学角度看，奉献精神是一种个体的自我抑制，同时是对人类种族的服务和奉献；从宗教层面看，

① 由于原作者是一名信仰基督教的宗教徒，因此，对于本章中的内容与观点，还请读者辩证认识，合理鉴别。——译者注

它意味着精神的转向和为神服务的开始。可见，真正的宗教生活其实是个体正常发展的一种完美体现。在此过程中，个体度过了兴趣反常、过度自利的时期而逐渐达至成熟。宗教应被视为生活中最重要、最深刻的部分，它意味着个体内心的成长和向往真善及正常发展的本能的表达。从事宗教教育的教师必须在更广阔的意义上引领儿童的发展。宗教教育目标的实现不能与其他科目的教学相分离，因为任何促进儿童基础本能与情感发展的因素都会成为其宗教生活的基础。如果遗传因素正常、成长环境自然，则每个个体都能够步入正常的宗教生活。因此，宗教教学必须遵循自然，而不能违背自然。宗教生活的功用就是去满足人类天性中最迫切的需要。因此在人类文明发展的各阶段中，我们要时刻扪心自问，儿童的天性是什么？其深刻的兴趣和真正的力量又是什么？怎样的教育和训练才能促使儿童身心完满地发展？

与其他学科一样，宗教教学中必须遵循的一个重要事实是，儿童在成长中复演着种族发展的历史。因此，为了步入正常的宗教生活，儿童必须依次过好发展必经的每个阶段。儿童只有经历了完整的成长过程，达到了相应的身心成熟程度，才能完成相应的具有宗教意义的内心成长。崇拜的情感最初指向个体所处环境中的物体或人。儿童生命中的第一个“神”便是他的母亲。接下来他经历了偶像崇拜和自然崇拜的阶段，对于周围环境的态度确切而言正是原始人类泛崇拜阶段的体现。以上阶段都是宗教的自然根源与端倪之所在，不能将其视为反宗教的形式而去压制。事实上，完整的宗教教育不仅意味着对于人类种族原始情感的充分利用，而且要带领儿童去接触各类宗教的不同元素。但是目前我们仍不清楚，怎样才算在儿童身上完全再现人类祖先宗教发展的各个阶段。这在很大程度上与个体心智禀赋的宽广度及其成长冲动所具有的活力有关。当然，理想的状态就是看到在儿童个体的身上，人类种族的宗教经验得到完整的重演。儿童的自由成长是早期宗教教育的关键所在，因此，教学必须是消极而间接的。成人若将其生活模式强加于儿童，则会给儿童的情感生活带来巨大伤害，其中对宗教生活的危害尤甚。

乡村生活可为儿童在宗教方面的成长提供最佳基础，因为儿童的心智会不断受到人类种族宗教经验的滋养，因此他们应当在这一阶段中多徜徉一段时间。儿童的神秘倾向与向往是在自然的启发下产生的，需要自由充分的发展空间。在儿童的头脑中，宗教与世俗之间不存在清晰的界限，因而也不应强迫儿童将二者区分开来。任何激发儿童对不可见世界进行思考的事物都使他相信自然是友好且有生命的，这便是宗教教育的真义所在。增加人类对于身处其中的宇宙的归属感以及同一感，便是为实现宗教教育的最终目的而努力。如果儿童重演人类种族的历史，他对于神的概念一定处于缓慢生长之中，且必是神秘与想象的结果。让神走入儿童的头脑之中不是一蹴而就的事情，除非他们对整个世界怀有热爱。

宗教教育应始于家庭，最初应从简单的神话故事或其他经典故事入手，对于常规性的宗教主题不必刻意强调。故事的数量和内容应随着儿童年龄的增长不断增加，直到他们对宗教历史上的重要事件及重大道德主题都已有所了解。我们发现，家庭所营造的宗教教育氛围对儿童的道德和宗教生活发挥的作用是如此巨大，因此宗教教育早已被视为家庭的重要职能之一。没有任何机构能够取代家庭在儿童宗教教育中的地位。如果一个孩子的家庭生活不正常，那么其宗教生活必然受到不良影响。

在所有儿童早期的宗教教育中，几乎不需要问答式教学。长期以来，在儿童的宗教教育中我们犯下的主要错误是过于强调宗教教育的智育方面。这就使得宗教教育无法与真实的自然保持联系，更远离了儿童的需要，这与过早地让儿童以智力引导行动所犯的错误如出一辙。这些做法都将促使儿童过早成熟，并且将使儿童的心智再也无法沉浸于对自然的热爱以及对不可见世界的幻想当中。然而唯有徜徉其中，儿童才可能了解信仰的真义。

当走过了自然崇拜、幻想与多神教倾向的阶段后，在儿童头脑中开始产生神的概念：神——世界上一切不可亵渎的法则的创造者。若此刻过于热心的宗教教师们过早地给儿童灌输一个充满爱的、救死扶伤的人格化的神的概念，所有这些都出自成人的视角，其结果会加剧儿童的早熟。对儿童而言，神是严厉的，是人类社会准则的创造者，是他们崇拜的对象。但这种情感不是由灌输而得的，而是在个体发展的最终阶段，伴随着青春期情感生活的变化自然地生发而出的。

宗教教育是学校的重要工作之一，因为宗教是我们生活中不可或缺的部分，它与生活的其他部分紧密相连。如果学校教育将其忽视，则意味着遗漏了文化要素中的重要组成。但是，在学校开展宗教教育也是目前我们所面临的难题。宗教组织控制公立学校的时代已经远去，因此宗教教育的责任便落在了世俗学校的肩上。但就目前情况看来，学校的世俗化包含着取消宗教教育的意图，这已不可避免地削弱了道德教育，因为道德教育与宗教教育是密不可分的。学校取消宗教教育的直接结果就是许多儿童在成长过程中不再阅读《圣经》，这部经典之作被束之高阁。认为道德教育无须《圣经》也能完成的观点在时下流传甚广，这无疑是错误的。由世俗伦理构成的道德教育将责任视为人们道德行为的中心，这虽然不错，但却未能触及道德的本质与核心，因为道德的核心根植于《圣经》之中。儿童必须将神视为一切准则的创造者，神的要求之所以正确是因为神创造了一切。当儿童步入青春期后，理应过上由宗教引导的道德生活。总之，目前若要在不破坏世俗教育理念的前提下保留宗教教育，学校可采取的唯一方法便是邀请牧师来学校教学，以他自己的方式去教授宗教这门课程。如果做不到这一点，则宗教很可能被尚不完善的道德教育所取代，就此从学校中消失，而文学、历史等文化材料成为学校进行道德教育所采用的全部材料。

当我们在学校中开展基督教教育时，也应如其他课程一样关注儿童的天性。从前正因这方面的失误，使得儿童未能从《圣经》这部巨著中获得更多养分。从前的宗教教学无视儿童身心发展的规律与教育教学规律，只是强调成人的兴趣，并将教义置于无以复加的重要地位。现在，复演原则的提出，有力纠正了从前教学的失误，将《圣经》教学建立在崭新基础之上。根据复演原则，新的教学秩序和方法便容易确定。在青春期到来之前，儿童的道德发展进入外部权威阶段，其兴趣取向转向客观真实的事物，此时《旧约》最适合儿童学习。《旧约》中的故事深深吸引着他们，其中有英雄主题的故事，也有些是关于奇迹、战争、法律和惩罚的故事，这些生动表达都触动着儿童的心灵。

在宗教教学中，对《圣经》的解读因视角不同而存在巨大差别。我们不应只强调《圣经》的文学启迪意义，否则会令儿童怀疑父母的信仰是否诚笃。同时，这样做也会削弱《圣经》的自然本质，而将导致诡辩，就如同以往的宗教教学用教义形式呈现本该以文学形式呈现的内容一样。超自然的事物应首先激发情感的共鸣，想要以其解决思想上的困惑是很难做到的，因为这会导致对于真理的双重标准，使心智陷于偏见。如果能够以自然的方式呈现学习内容，则能使儿童更容易接受宗教信条，而更少地感到困惑、疑虑。通过讲述故事的方式进行宗教教育，这是一种有效的方法，不仅有助于儿童的思想形成一个整体，而且以某种激动人心的形式呈现学习内容，还能帮助儿童克服各种疑惑并规避一些有争议的问题。

此外，还应从其他宗教中选取一些观点来对《圣经》进行补充，首先可引入一些来自更古老宗教的故事，如一些经典神话、印度教神话和其他宗教经典中适合孩子早期发展阶段阅读的故事等。因为《圣经》未必能很好地满足个体发展各阶段的宗教学习需要，而这些主题恰好可作为补充。基督教是从其他宗教形式中发展而来的，这些宗教形式有的作为基督教的一部分被保留了下来，也有一些今天依然独立存在。对这些宗教进行适当学习是有意义的，因为其中包含的文化元素有助于儿童理解基督教。

在随后到来的青春期阶段，《新约》成为宗教教育中最重要的经典。《新约》故事所包含的新文化是以利他动机为核心的，代表了年轻人步入崭新、广阔的未来生活时应具备的人生观。《新约》故事在讲述可敬的人类气概的同时，又着力呈现超自然力量的伟大和不可抗拒。遵循遗传学原则，在宗教教学中，应先给学生讲述耶稣人性方面的故事，以拓展学生的情感生活，并以此为基础建立宗教观念；而对于故事中的哲学思想及包含了耶稣神性方面的内容及其与神的关系，则适合稍晚再提供给学生，这更利于他们智力的发展。目前宗教教学中所犯的最大错误就是不了解年轻人的天性和需要。这一点突出表现在教会和家庭强迫儿童发生转变的一系列过程中。成人们往往置儿童自身的发展过程和节律于不顾，强迫他们过早地学习各种信条、教义。殊不知若缺少宗教情感作为前提支持，学习教义只会徒劳无益，并且阻碍儿童的自然成长，损害其日后宗教生活的完整性。这样的宗教教育最终必定归于失败。鉴于此种情况，青少年想要顺利完成转变，进入更高级的利他阶段，并最终获得完满的宗教生活，就变得难上加难。这也是为什么我们常在成年人身上发现极为幼稚的宗教观念和情感的原因。学校应在更宽广的视野下考虑宗教教育的问题，应充分运用各种促进学生心智发展的自然资源，以保证其顺利成长。在年轻人成长的关键时期，还应引导他们减少怀疑与过度沉思，转向真诚信仰。批判性态度在此时不宜鼓励。懂得丰富的宗教仪式知识，也有助于充分利用各种资源，满足青少年宗教成长的需要。我们特别需要调动青少年对自然的情感，因为目前我们囿于室内的宗教教育是反自然的。目前学校的宗教教育还是过于注重智力，而忽视了宗教情感的培育。我们能否将青少年对于自然的全部热爱转移到宗教生活中来？这将会使其宗教生活得到前所未有的拓展和深化。

进入大学阶段的学生心智更加成熟，我们应为其提供以心理学为基础的更完备的宗教教育。此时特别需要找到一种更好的方式来讲述基督一生的崇高意义，将耶稣带领信众向着更崇高目标奋斗、实现美好理想的昭示者形象呈现给年轻一代。此时宗教教育中所有智力教学的目标在于，引导青年的思维由批判转向积极的态度。为应对日后怀疑阶段的到来，我们必须在年轻人身上建立起对于真理的不可动摇的信仰基础：这一基础具有包容性和发展性，会跟随其他思想领域的进步而不断发展。当研读《圣经》时，也必须遵守与其他民族文学一样的学习原则，以诚笃的心态去接近《圣经》。年轻人还必须对世界各大宗教中的重要主题有所了解，以拓展其真理观念。通过这种方式，年轻人才不会形成某种单一固定的宗教观，从而发展起建设性而非破坏性的宗教态度。

接受良好的宗教哲学教育是大学生的又一需求，而这一哲学教育应建立在对于人性的探索之上。我们无须花太多力量去检验、证明宗教教义的真理性质，而更应去探求、理解宗教情感的本质所在。只有这样，宗教真理才能经得起审视，批评性态度才会带来积极变化。这便是对宗教最深刻的辩护。年轻人的需求将被证明是最真实的，在最深刻的意义上，真理对我们而言可以是任何东西。从这一价值视角来看，宗教哲学教育就显得十分有必要了。

如今在所有宗教教育问题中，最有趣也最重要的问题可以说是星期日的问题。星期日与工作日活动安排之间的关系值得从宗教和卫生学两个角度去研究。调查和实验研究显示，从一周七天中留出一天休息或改变平日的活动方式，是人类的生理需要。通过对大量个体生活习惯的研究，我们发现星期日应被用来进行各种娱乐活动以保持身体健康。而在更深刻的意义上，星期日使人们有机会脱离日常的各种任务、琐事，得以拓宽视野、思考人生。这是一种人类拓宽生活乐趣的需要。为了达到这一目的，一切自我提升的方式都应被允许。所有图书馆、阅览室、博物馆和艺术画廊都应免费开放，一些单纯的娱乐形式也不应被禁止。从世俗角度对星期日所下的最佳定义是：一个不必被时钟打扰的、尽情享受闲暇的日子。星期日已由神圣的礼拜日变成了一个大众休息娱乐的日子，我们亲历了这一变化。

在星期日的自然意义的基础之上，基督教又赋予了星期日以崇高的宗教意义——礼拜。如何保护这一传统的精神礼仪，特别是如何教导我们的下一代从礼拜仪式中获得精神给养，这是一个深刻的教育问题，也是目前教会和主日学校尚未解决的问题。因此，有必要将星期日的宗教内涵与关照民众健康的世俗观念结合起来。在星期日，城市儿童应去乡村或公园游玩，所有的校园和体育场都应开放，一些室内活动（戏剧表演、游戏）的场地也应准许使用。只演出宗教和道德主题剧的儿童剧场在星期日也应开放。散步、交谈、亲近自然、收集自然物等活动都是星期日的理想活动。星期日更应成为家庭教育的重要时间，给孩子讲故事就是不错的方式——家中的一切智力和道德资源都应利用起来，以拓宽儿童的宗教视野。

第十三章　智力训练

在以进化原则为基础的教育文化体系中，智力训练的地位应列在本能与情感训练之后。因为智力作为情感发展的产物，依赖于各种情感的顺利发展，所以其对个体的重要性远不及情感。智力训练的各项原则都产生于个体各项机能自然成熟的过程之中。

大体说来，智力训练的首要准则就是遵循儿童的禀赋和兴趣。在本能发展的初始阶段，各种兴趣在儿童头脑中不断涌现，复演着种族发展的历史阶段。每种兴趣都有其特定的发展时期，都会经历发展、改变及最终消失的过程，它们正是个体心智向更高层次发展的动力与核心。教育工作要尽可能利用个体兴趣发展的特定阶段，在本能兴趣具有注意、同化的力量时，尽可能满足其需求，这就是经济有效的教学原则。所有课程材料的选择都必须遵循这一原则，充分考虑儿童的心智发展阶段，而不是依据所谓科学的成人逻辑。儿童智力发展的路径是迂回的，常常看似无章可循、变化无常，对于那些对儿童心智本性知之甚少的人来说便更是如此，因此他们试图从成人心智特征的幼年痕迹中去寻求儿童心智发展的规律。

儿童的智力活动是以游戏、兴趣、运动和感觉为基础的，因此，儿童的智力训练也应尽可能地利用各种可能方式所激发的动能。其中，对于课程材料的首要要求就是内涵丰富，能滋养心灵；而在形式上则不需要多么精准，也不需要多么符合成人的逻辑，因为若要保持儿童心智发展养分充足、活力充沛的状态，在选择、编排知识材料时，儿童心智特征必然是首要考虑的因素。

在童年和青少年期的大部分时间里，学生都需要教师为其心智的发展提供充足、适当的养分。这就要求老师手中必须掌握大量的教学资源，在其所教授的学科领域拥有丰富的知识，并游刃有余地以适合学生的方式呈现出来。老师必须具备自由、生动而有趣的表达能力，而这正是目前许多教师所缺乏的。

兴趣是智力训练的关键所在，同时兴趣也是种族遗传顺序性的体现。个人成长与种族演进所遵循的是同样的原则。虽然目前我们对遗传规律的了解还很有限，但是已足以让我们认识到遵循儿童自然的学习方式来调整学校教学的必要。举例来说，我们看到在人类种族发展早期，作为精神养分的文化材料多以神话和故事的形式呈现。这一阶段恰好对应个体发展过程的童年阶段。因此，在为儿童提供智力发展材料时，必须提供情节完整的故事性材料，而不是细微的分析性材料或任何检查性的材料。在各门科目的学习和训练中，我们必须紧跟人类祖先兴趣发展的足迹。如果人类祖先对于自然的兴趣最先表现在诗作和神话创作方面，那么儿童最早的兴趣也会在此，而不会表现在力学（或机械学）原理等方面。现在的学校如此努力地教授各门课程但效果甚微的主要原因就是，教学方法过于机械呆板，违背了儿童智力发展的基本规律，忽视了儿童天然的兴趣，而一味追求知识的掌握，这无疑抑制了儿童本能的发展，而本能与意识相比是智力领域更明智、更真实的部分。不顾儿童心智发展的时机，坚持以逻辑原则取代遗传秩序，这是当前智力教育中最大的罪恶。特别是在青春期，教育就是对青少年头脑施加的日常“暴力”。目前，我们还未将儿童发展秩序的可靠证据运用于教育实践当中。我们不再摧残儿童的身体，不再拒绝他们的需要，但我们仍在扭曲他们的心灵，仍然站在成人思维的立场去催促他们早熟。我们将儿童头脑不愿接受的知识强迫灌输给他们；当儿童渴望获得整体性知识时，我们则从细部教起。如果我们接受了遗传心理学的指导，我们就会发现根本不必做这些事，我们需要做的是判断儿童所处的心智发展阶段，并使教学与他们的需要相适应。

摆在教师和研究者面前的许多问题，都需要通过运用有关智力教育阶段的知识去解决。我们必须了解：应采取怎样的方法、在多大程度上刺激儿童心智功能的发展；针对每个发展阶段中不同儿童发展的不同速度，我们该如何应对；如何针对每个个体的特殊问题来实施智力训练，是把重点放在孩子擅长的那些功能上，还是放在其所缺乏的功能上。因此，探察每个儿童的心智发展状态，成为每位教师工作的一部分——教师要充分了解儿童的经验水平、儿童正在经历的成长阶段以及他的兴趣状态。唯有基于这些信息，学校才能制订出合理的教育计划。智力教育必须始终依托儿童的兴趣来进行，要时刻根据儿童的兴趣变化做出调整。教师还应时刻注意儿童的兴趣动机与智力因素之间的密切联系，铭记心智的发展离不开积极的兴趣状态，而培养运动习惯是系统牢固地掌握知识的最佳途径。实际上，未与儿童运动形式自然结合的知识无法被真正掌握，因此也就无价值可言。只去了解某种知识是什么，而不懂得如何利用它去解决问题，这种学习的价值微不足道。

在入学的最初几年，儿童对自然的兴趣以及对神话创作的热情可作为智力训练的重要切入点。然而许多研究表明，教育者对儿童智力发展的过程与动因依旧知之甚少。到目前我们还不了解儿童的自主游戏在其自我教育方法的形成中起到了多大作用，这一作用又在多大程度上可以为学校所利用。其实，每当儿童的兴趣被唤起时，他们的心智就会自由地运转起来。这是真实可信的，不论在儿童对动植物等身边具体事物的兴趣中，还是在儿童对想象中遥远客体的兴趣中，我们都会看到这一点。这些对自然的兴趣都可用于智力训练。儿童对云朵的兴趣便是一个很好的例子。儿童对云的兴趣将激发他诗歌创作与艺术表达的心智需要。在对云的观察中所产生的情绪和想象，构成了人类种族文学艺术发展的重要部分，同时也是儿童智力活动的基础。可见，最有价值的智力训练不能缺少来自兴趣和想象这些自发的强大力量的推动。

对于自然界其他事物、现象的兴趣，同样可成为开展智力训练的良好依托。比如对太阳、月亮、光明、黑暗、霜冻与寒冷及所有类似自然主题的兴趣，都可为学校教育所用。此类兴趣能够为自然教学带来启发和灵感，帮助提升儿童的语言能力，并促进其诗歌和艺术创作能力的发展。这种诗意、想象与创造力正是通往科学学习的重要阶梯。那些希望儿童只通过理性、推理来学习真理和实践的人往往会忽视这一点。应鼓励儿童依循人类种族复演的观念来发展自己。如果儿童的心智得到了所需的滋养，就会自然、自发地成长；否则，就会如同处于生长中的肌体得不到充足的食物供给而无法正常生长发育那样，进入一种精神饥饿的状态，最终造成心智发展狭隘、刻板。

由此可见，种族性的原始兴趣是个体智力发展的深刻根源，若失去这一根源，智力发展的深度就会受到限制。这就是目前学校中的哲学与科学课程是那样枯燥无趣，而古老的民间传说与神话的教学却依旧保持着魅力的原因。因为后者是对人类共同信念与信仰的表达，必然包含人类种族遗传的智力因素在其中。上述情形正好说明了在教学中应遵循的秩序是：一般性、想象性的主题应置于精确的事实之前。在童年期，儿童会将太阳、月亮、星星、岩石和树木都看作生命体，并与之建立特定的联系，认为自己会做的事情这些自然物也同样会做。如果了解了儿童的这些特征，那么贫瘠无趣的科学教学必定能够改观，且在儿童的智力发展中发挥巨大作用。事实上，当所有科目的教学与儿童的天然兴趣相联系时，都会变得生动有趣起来。

正规的智力教育是以母语的教学为核心的。作文知识的种族根源，母语是构成儿童心智成长的必要基础。在母语的教学中，首先应呈现与种族文化相关的材料，对于语言的结构和形式要尽量少涉及。实际上，当我们的头脑需要文化材料来滋养、充实时，若因枯燥、空洞的训练而浪费了宝贵的发展时间，那么任何方法都无法弥补这样的伤害。目前的教学常常以普通的事实替代真理性知识，并以此干扰儿童内在兴趣的自由发展。只有当儿童的心智随兴趣的发展而逐渐成熟后，正式的语言训练才能开始，记忆力的训练也要等待时机。8岁至12岁这几年中，儿童内在兴趣的发展会出现短暂停歇，这时正是语言训练的最佳时机。当然，语言训练还要与其他更具内容性的训练协调进行，而且这些训练都要与儿童心智发展的阶段相适应。

无论是低年级还是高年级，智力训练都应遵循同样的原则，即依循个体发展阶段与种族演进过程之间的对应关系来简化教学方法和以逻辑顺序划分教学科目。目前，学校太急于将系统化的事实传授给儿童，无形中剥夺了本属于儿童的思维空间，这样做无法达到预期的效果。因为儿童所学习的知识与其自身需要相脱离，即使一时学到，很快也会彻头彻尾地忘记。

当试图将儿童自发兴趣的原则应用于智力训练的具体问题中时，我们会发现：充分利用最平常的活动和兴趣中所包含的力量，便是最好的选择。这些以儿童成长的天然阶段为基础的课程与那些依据逻辑原则创制的课程之间存在着巨大差异。在儿童的兴趣当中，没有任何一种可以被轻视。尽管显得琐碎，但只要肯利用这些兴趣，就可提高教学效率，并将儿童引向更高的兴趣水平。每当教师想要促进儿童兴趣的发展时，他的工作就不再是过度驯化儿童心智，而是要激发儿童对于事实和真理的兴趣，给予儿童心智以真正的训练以及传授必要的知识。从遗传学的视角看，儿童一切自由的心智活动都有价值。更确切地说，即使儿童因思维过度而产生了幻想和谬误，我们也不应加以责备，因为这正是儿童心智成长留下的痕迹。而且，与掌握精确的事实相比，这些幻想与谬误正是儿童心智发展正常的证明。

教师必须了解儿童的天然兴趣，并知道在教学中如何利用儿童的兴趣。虽然到目前为止，我们对儿童兴趣的发展规律尚不完全了解，也不知怎样最大限度地利用这些兴趣，但是通过对儿童心智发展状况的调查研究，已经能够得出一些智力训练的原则了。

现在，我们已了解如何将儿童对物品收集和玩娃娃的兴趣运用在学校和家庭教育当中了。概括说来，一些游戏活动和兴趣都具有教育性力量。当然，想要了解这些活动和兴趣中包含多少可为学校教育所用的动能，必须做进一步研究。在将这些力量引入教学实践的过程中，必须保证儿童各种遗传力量之间协调配合，将来自种族的智力和力量调动起来，在个体心智发展的过程中发挥作用。没有任何人为的兴趣能与这强大的种族冲动相媲美。我们认为，所有的智力训练如果不以种族兴趣为基础，都将是肤浅而缺乏根基的。违背原始种族冲动而开展的教学工作大多是徒劳的，但这样的情况仍然常见。

下面再来谈一谈运动兴趣在儿童智力教育中可能发挥的作用。所有建构性游戏都可被视为建构心智的理想途径。孩子在自由游戏中所做的一切，都将成为他们构建自身知识的基础。对于儿童的心智发展而言，有组织、有目的的游戏胜过一切强制性学习。在游戏中，儿童的自我能够得到完整的表达和发展，而且他们会将一切精力集中到想要达到的目的之上。现今教学当中存在的巨大难题就是：教师所提供的学习材料很难激发儿童的兴趣，学生的头脑被视为被动接受知识的容器。想要解决这一难题，应借助游戏的力量。游戏能将各种不同的知识在儿童头脑中融为一个整体，并进行输出。换句话说，游戏能使儿童以运动的方式表达自己，而且在游戏当中，儿童的新旧经验可以立刻结合在一起。

利用游戏动机开展的智力训练，引发了人们对以生产合作或社会合作方式开展智力训练的普遍思考。儿童以同伴合作的方式来学习自己感兴趣的知识时，学习效果最佳。如果他能在团队有组织的活动中发挥其作用，他的心智发展就会得到较大推动。他不会模仿别人、亦步亦趋，而是会作为一个独立个体做好属于自己的工作，尽管他对他人的工作任务也充满兴趣。在此过程中所获得的知识，不仅表明个体的心智发展获得遗传力量的支持，同时这些知识能够帮助他走向更高的文化层次，使其智力和道德生活得到进一步发展。此外，这一过程还包含很强的实践性。在当前的教育中，我们在社会化教育方面的努力还十分有限。人类的生存和发展离不开群体生活的基本形式，且值得学习的知识在其目的指向和表现方式上都应是社会性的，可见社会性理念对于教育的影响十分深远。社会性学习是一种经济、高效的学习方式，因为这种方式中包含儿童天然的意愿与渴望。因此，在教育过程中要注意利用儿童的社会本性，赋予儿童一定的社会角色，以助其更加自然高效地学习。过去的教育在这方面所做不多，甚至是在向相反的方向努力。在当前的学校中，社会性元素几乎消失不见，儿童只有在操场上进行户外运动时才处于一种自然放松的心智状态，也只有在此时他们的社会性冲动才被释放出来。理想的社会性教育是通过合作学习的方式来实现的，这种方式适用于所有学科课程。通过这种方式，恰好可以纠正学校与家庭兴趣之间存在的疏离。以社会性方式组织的学校是以家庭为母版的，它是对家的一种投射、放大和理想化。教育的情怀应当与父母养育之情有着共通之处。

“从做中学”的理念同样应当指导儿童的家庭生活，儿童所承担的家庭职责也应属于其心智训练的一部分。在为家庭成员服务的过程中，儿童的心智获得成长。这种方式也应在学校中得到运用，尤其是在假期里，要让儿童全心全意服务于家庭，承担起各种力所能及的家庭责任。在中低产阶层家庭中，父母常常不愿让儿童去承担家务劳动，这无疑是错误的。家庭是学校的母版，但现在的学校教育常常使儿童对家庭生活缺少敬重，并且不愿承担家庭责任。对此，学校最好能挑选出那些家庭责任中最具教育意义的元素进行系统阐释，以指导儿童的心智与运动能力的发展。职业教育也是智力训练的途径之一，应当更广泛地运用于学校当中，因为活动原本就是一切学习的核心所在。在职业课程中，儿童会接触到各学科综合性的知识。比如说，职业训练与地理学习密不可分，由此激励着儿童学习地理的热情。总之，所有的学习和工作都能够从人类活动的兴趣中找到根源。待进入更高年级以后，这些最基本的兴趣会将个体的智力兴趣引向对社会中各种生产与金融组织的关注。

此外，社会性教育的方法也可有效地运用于儿童的自然学习当中。比如在培育植物花卉、饲养蜜蜂、学习照料小鸟和昆虫等活动中，同时关注这些活动的经济（实用）价值。这些都可成为学校中社会生活的一部分，儿童身上合作与竞争的本能能够在这些活动中得到顺利发展。

在所有语言教学活动中，教师们应当铭记，语言是一种社会性的存在。因此，语言的学习应当在日常生活的实际情景当中自然地进行，即使是正式的语言教学也应采用同样的方法，因为语言学习的进步离不开社会性动机的推动。

从儿童的社会兴趣当中，可以自然地发展起对于社会问题的兴趣。最初，儿童的兴趣集中在学校活动的组织方面，随后便扩展到公众活动组织领域。在理智热情的引领下，儿童从关注与其相关的社会性问题开始，进而想要去了解政府各部门的具体工作，了解卫生和慈善机构的功能及其面临的问题；最后，他们的兴趣将转向政府部门建设和对国家的保卫。这正是儿童在心智上成长为一个公民的历程。

作为教师，应当充分认识到智力训练的本质和目的，以及向儿童传授知识的原因及必要。智力训练的首要目的即刺激儿童心智的成长，保证其心智以正常的速度走向成熟。人类种族的进一步兴盛发展，并不取决于我们向下一代传递了多少知识，而取决于通过教育和训练，我们的下一代能够达到怎样的身心成熟水平。目前学校中普遍使用的背诵、问答与考试的方式并不是促进儿童身心成熟的理想方法。尤其在培育心智的实践兴趣以及引领情感与本能的发展方面，以上方法的作用可谓微乎其微。如此糟糕的智力训练也会阻碍儿童的道德发展。犯罪学家们也在抱怨：目前的学校教育并未阻止犯罪率的上升。总之，只有当我们真正了解智力发展与本能的关系，掌握个体发展中各个未成熟阶段的发展原则，才算找到了进行正确智育所能依靠的线索。如果忽视这些关系和原则，我们将无法了解并实践教育的真义，那么，儿童的心智就会空白一片，或至多成为成人的仿版，而无法依据自身规律发展成熟。这些发展原则就是教育必须遵循的规律，不允许有任何违背。

第十四章　教育分期

从前文谈到的个体发展的基本规律与教育准则当中，我们大体可以勾画出个体一生的教育分期——婴儿期、儿童期、少年期和青年期。在个体发展的不同阶段中，教学内容与方法的选择应遵循不同的原则。一个不容忽略的事实便是，虽然个体成长是一个有着确定目标的连续过程，但其中的每个发展阶段都有别于其他，因此要依据个体发展各阶段的不同本质与特征来设计教学，每一阶段的发展都具有其独特意义。个体发展的阶段性特征也是复演人类种族发展历程的重要表现。这是组织教学活动所必须遵循的；除此以外，别无他途。教育者不能将其臆想的计划或自认为重要的课程强加于儿童身上，他所能做的唯有遵循自然早已确定好的计划来对儿童进行教育。

婴儿期是身体成长与积累感官经验的重要时期。在这一阶段中，婴儿的发展几乎完全依靠自身的主动性来推动。他们此时主要的教育需求在于对健康的促进以及基本习惯的形成。此时的婴儿要尝试运用自己的一切感官，尤其是视觉与触觉。但在婴儿身上，不应有任何经验是强制获得的，也不应出现导致婴儿身体功能加速发展的任何刺激。对于个体日后的道德与实际生活而言，此时最重要的工作便是通过训练使婴儿养成一些必要的习惯，如有规律的睡眠与进食、独处和不哭闹等。成人应如实看待婴儿对于外界刺激的自然反应模式，而不应过度解读其行为的意义。而福禄培尔的追随者们则认为，婴儿身上具有某种吸收、探察关于神、秩序和无穷时空中真理的能力，他们无视婴儿的天性，忽视科学的朴素告诫。

接下来，纯粹的感官发展阶段就会过去，想象力的发展继而成为教学训练的中心。此时儿童的道德需求尚未出现，因此除了帮助儿童形成正确的行为习惯，让其遵守基本的道德原则外，不必对儿童的道德行为作过多要求。对儿童的要求应尽可能以简单、直接的方式表达，避免道德说教。此后的五年甚至更长时间里，我们都要向儿童提供丰富的文化材料以刺激其想象力的发展。在这期间，儿童需要自由地发挥想象，并将其想象表现在自由游戏之中。此时儿童正经历着一个人类祖先诗意幻想、神话创作的阶段，最易获得的能力便是学习一些有关自然的学问和故事，了解古老的自然宗教。这些古老宗教已不再适合现代人类，但却符合此阶段儿童的心智需求。只有通过上述方式，儿童的心智才能够自然地接受环境因素的作用，并超越单纯的感觉水平，开始在一个更为广阔的时间、空间维度中活动。总之，此阶段最重要的任务就是让儿童的世界变得丰富而充实。同时，儿童的世界应当是天然的、未经雕琢的、零散的，甚至是不合逻辑的。儿童的想象要能自由地徜徉，他们的思维要与理想和现实世界中的种种问题碰撞，但心智的自由发展必须得到保证，在具体知识的学习上儿童不应感到半点强迫与紧张。

在此阶段，运动如同思想一样，必须是粗线条、自由发展的。作为基础的大肌肉运动率先发展，随后才是小肌肉群和精细动作的发展，这是运动发展的基本规律。儿童的自由游戏是该阶段运动的基本形式之一。在儿童建构性想象发展的时期，游戏也应如同他们的思想一样尽可能少地受到限制。儿童必须自由地创造他们自己的世界，并想象自己身处其中。在此阶段，儿童对于社会性生活的需求很少（此需求在其后几年会明显增加），常常独自玩耍。要注意不宜为儿童准备过多的玩具和材料辅助其思维发展，因为这样只会阻碍他们集中注意力。儿童必须能够为自己寻找乐趣。那些需要别人不断逗乐的儿童，缺乏强烈的自发愿望，这无疑是教育的失误。宗教教育也应像教育的其他方面一样，顺应儿童的天性，并根据儿童不同发展阶段的特征来做安排。在此阶段，讲故事应成为宗教教学的首选方式。而故事则应从种族幼年时期的宗教中选取，可主要选自《旧约》，亦可从《新约》中选取耶稣童年时期的故事。此时的教学不要形式化，且不允许带有任何强迫性。

由此可见，8岁以前的教育原则是简单明了的。其主旨在于，用适合于儿童年龄阶段的教育内容来滋养其心智，也即教育很大程度上取决于儿童的自发兴趣——使儿童的心智作用于这些材料，在此过程中，对材料进行调整，使之与儿童的游戏生活相适应，让儿童以自己的方式自由表达，或在心理上找到适合自己的某种适宜的表达。在理想的教育中，一切诸如阅读、写作等正式活动都将限制儿童想象力的发展，或占用大量本可用于更有价值的教育活动的时间。因此，这些正式活动应当被推迟到儿童心智的首个快速吸收期之后再开始。总之，所有的教学活动都应当是针对个人且有生命力的，儿童对真理的理解水平及其经验的深度和广度都决定着教学的成败。对学习内容进行细微分析的方式不适合这一阶段，也没必要使用图片、模型和实物来辅助教学，因为这些都可能束缚儿童的想象。我们也无须对教学过程中儿童的反馈方式做刻意要求，因为只要儿童身心健康，其心智就会将所学知识中有价值、可利用的部分牢固地保留下来。

对8岁至12岁的儿童，教育可遵循的秩序就截然不同了。此时，社会要求儿童具备初步的学习能力，他们可以通过反复操练、不断重复和集中注意力来获取知识。在儿童身心快速发展的时期，并不适合开展这些活动。而到了8岁至12岁之间，自然已经为儿童提供了理想的身心状态和兴趣，以帮助他们进入某种正式学习的状态。儿童的内部成长此时已经放缓，对各种操练、训练极为敏感，习惯的可塑性强，对于外界环境有极强的适应能力。这是发展智力技能的一个不容错过的时机。儿童学习阅读、写作、绘画、手工训练、音乐、外语、数列处理等全部技能的黄金时期就在此阶段。而这一关键期一旦错过，再想形成智力技能便会困难重重、消耗巨大，还无法达到理想的结果。因此，这一阶段的教学须将必要的知识和技能传授给儿童，并要求他们合理运用时间和精力，集中注意，反复操练。从某个角度来看，这样的教学方式看似与儿童本性相悖，但这样的反复操练、熟习也是儿童成长的需要，是实现此阶段完满发展的必要途径。而且，遵守常规、进行有明确内容的学习和采取精准的行动等是符合儿童此时的自然倾向的。且与此前或此后的发展阶段特殊的兴趣不同，这一时期的儿童的兴趣在于将所有的事情做得精细完美。

这一阶段所采取的教学方法都应是机械性、重复式、教条化和权威式的。此时是儿童记忆力发展的高峰期，他们有巨大的记忆潜力可为教育所用。在这方面我们可以从以前的伟大教师那里学到很多。比如在教学中，锻炼学生的抗压与坚持，张弛有度地进行短周期训练，注意刺激激励，不依靠兴趣，运用推理，无老师监督也能完成工作——这些都是针对知识技能进行正规教学的正确形式。

尽管如上所述，各种操练是青春期之前阶段的首要任务，但儿童的天然兴趣、冲动与倾向依然占有一席之地。在此阶段对于精确性的要求要明显高于之前的阶段，但也要注意度的把握，避免要求儿童做超出其内在控制力的事情。尤其是在道德问题上，更要把这一原则谨记于心。虽然对于儿童的要求和训练应适当严格，但必须了解这一时期儿童对自身情感和行为的控制还远不完善。在道德方面，儿童的利他精神也尚未形成，原始本能依然是儿童心智发展中的影响要素。我们可以尝试以教育目标为引导从外部调控儿童行为，却无法期待此时的儿童会有自发的道德行为(这样的行为直到稍晚时候才会出现)。

在儿童期的最后阶段即将结束之时，通过学校和家庭教育的训练，儿童应当具备如下能力：儿童应具备熟练自如的读写能力，应该已读过一些书，并会玩很多游戏。此时，儿童应已开始学习至少一门外语和一门古代语。此外，儿童还应对一些行业有所了解，并能熟练地掌握一些感兴趣的手工技能。他必须了解自己所处的自然与周围环境，能够唱歌、绘画，熟悉适合其年龄的文学作品，并熟知历史上的重要事件与人物。在他的头脑中应当有大量的记忆存储。他还应成为一些社团或校队中的一员。为了实现以上教育目标，这一阶段的教师必须具备相应的能力素质。首先，教师必须是一个领导者，一个不仅能发出指令，而且能身体力行的人。不论在智力还是体力方面，教师都必须能完成儿童所无法完成的事情。为了赢得儿童的尊重，教师应能回答大多数儿童关于周围环境的提问。与此同时，教师必须了解游戏，会玩游戏，并能在游戏中与儿童打成一片，又不失威严。当然，教师还必须热衷户外活动，且在歌唱、游戏和绘画方面能够达到一定水平。如果教师能够在某方面有所精通，则能赢得学生的钦佩。身为教师，一定要为人师表、性情和善、悲悯体恤、充满活力，且对生活充满热爱。

进入青春期，教育的主题再次发生转变。此时，个体内生的兴趣和需要重新回到了自由游戏当中。如同在儿童早期那样，以丰富的材料滋养个体的心灵再次成为首要任务，其他训练退居次要地位。在此阶段，对个体的热情与灵感的激发十分重要。且年轻人对于世界的欣赏与直觉性的理解是此时心智发展的重要基础，在这个阶段不要要求他们对外部世界有任何贡献。在此阶段，考试的地位无足轻重。在教学中，应向年轻人呈现宏大的观念与构想，而非那些琐碎细节；必须将世界作为一个整体呈现给学生，而非呈现其中的零散部分。较之教学训练的精准度，此时更需要关注的是教学内容的丰富与充实。此阶段的教育目的在于激发学生自身的兴趣与热情，并引领其达至最高的心智发展水平。教育中使用的文化材料应当是丰富的、全面的，借助这些材料，个体的情感生活与智力生活也应当彼此结合、紧密联系。

从教育学的角度来看，青春期应分为两个迥异的阶段，分界大约在18岁至19岁时。正是在此年龄节点上，年轻人的身体发育出现停滞，若对应找到人类种族发展历程的相应阶段，我们会发现，从此时起，智力因素开始成为人类种族生存发展中的主导性因素。

在青春期的第一阶段，为年轻人提供通识性教育应是最好的选择，以丰富充实的文化材料从一切可能的方面拓展其思维领域，并促使其各种心智能力卓越发展。应尽可能延长这一充满可塑性和变化性的成长阶段，以确保各种心智要素的发展成熟。对任何阻碍发展的因素都应设法消除。在这与众不同的发展阶段中，其目的便是实现各种心智因素的彻底转变，就仿佛这是其成长的最后阶段一样。尽管此时年轻人有着广阔宏大的抱负，但其观念在本质上是功利实用的。他们掌握知识并非为了知识的价值，而是为了满足其当前的欲望、情感和冲动。他们希望自己拥有最广阔的视野，关注各个领域的前沿。我们也看到，对他们而言，最好的理想便是过上富有开拓性的生活，并在此追求中动用一切身体、道德与智慧的力量。由此可见，此阶段比教学更重要的工作便是鼓舞年轻人的进取开拓精神，激励他们发展完整人格，使他们经常接触那些关于自身生活的大观念——那些成果丰硕的崇高理想。将所知的一切与生活紧密联系，并在此过程中不断拓展兴趣和知识的领域，一切教育的目的均可归于此。在教学中，应向年轻人呈现宏大的科学真理，而非科学知识的细枝末节。个体发展应遵循自身兴趣与需要的引导和种族演进的规律，而不应被迫学习与心智发展水平不符的抽象的科学知识。一切形式化的、需反复训练的、单调乏味的课程，例如语言类课程应被置于次要地位，因为这会占用个体许多宝贵的时间，且收获甚微。完整的系统性知识也不适合该阶段的学习。此外，运动训练同知识学习应遵循共同的原则，即必须与日常生活和广阔的职业领域保持联系，但要避免明确的职业化倾向。运动训练是激发年轻人热情的重要因素，也是促使个体控制自身冲动、协调兴趣、集中注意的力量。再者，运动训练中的重要一课即教育年轻人为团队利益而克制自己以及以荣誉心来激励自身言行。当年轻人有了竞争意识和自我提升的愿望时，我们可以培养他们竞技的兴趣。而在此过程中，必须将宗教与道德等高层次动机注入其中。此时，社会性组织的作用也是不可忽视的，尽可以鼓励年轻人积极加入像辩论社、文学社这样的团体，因为在这里，他们能完善许多从其他途径无法得到完善的重要品质。

青春期第二阶段的主要任务在于发展理智热情。目前这一阶段存在的最大危险是：个体处于身心发展的最高阶段，但能力不再继续发展，热情开始减退，身体机能也停滞在较低的水平。目前可做的努力就是帮助年轻人保持他们兴趣的可塑性与开放性，以确保其兴趣持续发展。我们应想方设法培养他们对于理想生活的想象力，促使他们兴奋与热情地去推动积极思维的产生，而非沉浸在各种批判性的观点和态度当中。所有的问题都应是开放的，这可为年轻人的思维活动提供更大的空间和动力，而不使他们过早地在“真理”面前止步。总之，这一时期的教育应当是通识性的，而非特殊的专业教育。这一发展阶段应得到适当延长，使年轻人有充裕的时间完成头脑各部分功能的发展和完善。教育是为个体发展服务的，若要实现智力发展的最终目标，教育就不应只为眼前的现实利益服务。

在此阶段，哲学和宗教的教育功能常常没能被正确认识。在这一阶段，年轻人需要一种哲学向其呈现一个完整的世界，并使其了解关于生命和科学的重要原则，让他们能真实客观地看待宇宙的存在。然而，现在大学中所传授的哲学却加入了过多的主观因素，使得学生习惯于批判，而难以形成宽阔的建设性思维模式。这样的哲学很容易使人产生对问题的终结性理解，而这恰恰与我们的期待相背离。青春期阶段所接触到的所有知识都应是开放且面向实际生活的，这是构成年轻人日后一切心智成长的基础；而以某种终结性的方式判别真理却对他们毫无益处。在宗教领域，年轻人同样需要广阔的视野，以免当历史记载遭到质疑之时，只能以某种狭隘的批判态度去附和。我们必须使学生认识到，宗教研究是所有科学研究中最深奥的，与历史事实或教条相比，宗教研究更能完整地呈现生命的全部意义。

此时，社会生活仍旧在年轻人的成长中扮演着重要角色。若想充分调动年轻人的热情与积极性，就必须使其成为社会群体中的一员，因为生活在群体当中，是个体完成一般性发展的必要条件。通过团体生活，青年人的骑士精神和集体荣誉感被培养起来，忠诚感得以强化，个性上变得更加包容。在此过程中，青年人对人性有了更深的领悟，这也为其日后的社会性发展奠定了基础。这些个体完成社会性成长的方式是其在正常发展过程中的本能追求，也是其拓宽、深化个性人格的唯一选择，因此这些方式必须被运用到教育中来。要知道，任何缺乏社会理想根基且欠缺文化的社会意义的智力训练，都可能培养出自我中心、待人苛刻、敌对冷漠的一代青年。

第三部分

学校制度

第十五章　学校制度概述

近些年来，科学研究的新经验和新观点不仅带来了新的希望，也引发了我们对于教育思想新的不满。我们知道，学校是一个国家的重要机构，是判断一个国家未来走向的重要标准。因此，教育发展的可能性与迫切需要已十分明确清晰。学校必须在一种新的哲学基础上进行重组。

在考虑学校重组时，第一个需要认清的事实是组织——以整齐划一的方式来处理数量巨大的人或物，通常会导致某些方面的退化。所有的学校制度都在趋于衰落，教师的兴趣和能力也在持续降低。这种衰落与退化的程度，是与学校系统以外新思想的输入成反比的。如果教师免受公众的批评，并且拥有“铁饭碗”，如果学生没有其他的选择，抑或缺乏其他的诱因来保持学校的进步，那么常规必定会固化，而学校也必定会衰落、退化。因此，一个好的学校制度首先需要的就是对外界影响怀有开放的态度，接受来自大学的影响尤为重要，因为在那里各种思想不受传统和体制的束缚。

学校制度的失误影响着每一个年级，它强调某一年级的教育必须为其后的年级服务，这严重影响了学校教育效能的发挥。学生此刻所受的教育是为进入更高年级做准备，而非出于对他们当下身心发展需要的考虑。各个年级被人为地连接在一起，因缺乏有机的内在联系而导致学习进程的断裂。由于缺乏持续的兴趣，学生看似已掌握的大量事实性知识很快就忘记了。教学中使用的方法也十分拙劣。总之，学校教育对儿童身心发展的自然秩序造成了强烈干扰。此类问题的出现应归咎于教育系统的顶层——学院。在这里，教育在科学理念的指导下被精密地设计出来，看似逻辑严谨，但却无视儿童心理发展的规律，结果造成整个教育系统都与儿童的自然本性背道而驰，高年级似乎有权为低年级的教学制定标准。

如果在不同年级，分配教师的方法能够有所不同，那么一些困难就可能会被克服。譬如，低年级时，班主任或各科任教师从孩子入学起，一直带教孩子，除特殊情况外不再更换教师，以便其付出的努力和给予学生的关注都更具连续性，从而避免连续几年内在正规教学中由于不同教学方法的变换所带来的浪费。在以后的几年里，则由更多的专项科目的教师来承担教学，以保证学科的连续性及不同科目教学技能的有效运用。

各科目之间应当相互协作，形成各年级教师为了儿童的发展不遗余力的状态——在约束儿童的同时不忘关注他们的需要。高年级教师必须接收低年级教学的成果，并以此为基础开展教学，但是高年级教师不能将其标准强加给低年级学生。公立中小学校和大学之间存在的严重误解及二者教育理想的不协调是最大的难题。公立中小学认为教育的目的是为生活做准备，而大学则将目标转向高深知识的学习。

民主理想的过度发展带来了另一个难题，即用过于划一的方式对待学生。民主理想主张人人生而平等、自由，认为人人都应该得到同等的对待。然而，并非所有儿童都适合在学校中接受教育，一些孩子天生就不适合这一方式，但却被要求出现在学校里，努力跟上同学们的步伐。也有很多本不应该升学的学生被送入高中，很多能从中学教育中受益却不适合接受高等教育的学生被送入了大学。其实，教育应该更好地区分不同个体的需要，应该有针对特殊需要儿童的特殊学校。学校的课程设置也应该有更细化的区分，而且学校不应试图覆盖所有领域。

政府对于学校的控制需要改进，大型学校董事会对学校的管理是非常低效且容易出错的，严重危害学校的利益。学校董事会成员的心智水平并不在社区民众之上，这就导致他们将学校教育的最高理想降至某种平庸的水准，并使学校不得不屈从于一些机巧的政治利益。学校董事会的组成人员要尽可能少，且学校的财政应该和市政府分开。校长应该有更大的权力去选聘老师，选择课程和教科书，而且应该有更长久的任期。学校与家庭之间应形成更紧密的联系，而且应与各种组织机构和其他学校机构，例如女子俱乐部、公立学校协会、市民贸易俱乐部、公共图书馆、卫生保健部门、医疗团体以及宗教组织等加强联系、互通有无。与这些机构加强联系，一定能够拓宽学校的眼界，而且有助于增强这些社会机构对于教育的兴趣。教师在这些活动中可以获得更加丰富的教育学知识，并且与那些旨在照管儿童的校外机构建立联系。所有这些包括学校在内的教育组织应形成一个综合性部门，在市、州乃至国家各层次有其分支机构。到目前为止，我们还没能认真地对待教育，是因为我们不仅没有看到教育之中存在的更广泛联系，而且学校只被看作公共管理当中的次要部分。

学校要增加学生的在校时间，就要改善教学方法、优化教学环境。只有保证所有的教学方法是科学的，教学环境是卫生的，延长在校时间才不会危害学生健康。长时间的假期是有害的，特别是在城市中，假期太长，甚至会使得罪恶行为有所增加。就目前情况来看，孩子们的确太早上学了，但补救方法不是推迟入学时间，而是改善教学方法。最初两年的上学时光很大程度上被浪费了，留给孩子们的只是虚弱的身体和社会适应不良——孩子们无法接触到大自然和自由的社会生活，他们只学会了静坐，只有局部的精细肌肉群得到了训练，儿童身上以兴趣为动机的各种自由表现都被忽视了。如果学校的早期教育变得更加自然，不再那样强调学习各种基本原理的重要性，那么，每天在校时间的延长也不会有害于儿童的身体健康。在目前的教学中，不论教师还是学生，在教室里都无法展现出最佳才能。应通过改革，使儿童的自然本能得到更自由、更充分的发展。幼儿园的学制应延长到八岁，在这一时间段应致力于丰富孩子们的思想，积累他们的经验，培养他们的表达能力。因此，户外活动时间要增加。儿童应更多地接触工业生活，走进乡村，更自由地玩耍、游戏和远足。各种活动都变得更加有趣、有活力，而非机械死板。学校必须充分发挥孩子们的全部潜能，而不仅仅是对其记忆力进行训练。学校必须效仿家庭赋予儿童思想的方式。幼儿园必须承担起培养他们行为举止、卫生、守秩序等习惯的责任。这其中包含了很多宗教精神和道德准则。考试和分数的分量变得很轻，只要儿童在所学科目中取得了明显的进步，便可随时升入下一阶段学习。总之，学校必须在自然原则的指导下做出根本的改变。学校教育要改变家长式管理的现状，应该相应地减少家庭的教育责任，且学校和家庭的合作应在分工合理的基础上进行。当前存在的一个问题就是，学校试图减少家庭缴纳教材等教育费用的压力，希望通过一些方式让孩子们更容易地接受更高一级的教育，但是，若使学生和大众感到学校教育如此廉价易得，几乎不需多少投入，这是否会降低他们从学校教育中获得回报的期望，或削弱他们参与学校改革的热情？

即便是不太了解学校问题的最温和的评论家，也知道美国学校的教学水平是较低的。一方面，有将近一半的教师没有接受过专门训练，教师通常被当作从事其他职业的垫脚石，而不是作为一生的职业。很少有人会将教学视为一种永恒的事业。事实上，教师的平均从教年限不超过3年，而且在工作中很少全身心投入。很多教师一入职就停止了学习，教学工作变成了例行公事。另一方面，教师数量又相对短缺，因此其职位相对受到保护，并且免受舆论批评。只有改变当前存在的问题，教师的薪资才可能有所改善，但提升空间依旧有限，因为这尚未触及问题的根本。如果教师不准备将教学当作一生的事业，不做严格的专业准备，那么专业精神就难以产生。此外，政治因素影响着学校系统，经济利益左右着教科书的编写，这些都是阻碍教育进步的重要原因。

这种情况导致学校纪律标准下降和道德单向化，同时学校教育中坚毅、果敢的品德也在弱化。教师教学兴趣的缺乏会使教学工作变得越发枯燥乏味。教师一味地依赖教材，缺乏对自己所教学科的真正了解。最糟糕的情况就是教学变成了一种单向静听的过程。教师告诉孩子们去做什么，然后通过测验来检验他们是否做到了，因此，教学的主要活动就是孩子们向教师不断重复他们所学的知识。教学内容贫乏单一，孩子们无法从中发现联系。而且这种现象并非只存在于小学，在中学和大学中同样常见。

鉴于上述情形，学校改革一定要从最基本处着手——通过唤醒教师的兴趣和专业精神来改善他们的职业状态。学校系统之外的先进思想能够为教师的发展提供强大持久的动力。教师们在社会生活和职业生活中必须保持联系、加强交流。学校环境中能够激发教师自我教育、提升的因素过少，与那些在薪资、奖金方面竞争激烈的行业根本无法相比。教育社团、俱乐部和学会在每个大型社区都应建立。每个社区都应建有内含影院的中心教育图书馆，在这里，为教师准备的各种建议和设备唾手可得，并备有可在学校之间流通共享的各种教学幻灯片和图片，以及为各学科提供的最好的教科书和补充读物。在这里，教师能够很容易地获得所有最新的教育信息。教师通常对于孩子的天性缺乏足够的认识，同时也缺少所教授学科方面的相关知识，所以能为教师提供帮助的社区教育资源就显得尤为重要。

美国教师在很多方面都需要向德国教师学习。德国的教学标准比美国高，德国教师也表现出更强的专业精神，因而更受尊敬。二者最大的不同在于教师教育孩子并与之共同学习的程度。在德国教师的课堂上，教师讲授学生静听只占很少的时间，小学生几乎很少被要求安静地学习。理想的教师必须在其教授的学科领域拥有非常丰富的知识储备，他们不仅要为学生提供大量的事实性知识，而且要能够激发学生的兴趣和灵感。教师与全班学生一同投入学习活动，且很多时候是不使用教科书的。在德国，教师使用的各种书籍比美国要多，而学生使用书籍的数量则少于美国。教师的首要任务是激发学生的兴趣和好奇心，并在进一步质疑与询问中，增加其知识，拓展其兴趣，以满足其心灵发展的需求。在德国学校有大量的仪器、标本、示意图、地图等。教师在其教学时间里会保持积极、敏锐的精神状态，常常在教室里来回走动，敏锐关注每位同学的状态，使得全班都保持着紧张积极的学习状态。在上述方面，德国教师堪称榜样。

近年来，一些教育发展的新取向已受到关注，教育发展的新时代正在到来。人们对于教学的自然模式有了更多认识，教育卫生学问题也得到了更多关注。对于自然的兴趣被拓展到更广泛的领域，且这种兴趣能够为众多学科提供更多的动力因素。体育锻炼、各种游戏、野外远足、军事训练、手工训练等都在逐步推进当中。如果以上精神得到鼓励，在未来将会看到许多改变。与户外生活紧密相联的自然研究将得到长足发展，它将成为其他科学工作所依赖的基础。语言研究的内容将会更加丰富。语言将通过儿童对感兴趣的思想、情感的表达来习得。语言教学中将会出现更加多样的口头教学方法，使得儿童的语言学习的年龄提前。教育将会更多地关注学生每一发展阶段的需求，对于年级的清晰划分会不断弱化。学生个体将会得到更多的关注，选修课程的数量将会增多，发现个体兴趣和能力发展的自然路径的方法也会不断丰富。教师将对儿童的天性更加了解，对于儿童情绪发展给予更多关注，而非只关注智力的发展。事实上，衡量一所学校是否成功，要看其将这些深刻的教育功能付诸实践，从而促进学生成熟的程度，而非考虑其在传授事实性知识方面的效果。

第十六章　母　语

众所周知，英语教学以及语言工作总体来说都是困难的和不尽如人意的。事实证明，当前我们母语教学的效能不是在提升，而是在急剧下降。甚至当一个年轻人进入大学时，他母语的知识水平仍然与其应达到的水平相差很远，而且常常差得离谱。出现这些弊病的主要原因在于，语言教学方式不符合教学原则，比如太过追求语言的形式而不注重内容，过于要求掌握得彻底、准确，而忽视了儿童对于阅读的自发兴趣。在人类种族发展过程中，语言分析出现得较晚，因而儿童也应晚些接触。语言教学没有与其他学科教学相互合作，往往孤立进行，而且是为了语言而学习语言。在目前的语言教学中，通常太过依赖视觉，而忽视了听觉；然而语言运用中的节律等要素、特质只能依靠听觉传递，这是语言教学不同于其他学科教学之处。若能够恰当地传递和教授，学习母语的重要性会高于学习其他一切学科，但一定要使其免受当前流行弊病的危害。在教学的所有阶段中，过分强调准确，强调语言分析和句法，都会造成阅读书籍的选择低于孩子的智力发展水平，且将太多时间浪费在了细节上。在很多时候，儿童的发展需要其阅读超出自身经验的书籍，他们需要通过快速浏览接触大量语言形式。在儿童接受能力最强、头脑最需要被滋养的时期，学校提供的阅读却很难满足他们所需。

阅读和书写往往都教授得太早。在整个人类历史的长河中，语言只是口头交流的形式。由此看来，儿童的语言教学也应遵循这一规律进行。阅读和书写就其过程来看，是人为的和无任何教育作用的。因此，在此过程中越少有意识地努力，结果就会越好。待儿童的大脑发育已为语言训练做好准备，便可以儿童的接受能力为基础，开始高强度的训练。这比不顾儿童心智发展水平、过早开始读写训练，更能促进儿童读写能力的顺利发展。口头学习语言是一种正确的方法，因为它更加重视记忆的作用，引发儿童更自然的注意状态，运用节奏、韵律帮助儿童更好地学习语言。而阅读与书写的方法则将学生的注意力局限在了一个狭窄的范围内，并且容易使他失去对内容的兴趣，将关注点引向对形式细节的关注。

特别是书写教育，开始得太早了。书写在人类发展的历史上出现很晚，因而对于孩子书写教育应当在有了适当的准备和时机的时候才开始。要先使孩子的体力得到发展，然后再进行书写训练。起初，儿童的动作一定都是粗放、自由且缺乏控制的，但是这个使用大肌肉的阶段不会持续很长时间。在早期书写训练中，儿童会时时处处模仿，因此必须注意不能让儿童形成难改的坏习惯。要允许书写中表现的个性。稚拙的纵向书写不是练习书写的理想状态，却是人人都会经历的阶段。

至于那些教授阅读的方法，很可能已给儿童带来了太多压力。目前看来最好的方法是将阅读推迟到第三学年开始，到那时开始阅读困难将会小很多；而在此之前，应先进行语言学习、自然学习以及其他学科的学习，以激发孩子对于阅读的天然兴趣。当前所流行的做法——设计一种完美的阅读教学的科学方法，这不仅毫无必要，而且制造了不必要的困难。个体在阅读方面的差异之大使得一种方法不可能适用多个人；同时，学习阅读是一个非常复杂的过程，它需要多种机能的配合，也需要通过不同的途径和方法去形成。老师教授学生阅读方法的能力有高有低，而且往往倾向于使用那些曾带来过最好结果的、对他来说是最自然的或最熟悉的方法。很多孩子能够学会用任何方法去阅读，并且有时规定使用某种方法并不会妨碍其他方法的使用，因为他们的主要目的是阅读，因此对于方法的修正和完善并不会造成很大的影响。对于儿童来说，最自然的学习阅读的场所是在家中。在家中，孩子们会自发进行阅读，仅仅是出于兴趣和好奇心，这时他们的阅读不需要任何方法和指导。

至于在学校里教授阅读的方法，教师的经验表明，在接触书面文字之前，首先应向儿童呈现实物，以激发其兴趣，丰富其思维。总体来看，在方法上从单个字母开始学习要比以词汇为单位开始学习要困难得多。自然拼读法如果运用得当，特别是从一系列精心选择的单词中去分析发音，对于教学设计是一个很有价值的补充。应该尽量少用识字课本，所有拼写、发音方面的练习应该和实际阅读分离开来。

儿童最初的阅读应包括一些古老的无意义韵文，正因为没有明确的意义，因而这些材料能够激发儿童对于语言的感觉。对动物叫声以及人类感叹声的模仿，以及如《鹅妈妈》一类的古老童谣里的语言形式，在语言学习的初期具有极其重要的价值。因为这些语言材料拓展了孩子们对于言语和表达的概念。孩子们特别容易受到此类节奏韵律和声音游戏的影响，并且能够正确地使用所学，他们从中所学到的远远多于我们所看到的。

当一个孩子学会了阅读之后，真正的问题出现了，那就是：儿童应该阅读些什么？那些最好的作品已经足够我们穷尽一生去阅读；因此从阅读之初，我们就需要为儿童选择有价值的材料。对于孩子们阅读的所有材料，成人都应事先接触、选择，检查一下这份读物是否能为儿童的经验增加有价值的东西。首要原则就是，与材料的形式相比，优质读物的数量应作为优先考虑。要将大量适合于儿童发展阶段的读物提供给他们，而不是只选取少量给他们做细致研读，也不宜将注意集中于语言本身。关注的中心应放在阅读材料的意义上，而不是词语本身。最好的读物意味着，内容要符合儿童的需要，同时也要能够为孩子们所理解。我们一定不能忘记教授阅读的目的，与教授其他科目一样，道德培育的目的应是置于首位的。教授阅读，应与教育的实际的、工业的目标相联系，即教授阅读也应被视为一种社会改革与发展的工具，而不仅仅是理解过去和现在的方式。

在不久的将来，所有的教育服务中最重要的事情就是站在儿童的视角重新编写和修订文学作品——将所有世界名著和适合儿童发展阶段的主题改写为适合儿童阅读的形式。有些类型的文学作品必须更充分地让儿童接触到。

首先就是以动物为主题的文学作品。对动物的关爱是童年期重要的亲密关系之一。这一主题的好作品会对儿童心智起到有益作用，但到目前为止我们都尚未给予足够关注。对于驯养动物和野生动物，儿童都需要去了解。我们需要的是所有有关驯养动物的书籍，这些动物在孩子们的生活中扮演着不可替代的角色，这些书籍会将这些动物的生活习性、它们与人类的关系以及它们在人类的故事、诗歌中的地位讲述给孩子们听。

孩童时代最为需要的另一类读物，就是那些经典的神话组诗、叙事诗以及古典著作中的故事精编。这些都是在人类所有种族的童年或青年时期出现和成形的故事，儿童的心灵与这些古老的主题非常亲近，因为当时那个处于幼年的世界更能给儿童以家的归属感。世界上所有伟大的故事都是这样产生的：不断讲述、重述给孩子们，再根据儿童的兴趣不断改写、修正，直到一个故事在事实的基础上被改写为最具教育意义的形式。孩子们应该及早熟悉这些世界名著的缘起及其主旨。荷马、修昔底德、希罗多德、亚瑟王、但丁、莎士比亚以及许多其他著名人物的作品都应被改写成能够发挥其最大作用的形式。所有这些故事及古老传统都肩负着宣扬道德的责任，且给人以精神启迪和美学陶冶。这些故事中展现了不同的人类性格及各种具有伟大意义的道德情境，能增强青少年抵抗诱惑的能力，且有助于其人格的形成。因而这些作品应构成学校阅读及补充读物的主要部分。道德价值是为儿童选择读物的唯一标准。教育的目标是培养儿童对于优秀文学作品的鉴赏力，在他们身上培养起阅读好作品的习惯，使之不屑于接触不好的作品，这样儿童其他方面的发展也就有了保障。在阅读中，不要急于期望儿童准确理解每个字句。有一些真理难以通过理智的方式传递，却能以某种暗示的方式注入儿童的头脑，以情感的、审美的方式被感知，并伴随儿童的成长在其心智中逐渐发展、完善。所有最好的道德课都是以间接或暗示的方式完成的。需要改写并提供给儿童阅读的不仅包括人类种族的故事，还应包括与国家有关的素材。通过这种方式，母语习语的使用成为一种习惯，爱国主义也被注入儿童的意识之中。敬畏、自尊、正直、诚实、勤劳、知足等优良品质也通过本国的文化和历史传授给了儿童。

儿童文学的第三种形式是那些关于原始生活的故事和传说。我们需要很多关于不同人类种族早期生活状况的故事：他们与自然和气候的关系如何；他们如何狩猎、游戏、编织、制造工具、烹调、进食、睡觉、战斗；关于他们的神话、宗教、礼仪、家庭和部落；他们如何应对生活中的各种问题；他们对于太阳、月亮、星星、树木、动物、植物、火、雷电、乌云，以及人类和其他一切事物的起源与灭亡等都是如何看待的。所有这些主题都适合于每一特定阶段儿童的心智，能够激发儿童的思考，丰富他们的情感，并引导他们向着理智与道德生活的更高阶段发展。

我们同样需要将适合儿童阅读的《圣经》节选和神的历史概要提供给他们。其中的人物和那些令人兴奋、能给人留下深刻印象的因素应被置于突出的位置。人类历史上的丰功伟绩与美德都应被搜集到一起，并以最好的形式呈现给儿童。

在这些作品中包容的词汇量是相当大的，词汇类型也非常丰富。拓展儿童词汇量、使儿童真正理解词语的唯一方法，是这些词语能够唤起儿童真实的情感与丰富的想象。虽然没有乐趣的阅读也并非没有效果，但快乐通常会增加阅读的功效。阅读一定要依循儿童天然的兴趣和热情去进行。阅读当中对内容的一般理解应置于首位，而非追求准确和枯燥训练。许多文学珍品不需去讨论，而只要先牢牢地记住，这些作品无论在意义还是形式上都非常适合儿童阅读，所以理所应当被儿童准确地吸收消化。这一点目前看来做得还非常不够。

所有这些读物推动儿童去突破狭窄自我的局限，并引导他们去关注人类种族的命运。在对所有人类种族早期文化的了解中，口耳相传是了解祖先故事的主要方式，而非阅读。那时的语言训练要更为高效，且故事的道德影响力会更大。通过讲述，故事成为讲述者人格的一部分，且在讲述中一些观念会得到反复地强调；而当书籍成为倾听者与讲述者之间的中介时，特别是当儿童自己阅读书籍时，这些曾被反复强调的理念淡化甚至丢失了。

如果说让儿童熟悉人类种族的少量经典著作是非常重要的，那么有必要让他再多接触一些。虽然对一部作品反复阅读，直到它融入儿童的心灵之中，被儿童充分品味和吸收，可以使儿童在道德和精神品质方面得到提高，但大量阅读的教育功能同样不能忽视。如果这一说法是正确的，且阅读对于儿童而言确实意义重大，那么最近的一个重要文化运动就是在学校建立图书馆。公共图书馆对孩子们越来越具有吸引力，且高年级教学越来越多地以阅读指导的形式开展。而同时我们也应对儿童阅读中存在的问题有所认识：阅读活动不利于儿童的肌肉运动，会减少他们户外活动的时间和兴趣，此外，激发儿童阅读兴趣的，读物，其价值、品味也可能良莠不齐。而目前，在很大程度上，教师对于何种作品最适合儿童仍旧一头雾水，对不同发展阶段的儿童需要怎样的作品也很茫然。总之，在儿童感兴趣的很多领域还没有很好的读物。然而开卷有益，一定要给儿童一个自由选择书籍的范围。不论在哪个领域，儿童都必须养成一种亲近好书的习惯。他必须懂得书籍的价值有等级之分，要具有识别好书的能力。只有当儿童养成了阅读的习惯，能够享受安静阅读的快乐，能够领略好的作品，在阅读指导方面学校才算完全发挥了应有的作用。这是衡量个体文化水平的重要指标。如果阅读兴趣被培养起来，阅读就变成了儿童自发的活动，即使没有成人的驱使，儿童也会自发地阅读。这样在进入高中之前，儿童就应已阅读过大部分世界经典著作了。他应当已经熟悉了所有经典故事的主题，如果提供给他的文学作品，不是由哪位文学大师所编写，而是出自一个了解儿童兴趣和需要的教师之手，他将从中学到更多。特别在青春期，阅读的首要目的是满足情感发展的需要。此时，文学作品的主要功能是预设道德选择，呈现灵魂发展的可能性，进而将兴趣提升到更高层次，满足青年对经验的渴求和对理想的追求。

在探讨了对阅读内容的兴趣之后，再来关注一下阅读的形式。阅读课老师不能忽视语法训练，因为这是重要的教学手段之一，也是精确语言学习的基础。其中，句法规则十分重要，大量的语句分析、分解训练对于培养语感也必不可少。

与阅读紧密相关的还有阅读的题材。阅读材料最忌呆板，与经过精加工相比，材料主题的新颖、大胆和独具匠心是更为重要的优点。不论是面对年长还是年幼一些的学生，作品主题既要触及他们的兴趣点，又必须与其情感、思维的自然表达以及想象力相联系。

不仅在低年级中，在中学和大学里，以下观点也普遍适用。语言训练作为一门正式学科，必须从属于这一学科的更积极的方面，如词汇的习得，以及把语言视为思维的工具。文学作品的道德价值以及它和其他学科的联系都应受到重视。当前在小学高年级和中学里存在的对语言学科的不满主要由以下原因引起：第一，外语学习用时过多。在语言形成期，这干扰了母语的学习，并容易形成一种语言学习的固定模式。第二，另一个影响语言学习的不利因素是，重视形式大于重视内容。语法学习被置于内容和词汇之前，且大量的时间都用在了对极少量杰出作品的反复精细阅读中。我们应当拓展阅读材料的范围，减少过度精细的讲解和对于作品体裁结构的过度关注。语法和语言学属于语言发展的最后阶段，用它们去取代语言习得与意义阐释的自然社会方法，是违背教学规律的。在青春期早期，这种对于语言学习形式与方法的过度重视是极为有害的。在这一时期，要尽可能积极鼓励儿童自由表达，而对准确、得体表达的过度要求则是不近人情的。

在小学高年级中，造成语言学习不理想状况的第三个根源是，语言学习的早期阶段过分依赖视觉来完成。就对人类心智的影响而言，口头语言在任何时候都比书面语言更加有效。口头语言如同音乐，它能够发挥情感效用，它所能传递的信息是印刷体文字所无法完成的。新近有一种以写作替代演讲的趋势，这易导致语言机能的退化。用阅读替代演讲也是一样。写作的习惯在种族发展过程中是较晚出现的，因此将其在发展的较早阶段提前教给儿童，违反了儿童语言习得的自然规律。儿童的语言习得不是通过写作来完成的，被迫使用写作这一方式只能限制、阻碍儿童表达能力的发展。口头语言表达与书面写作是多么不同啊！

导致语言学习状况变糟的第四个原因是对于具体词汇的重视程度超过了用以表达概念、理念及精神层面存在的语言要素。这种状况部分是由实物教学的大量使用引起的，这类教学将孩子们的心智束缚在了实际存在的物体上，因而阻碍了他们语言的发展。教学越来越注重部分而非整体，关注分析而非综合，所有这些都阻碍了语言向更高形式发展。虽说没有对物体的感知，思想就会失去依托；但眼下存在一种可见物体的“专制”局面，使那些无法看到的物体、受时空阻隔而无法放在眼前的物体都被忽视了。我们所用到的词汇就是那些对可感知动作和物体的命名。因此，我们应对儿童多进行一些符号化语言的训练，而不是只使用表象性的语言；在这种训练中，不只接触在时间、空间上接近的可见物体，还要去发现它们之间的相似性，这就需要抽象与概括。语言训练中若缺少了这一部分，则高级心智的成长将无法完成。创造性想象的缺失是当前年轻一代的最大弱点，这正是由于他们的思维过分与具体意象和表达这些意象的词汇相联结。创造力和想象力的缺乏是当代青年身上存在的一个重要问题。这正是因为他们的思想被一些具体的形象与描述所占据。

目前中学阶段的英语教科书已远远不能满足生活的需要。其编写方式过于正式，且将语言学习本身与那些本应相伴随的功能分离开来。英语课程的目标常常不是教年轻一代如何思考、如何阐明自己的理念，而是仅仅期望他们能用正确的方式来表达自己已有的观点。这种在当前中学英语教学中最为流行的教学方法是完全错误的，它过分关注语言的形式，而忽视了内容。尽管语言学习的形式也有其作用，但将其置于中心地位的做法无疑已经危害到了新一代的英语学习。

正在开展的青年心理遗传学研究给当前高年级母语教学带来了一些进步。实践中最需要的是一些保证思想与表达灵活性的具体方法。这二者不能分离，否则只能带来母语教学的失败。母语教学首先应当尽可能地激发思考，然后提供一种自由表达思想的方式。年轻人需要丰富词汇量，需要被鼓励去进行自由演讲，并少去关注语言表达的形式。但当前语言教学的方法恰恰失误于此——语言教学中对学生的严格要求、有错必纠，只会增加学生的自我关注。过分关注自我的学生常常因担心受到批评而害怕去表达，无论是口头的还是书面的。与此相反的方式则会好得多。鼓励语言表达的新异性和个性化，甚至鼓励俚语的加入，这些都会无形中拓展思维的边界。新颖、有活力的思想很难用准确的语言表达出来，因而用语法规则去检验年轻人的深层思想无疑是极其错误的做法。

适合年轻人高级母语学习的阅读材料其实有很多，却只有很少的一部分在使用之中。伟大的民族史诗包含着鼓舞人心的主题，最能催生年轻一代的思想和情感。这类作品都有着强大的道德精神的内核，只是简单地阅读，不需细细研究其内容，就已经很有教育意义了。在其中，有着对年轻人充满吸引力的各类人物形象以及各种令人震撼的、戏剧性的情节和事件。特别是北方的神话，十分庄严神圣，尽管不如南方神话那样优美完整，却是年轻人最好的精神食粮，是母语学习的最好材料。在这些作品中包含着现代绅士理念以及中世纪骑士精神的起源，道德与审美紧密相连，内容重于形式；且所有作品都是从激发情感入手，都是诉诸情感而非批判与分析。

但是在中学阶段阅读的兴趣不应局限于文学作品，年轻人都应当阅读一些自然文学以及现代科学方面的作品。十多岁的男孩对于科学、探索、发明以及机械领域的前沿问题充满热情。这些对于语言发展来说都是很好的素材，有利于推进母语的学习。年轻人一定要拓宽阅读面，并要学会掌控、选择书籍。表面上看，人的思维会受到各种新兴趣的影响，且会向不同方向发展，但实际结果则是思维与情感能力范围的拓展。学会使用图书馆是一种重要的能力，通过阅读图书馆里的书籍，可以对很多不同文学形式有个大体了解。有一类肤浅的阅读尚未引起母语教师的充分注意。通俗小说阅读的风靡对女生而言尤其有害，这种现象的出现部分是由于学校提供的英语阅读材料数量有限，不能充分满足年轻人的情感需要和对各种经验的渴望。男生能够更自由地按照自己的兴趣去阅读，因而情形会好一些。他们通常会选择一些大体上较为常规的文学作品，这些作品会以男性美德、冒险精神以及切合实际的兴趣来教导人。然而，有一类将犯罪理想化的文学作品是有害的，而这类作品又通常会受到男孩的欢迎。

戏剧也是一种可供进行语言训练的重要资源。在戏剧中，生动的情感、动作和语言以一种特殊的方式组合在一起，最能够激发思想、感情与表达。无论是观看还是出演一场戏剧，表达能力都会有所提高。

在青春期进行母语训练还可采用讨论或辩论的形式。在青春期初期，竞争的本能通常会激发自我表达的热情，这无疑是语言教育的绝佳机会。在辩论中，年轻人会将所有的现实兴趣围绕论题集中起来，并用语言有力地表达出来。此时，人们关注的不会是语言本身，而是其呈现的内容。当有一个深层的旨意需要表达时，就无暇顾及语言的形式；或许表达方式会显得粗糙或违背常规，但首要的是正确达意，修饰和完善语言形式是次要的工作。这一阶段的主要收获就是年轻人自己创造的而并非通过正式的主题习得的实用且独特的语言形式。在正式的语言训练中，孩子们只会去模仿而非创造，他们会效仿经典的表达范式，却并非出于兴趣，如此效仿最终会妨碍其表达。然而，在辩论当中，个性会得到表达和彰显，辩论为年轻人提供了发现自我，运用语言去创造思想，表达个性的真实的社会情境；在其中，他们感觉着自身的语言风格并从内部塑造着自己的语言。

第十七章　外国语

学校中的外国语教学需要考虑的问题很多。外国语教学的价值需要被认识，同时开始教学的时间和方法也需要更为合理的安排。学习外国语最好的开始时间是8到12岁之间，因为这是词汇记忆的黄金时期，此时的儿童可塑性强，能够接受机械、枯燥的学习和训练，也易于养成准确的发音。如果能在青春期到来前，让学生用阅读的方法来学习语言，特别是一门不再被使用的语言，掌握其语法规则和大量词汇，则可省去日后大量枯燥的训练。过度学习语言的情况普遍存在，这些时间本应用在对内容的学习上。

当下我们的语言教学正受到来自拉丁语入侵的威胁，外国语学习的价值如何，已经“死去”的语言与当前运用的语言何者更值得纳入课程，这些都需要重新探讨。但如果拉丁语当中包含糟糕、陈腐的文化主题，则不应再占据学校课程的大量空间。而当前的情况是许多中学生除了代数以外，只重视拉丁语，各门学科的地位都在下降，甚至是希腊语课程也在逐渐减少，而拉丁语课程的比重却上升了50%；历史课程教学在缓慢进步，但也是在以一种形式化的方式通过文学作品来传授。所有情形都显示，当前中学教学中形式的学习远远重于内容的学习。尽管更多的孩子开始学习拉丁语而不是其他语言，但同时也有许多孩子很快就放弃了；这就是中学里大量学生辍学的普遍原因，因为他们无法从学习中找到乐趣。类似的现象还有旷课、逃学，究其原因都是年轻人的求知欲在学校中无法得到满足，心灵也得不到滋养，他们开始变得焦躁不安并尝试寻找新的栖息之所。形式化的学习无法让他们感到满足，他们的内心越来越贫乏、饥饿，因此开始到学校之外去寻找有趣的刺激。

拉丁语学者宣称，一种“死去”的语言虽然不再被运用，但这恰恰使得其文化价值得到提升。通过将语言和内容相分离，心智训练的价值因语言形式与内容的分离而增强，且翻译训练也具有教育意义。但这种观点存在很多问题，其中最大的错误就在于教授一门“死去”的语言违背了遗传心理学的基本原则。在青少年的智力与情感强烈渴望得到滋养的时期，却要求他们学习一门只重形式而轻视内容的语言。拉丁语教学不论在道德还是文学素养的培育方面都毫不用心，作为语言学学科中新近崛起的分支，拉丁语教学只关注语言结构的正确性。拉丁语教学中翻译方法的使用，在青少年语言发展最易受到阻碍、窄化影响的时段，干扰了其母语学习的自然过程。青少年的智力领域并未因为同时获得两种语言而拓宽，而是将一种语言的传统与现代形式混合在了一起。为了正常的自我表达，他甚至开始使用俚语或其他出格的语言形式。学习“死去”的语言，往往会使青少年对古代语言的模式感兴趣，并更倾向于回顾已逝去的时代，而非展望未来。学生的拉丁语学习很难达到专业程度，他们也不能做到用拉丁语来思考问题，就连翻译练习也不尽如人意。语言通常要用来描述现实生活，思考现实问题，而拉丁语却不具备这些功能。因为究其本质，拉丁语已失去生命力，只余下干枯的外壳而已。

在当前时代，实用性是衡量一切的价值标准，知识的价值体现在应用之中。期待通过某些特定科目的学习获得某种一般性能力，待该能力形成后，又在各领域发挥作用，这是不可能做到的。推理、想象、记忆等智慧能力在其本质上是分化的，因此在教育中也需要分别去形成。越来越多有才华的美国人竞相投身商业与政治领域，而我们则需要更多地去了解如何站在现代视角去看待一切，看待当前与未来活生生的现实问题。综合这些因素考虑，不难发现拉丁语已经失去了用武之地。和其他课程相比，拉丁语教学的内容和方法都显得陈旧过时。一些拉丁语教师甚至认为，试图使教学变得有趣是错误的，他们看重的是枯燥的翻译活动所包含的训练价值。

如果要将拉丁语这样的古老语言纳入课程，那么其教学方式就应符合现代教育学和心理学的要求。如果我们对学科教学法足够了解，则许多古代经典著作可通过母语进行学习，同时理解语言的意义及其表达的生活必定先于语言结构的学习。在所有外语教学中，应当首先带着对内容而不是语言的兴趣进行粗略阅读。初学者应该听老师朗读并与老师一起读。使用词典学习语言通常是一种时间和精力的浪费，学生很难从阅读的内容里获得灵感，可能很快放弃学习，因为这种方式很难激发儿童学习的兴趣。

与“死去”的语言相比，现代外国语拥有很多优势。其一就是现代语言能够越过翻译这一阶段，更容易习得，此时学生就能够掌握两门语言，可以用两种语言来思考，而不会像学习了大量希腊语、拉丁语之后只得到一种混杂的语言。其外国语学习可以为智力发展打开新的前景，再没有比学习外国语更能激发年轻人对于外国人思想行为的兴趣了。对于我们这个在语言方面相对独立的国家而言，对这种基于实际动机的语言教学是十分需要的。因此，在最适合学习语言的阶段，应当把更多精力用于学习现代外国语，而少花费一些时间在古典语言的学习上。口语教学的方法应被视为首要方法，并且对于内容及其应用的关注应优先于单纯的阅读和对语言结构的学习。这样，一个学生很快就会对他所学语言国家的人们的生活产生浓厚的兴趣，既学习了语言，也拓宽了他的视野。除非我们所教授的语言能够成为一种长久拥有的常用工具，不然我们外国语教学的目标就没有达到。所有语言学习从来都不只是为了语言本身，更不是为了语言结构的训练，而是为了丰富生活。外国语学习应当一次只学习一门，而且正式学习应在10岁以后开始，第二外语的学习应再推后两年。

第十八章　自然科学

人们所有对于自然科学的迫切需要和研究方法都源自对自然的热爱。目前过于组织化的自然科学课程正将我们置于某种危险之中——科学教学正在剥夺儿童对于自然的自发热爱，且使人一点点地远离自然。对自然的研究不仅能满足我们对知识的需求，同时也能满足我们情感的需要，甚至是对宗教的渴望。自然科学课程必须诉诸儿童的实际兴趣，它应时刻与儿童的日常生活保持紧密联系。而在现代城市生活中，儿童已被迫远离了那种以己为师的自然学习的环境，在某种人造环境的影响之下，他们的心智发展脱离自然，他们对自然感兴趣的阶段被打断，而属于成年人的兴趣被提前安插在他们身上。自然科学课程的作用就是使儿童回到自然中去，弥补其成长中跨越的兴趣阶段，儿童与自然之间的联系比我们所了解的要多得多。因此，自然科学课程应被视为教育的基石之一。科学、艺术、文学及宗教是学校课程的四个主要分支，且每类课程都能从自然研究中寻找到起源。因此作为课程目标之一，每类课程都必须培养儿童对自然的热爱。这是此后一切兴趣的基础，且如果个体对自然的热爱没有在童年获得，到了高年级也无法再获得。

对这一观点的重视是当前课程中对自然学科兴趣的加强的原因。在低年级，这一变化已经发生；但在中学、师范院校以及大学当中，改变才刚刚开始。教学的方向要与自然的兴趣及对自然的热爱保持一致。近些年，为儿童写的自然类书籍快速增长，就是教育中自然观念不断生长的最好证明。

在向儿童教授自然课程时，必须遵循人类种族认识自然的顺序与步伐。因此，在儿童的科学学习中，应先从神话与现实中的科学入手，再学习一般性、理论化的科学，最后接触精密、严谨的纯科学。对年幼的儿童来说，神话与现实两个世界是并行存在的。在若干年里，儿童都会为自然中的现实方面所强烈吸引。他们都是年轻的实用主义者，对那些可以利用的东西很感兴趣。因此，自然课程很容易就能激发儿童的兴趣，这一兴趣能够减少日益增长的各种限制、终日久坐以及学校制度化之害，而将自由活动的精神融入学校工作之中。

与无生命体相比，我们往往对生命体更感兴趣。人类对于动物和花草树木怀有最深切的情感，其次才是星星、天气、季节、岩石和水晶等。到目前为止，自然教育中尚待开发的重要领域就是动物研究。在儿童成长的特定阶段，他们与动物而非与成人更加接近。人类祖先在动物驯化中的大量心理反应已通过遗传，储存在我们的头脑之中，只要以正确的顺序加以运用即可。女性驯化动物的本能比男性要强，这一点在儿童身上也能看到，这正是自然课程得以开展的基础。

在当前的主流学校教学中，我们太过低估年幼儿童学习自然课程的能力。在最初阶段，地理课程首先应当成为自然教育的主要科目，引导儿童走到户外去认识自然环境和各种人类活动，并将这种兴趣延伸至更广阔的自然和人类生活领域。然而，现实中的地理课程却主要依靠教材来呈现，内容的编排缺乏连贯性，且忽视了种族遗传的认识顺序及儿童的兴趣阶段。面对包罗万象的美国地理，只有找到其中的内在联系，才能将其优势显露出来。地理课必须被视为一种激发多学科兴趣的工具。为此，我们需要为儿童提供一些与地理学相关的各门科学的启蒙读物。如天文学领域的概要性读物和有关地球的故事就十分重要，后者不仅涉及自然风光、海岸、山脉、河流和沙漠等，对于矿藏与采矿业、侵蚀和气象现象等也有呈现，因而可作为古生物学和地质学的入门读物。植物学的引入也十分重要，它会向儿童讲述人类祖先的活动，介绍关于林业和木材使用、植物栽培以及农业的历史。小学动物学课程应当体现自然历史乃至经济学、材料学的基本观点，涉及不同种族及其生活方式；公民课则应以培养积极、智慧的公民为要旨。

在教学中，地图、图表和示意图的使用只会让儿童远离自然事物，因而少用为妙。[①] 地理课程教材也只是作为学习的参考，而不适合细致研究。收集自然界的大量图片并将之呈现于儿童眼前固然重要，但一定要将儿童的兴趣中心引向真实的户外生活。

如果将遗传顺序（基因包含的内在秩序）作为教育教学工作的基础，那么就要关注青少年自然兴趣的重新恢复。不论是相关的神话或实践，还是概括性的理论都应被置于首要的位置，而对于形式化和精确的过分追求则只能放在次要的位置。以科学自身为目的的纯科学探索是在种族发展晚期才出现的，因此在儿童成长过程中也应晚些出现。精密分析与形式研究则应属于发展的最后阶段。在遗传顺序中首先出现的是神话性和情感性的事物。太阳和月亮的神话以及民间传说以一种理念性的形式呈现，必定优先于所有机械性和科学性的解释。随后在实践层面的主要考虑应是日常生活与自然的联系。自然研究必须在田野中进行，而非在实验室里。在接下来的应用阶段，如何将科学高效地应用于卫生保健、机械装置、商业及手工业当中是个重要问题，儿童必须了解各种自然力如何为人类所利用并创造价值。最后出现的才是立足科学自身的纯科学探索，此时科学已从神话、遗传以及实用的

---

① 作者为强调户外生活经验对于儿童自然科学学习的重要性而提出此观点，似有偏颇，请读者注意辨识。——译者注

考虑中解放出来，科学发现的唯一动机来自对真理的热爱。

种族发展的历史以及对于青年人天性的研究都表明，自然课程的开展首先需要一种自然崇拜的情感作为底色，并以一种尽可能综合的方式引入，即将其与所有人类生活的重大主题和各种前沿学说相联系，并包含具有诗意的和民族特色的综合分析。这是一种将宇宙视为整体的课程视野。

通观自然教学的一切方面，我们发现种族进化的原则才是教学得以开展的基础。在生物学中，遗传、变异、复演、自然选择与人工选择、生存斗争、种族发展历史、古生物学等，所有这些重大主题成为中等学校实用科学课程的重要组成部分。在所有科学当中，宏大的、具有一般意义的主题必先于细小、特殊的主题而出现。

当前所普遍实施的科学教学是在对儿童的天性施以暴力。本应以整体方式呈现的科学教学往往在分类进行，先学习拉丁名称，随后进行解剖、分析成为教学常规。过分精确的观察、记忆和对于物体外形的描绘，显微镜的过度使用和对科学公式的过分关注，都在损害儿童对于真实自然的兴趣。此种教学训练将儿童变成了大自然的中立旁观者，而非自然的热爱者和参与者；在儿童本应与自然亲密接触的时刻，却让他们感到自然是那样沉闷而遥远。眼下的自然教学无法给儿童提供一个能够激发他们健全自然兴趣的园地。

宏大的一般性问题可以先于细小的特殊性问题教授的遗传学观点，在生物学研究中也已得到印证。这一思想应渗透到一切科学教学的方法之中，不论在有生命或无生命的自然学科的教学中都要使用。如一切对于人类自身的研究必须始于其血统和最原始的思维、情感模式，始于其艺术形式、生产行业、社会生活与文化的进步以及科学、道德和宗教的发展。

在目前中学所教授的物理学中，由于缺乏遗传学方面的考虑而带来的后果表现为，即使是最好的教学与最专业的课程计划也无法激发学生的学习兴趣，且在整个国家中，该学科的教学质量都处在不断下降之中。物理学是高等教育中所有科学的基础，若能被正确教授，它将是所有学科中内容最丰富的一门课程。而目前的问题恰恰出在物理学的教学方法上，这种方法无异于对青少年本性的暴力攻击——我们正在尝试让中学生去学习大学水平的功课。当学生本应去亲近自然时，却只能埋头于各种数学公式之中。这样的教学包含了太多量化和琐碎的工作，数学的比重太大，力学的分量又太轻。学生需要了解一些基本的力学问题及相关前沿研究，他们渴望了解伟大科学家的故事，希望看到演示实验。总之，他们正处在大众科学的阶段，受控于一种追求实用的本能。科学原则应当更多地被应用于孩子们感兴趣的东西上，并被用来解决他们日常生活中遇到的问题。科学教学应当与学校中其他学科的教学和活动相协调，如手工训练与自然科学的结合就能使年轻人运用科学原理做些实际的事情。在这两个科目之间存在许多可能的联结点。男生通常会对制作实验设备感兴趣，在他们眼中这些设备都具有“魔力”。各式玻璃器皿、温度计、发动机等工具以及机器的制造，将年轻人引向科学原则的中心。摄影活动也应包含在其中，因为不论从实用还是科学的方面来看，这一活动都极有价值。很多物理学原理都能够通过如书籍制作、橡胶工业及其他产业等实用性工作来传授，而这种方式恰恰最能够激发学习动机和兴趣。

另一门需要将进化的观点应用于其中的课程是中学的植物学。这门课程最适合女生。如果能够明智地选择教学方法，那么女生对于植物的了解以及对植物的种植和照料将会激发她们浓厚的科学兴趣。而现实情况并不尽如人意，植物学课程常常围绕着对拉丁文名称的搜集、分类、分析和学习来进行，这就将学生对于真实自然的兴趣与对自然学科中深层问题的思考分离开来，因而缺乏教育价值。这门课程若能以适当的方法教授，则能成为令女生受益最大的课程。

遗传学发展的原则已清晰表明，植物学兴趣的唤起是有序可循的。最初是“民间传说阶段”，从其实践特征来看，这一阶段儿童对于自然的兴趣从照料植物的生长被引向更为明确的方向。想象性与实用性的动机都应当被用来激发教学工作的热情。这是个体欣赏自然生活、拓展精神内涵的良机，同时也能够激发现实生活中的行动力，拓宽个体对于工业和社会生活的兴趣。

植物学研究同样应当从最基本的问题着手，如受精现象，可从开花和昆虫的生命现象入手，进而以一种客观的方式呈现有关性的全部哲学。学习植物学的历史也是必要的，学生需要了解那些为科学做出贡献的伟大物种，把握该学科的重要主题和理论的发展。同时，了解一些关于植物的学问：一方面，认识那些充满神秘色彩的和被赋予了宗教意义的植物；另一方面，要了解与植物有关的一些实际问题，如植物与疾病、生存竞争及工商业生活之间的联系。以上内容的学习都应伴有理论知识的引入。而实验室活动只应占据很小的比重，标本临摹也是一样，因为植物学的教学并不主要依靠标本来进行。实验室里的实验活动也不是主要的，因为植物学的大多数教学活动会在田野中进行。只有如此，大自然才能完整、鲜活地呈现在年轻人面前，而此刻标本、实验等工具、方式就不再重要了。只有将宏大的和自然的方面呈现给年轻人，他们的情感生活才能与大自然保持有机的联系，而这种联系对处于青春期的他们来说是至关重要的。

第十九章　初等数学

数学通常被视为推理与假设的学问，这赋予了它在官能训练中特殊的地位和价值。在数学教学中，证明的过程是最为重要的，且在此过程中，要指导学生把握每一步骤之间必要的逻辑关联。这一观点在当下的数学教学领域流行甚广，而其中包含的谬误正在将学生引向对数学基本概念的误解，这不仅仅是对数学的教育功能的误解，更是对数学自身本质的曲解。事实上究其根源，所有数学的分支学科都属归纳的学问。正因为归纳法在这些学科当中已被运用得迅速而彻底，我们才得到了一个可以应用在推理演绎当中的广阔的理论体系。数学在教育中的地位取决于我们对它的理解。儿童的学习、成长复演着种族发展的历史，因此在对数和数量的学习中，儿童首先应以直觉的而不是逻辑的态度去面对。“证明”在数学科学的发展史上出现较晚，因而应当晚些出现在儿童的数学学习中。

根据我们作为成年人或数学家的体会，“数”是一个复杂的概念，以幼儿的头脑去理解“数”的起源与地位并非易事，它是时空观念的根源。从时间角度看，数学意味着不断地集中注意去进行区分、辨别，并包含着以此为基础的对整数有节律分组的倾向。几乎同样的过程也发生在空间当中。自然的区分和归类是通向对几何和空间操控兴趣的起点。因此，我们所有的算术和几何概念都是以最原始的连续性理念为基础的，而这一概念的产生始于最简单的注意行为。这种注意最终发展为计数，这在儿童对数字形成清晰观念和意识之前就已出现。在这种原始的连续性中，儿童学习将名称与物体关联起来，但最初他们计数并非根据眼前事物的具体数量，他们对于数字序列的单纯兴趣早于计数能力的发展。这些形成数字序列意识的原始行为，是数学学习的基础。因此，算术并非起源于处理数字和数量的理性过程，而是始于自发、惯常的行为之中。

目前学校中算术教学的关键点就在于利用人的数学潜质，遵循遗传学秩序的要求，提升人对于数字系列的操控能力。因此我们认为，此前数学中的某些方面在教学中被错误地强调了，且太过急于追求一种知识性的获得和形式化的步骤；书面作业布置过多，且太早让儿童接触大数字的计算。许多实践活动和实物教学方法都不符合心理学的要求。与此相对，数学教学应从最小、最简单的数字开始，不可要求儿童去生硬拆分计算步骤，而应努力激发并指导儿童对于数字的天然热情，使其思维能够灵敏应对各种情况的变化，从而更好地掌控数字。教学应主要以心算和口算的方式进行，这样就不会将孩子的思维限制在所见或所接触的实物上。教学活动应利用形象思维来完成，而非运用抽象概念。在一种包含着联系的思维当中，我们可能尚不了解利用儿童对于数字形式的天然兴趣（代表了儿童对于数字与空间关系的最初尝试）究竟能去做些什么。在自然算术领域，儿童对于数字系列的掌控能力有时是惊人的，必须努力开发儿童这方面的潜力，因为这正是未来一切数学活动的基础所在。数学教学的目的是：确保儿童思维敏捷，能在压力环境中集中心智力量专心演算，同时避免疲劳发生。只有在这样的教学中，种族遗传的秩序才得以保存。使用尽可能原始而直观的教学方法，避免教学内容对于儿童而言过于抽象或缺乏意义。在这里，所有算术的较高阶段的内容都已被包含其中，由于小数字的使用，整个演算过程并不显得复杂。在归纳了各种计算模式之后，我们得到了所有的演算过程：加、减、乘、除、分数、百分数及所有其他算术的基本过程。书面计算的最初应用应始于在口头计算中业已熟悉的小数字计算。

同样在开始几何学教学之时，我们也须以儿童对于直觉空间的天然兴趣为基点。所有对于几何学的天然兴趣都必须发挥其作用。发展儿童的审美空间设计与归类的能力，以激发其心智活动，并运用适当手段去激发他们在算术、几何学习中所需的观察能力。如此做法遵循了种族发展的秩序，以上方式先于明确的、强调逻辑的几何作图而出现，是日后培养心智能力的必由之路。大量证据显示，在设计与归类中具有特殊能力的人，他们的思维具有某种特殊的魅力，而这部分人比仅仅掌握几何学抽象概念的人要少很多。这恰是学校中几何教学存在失误的证明。在教学中，应通过包含分层或点群的图表、纵横图、数谜游戏等方式激发儿童的兴趣，这些能够令儿童体会到数字与空间关系的神秘与魔力。

在数学教学当中，那些教科书、传统教学方法之外的各种方法并非不重要，只是教师对这些知之甚少。许多游戏非常适合用来训练儿童对于数字与几何关系的感知：多米诺骨牌和骰子是不错的数学教具，裁纸、折纸等创造性游戏有助于激发儿童对几何的兴趣，迷宫、单人纸牌、国际象棋、拼图游戏等也是算术、几何教学的理想用具。绘画与数字描图也是对数学能力的锻炼。对雪花等晶体模型、数学戏法、魔术的研究，都能增长并拓宽儿童对数学的兴趣。以上这些途径和方式对于儿童的数学基因都具有天然的吸引力，是发展儿童数学兴趣的便捷方式。

所有事实与原则均显示，在对低龄儿童进行数学教学的过程中，一定要以自由的精神活动为目标。在儿童的日常生活中，其思维的内容比能够明确用言语表达的要多得多。因此，最初实用数学只居于从属地位。然而学习实用数学的关键期一旦到来，就应当通过与工商业活动紧密接触的方式集中进行教学，如与木工测算、银行业务和会计核算等方法相结合。我们应当求助于应用数学家，从他们那里获得一些专家方法、捷径以及设备，而不是让过分重视知识系统性的教学损害了儿童在数学方面的可塑性与兴趣。此时，数学教学工作必须由实际的兴趣来主导，正如同在学习掌控数字序列的阶段，对于数字兴趣的自由表达必须居于主导地位一样。所有这些工作，特别是三年级以后的数学教学，应当由更具专业水准的教师来承担。如果教师对于数学及其实际应用能有一个融会贯通的理解，就能在教学中节省大量的时间和精力，没有哪一科目像数学这样需要专家型的教师。正如精确科学一样，将逻辑证明视为其理想的精确数学是在人类种族发展的历史上最晚出现的，它的出现以先前各阶段的发展为基础。因此，精确数学的教学理应在教学进程中最晚出现。

第二十章　历　史

决定各门学科能否入选学校课程的决定性问题有：这门课程为什么而教，它的目标是什么，以及它能够给儿童带来什么。历史是一个异常广阔、复杂的学科，包含着许多从不同视角介入的研究，这门学科有太多被纳入学校课程的理由。历史学科的功能是什么？它是否应当首先教授人类社会发展中的因果规律？历史课程的主要目的是教人如何学习这门学科吗？历史是要教授人们以顺时的视角来看待问题，将事物看作发展的结果吗？或者实用一些，能否将历史视为教授国家和社会职责以培养理智公民的课程？认为历史就是政治史的观点，会使历史成为一门主要为男生开设的课程吗？历史的功能是为文学、科学及其他科目的学习提供背景知识吗？开设历史课程的目的是拓展年轻一代的视野，使他们成为能够适应不同时代和环境的公民吗？

所有这些不同时期提出的关于历史学课程的看法都是不完全的，这些都是看待历史问题的重要方式，但不是全部，也不能代表终极真理。历史课程最主要的目的是传授道德，塑造儿童自然的良好品质，激发他们对于道德行为的思考与兴趣，教他们如何区别善与恶、正义与非正义。特别在青春期，历史课程的道德教育目的更加不能轻视。其教学方法与内容主题的选择都要依据道德教育的目的。历史课的使命即促进学生智力的发展，同时培养其服务社会和无私奉献的良好品质。

为了能更好地实现历史教学的目的，学校必须做出两方面根本性的变革：其一，学科内容必须得到完整的呈现和高效的教授；其二，教师需要有深厚的知识储备和充分的教学准备。

受过专门训练的历史教师是极为缺乏的。历史教学要求教师热情洋溢、学富五车、擅长讲授、方法灵活，且在大量专业阅读与思考之中不断成长。只有这样，对学生具有启发性、充分利用各种课程资源的历史教学才不是空谈。此外，历史课程的课时应该增加，应当扩展至每一个年级，且应该为更好地适应不同发展阶段学生的需要而努力。

在最初的教学阶段，历史教学可通过讲故事的方式来进行。对于这些故事的热爱，就是孩子对历史产生兴趣的开端。这些历史故事应被改写得更具艺术性，“讲故事的艺术”也应列入师范院校的课程中。历史课程应带领儿童回到种族起源的神话传说及童话故事中去。随后，从《旧约》中选出的故事应成为历史课的主要内容。在儿童发展的特定阶段，这些内容会激发他们戏剧表演的热情以及对于战斗和法律的热爱。在《奥德赛》《挪威传奇》及莎士比亚、希罗多德、李维和色诺芬的故事中进行选择性讲解，则能启发儿童对于历史的见解与兴趣，为日后更准确、深入的历史学习打下基础。

第二阶段也即历史教学的浪漫阶段出现在个体的青春期，大约是十几岁时。那些在任何地方都没有发生，同时在任何地方又都可能发生的历史，在个体发展的特定阶段，对其内在力量有着极为重要的影响力。历史必须传达正义的力量，这是推动人类社会一代代不断进步的力量；教师偶尔也需要引导有关对正义问题的辩论。到16岁时，可向年轻人讲述圣约翰、亚瑟王与圆桌骑士以及圣杯的古老传说，现今这些故事已被赋予崭新的意义，并成为人类历史文化中最吸引人的部分之一。这些历史与晚近的地方历史相比，与年轻人的心灵更加贴近，因为只有年轻的世界才是年轻人的家与归属。历史性材料是学习文学和语言的最好材料之一。为了便于年轻人使用，许多古老文学需要重新修订。从前长期以口头形式流传的那些文学遗产比我们现在所能理解的具有更深厚的价值，因为那些故事中的道德观念得到了最充分的表达，并且对于年轻人天然的、尚未形成的道德观具有不可抗拒的影响力。能够使年轻人有能力分辨善恶对错、正义与非正义，这便是最好的教育。年轻人对于围绕伟大的伦理命题组织的历史事件十分感兴趣，在满足他们特定阶段的道德需求方面，这样的材料具有无可比拟的力量，对他们有着最为重要的教育意义。

如何选择历史课程的教学方法，这是一个困难而复杂的问题。被教授的历史应当属于已完结的时段，看起来是可靠的。在目前历史教学的方法中存在的一个错误需要纠正，即不应对历史的统一性和连贯性太过强调。在大学阶段之前的历史教学不必过于强调历史的连贯性、完整性和统一性。若想发挥历史教学深刻的道德影响，必须选择那些吸引人的、能给人留下深刻印象的材料，而不选择那些枯燥的只体现因果关系的系列材料。儿童只有被吸引、被打动，才可能汲取其中的道德内涵，因此不要让孩子学习过多的事实性材料，也不要对其进行判断和推理的训练。当前的历史课程对于学生而言是预设和静听的，且包含太多对于记忆力的测试，这些都将历史学习变得肤浅。这些错误做法普遍存在，主要是由于教师缺乏专业素质。教师对于教学材料准备不足，致使他们只能进行很短时间的教学，将本应用来启发、建议的大量宝贵时间都消耗在了对学生背诵的检查上。历史教学中普遍存在的另一个错误即过于强调对于历史知识的学以致用，急于将历史知识应用到政治、商业及当下的许多问题之中去。历史教学必须传播正义的力量。历史教学须触碰、唤醒个体的宗教本能，帮助其建立起一种个体与广阔时空之间的常规关系，使个体能够从最广阔的方面去思考个体生活的意义。历史教学还必须参考现在与未来的相关情况，以回溯或展望的方式展开教学会给人以更加真实之感。

若历史教学被寄予这样的期待，则对教师也就提出了更高的要求。一名历史学科的教师必须掌握大量的课程资源及丰富的教学方法和手段。因此，为教师提供大量的资料支持、供其自由选用是必须的。除地图、曲线图、资料图片、表格及重要数据以外，立体投影和电影技术也应引入历史教学之中。在教学过程中，不要过于关注准确性和细节，因为这样可能影响学生对于主要观点的学习。教师只要能够充分传达信息即可，不必为内容缺乏系统性或肤浅而担心。教学方法有很多种，很难说哪一个是最好的，教师要做的就是选用适合自身教学需要的方法。口头交流与叙述是教学的重要方法，教科书仅仅被当作基础性材料来使用，课外读物也是必需的。到了中学阶段，学生就应去学习使用原始资料，做大量的笔记、口述记录及资料工作。可以适当采用课堂讨论的方法，但若过多采用这一方法，并且效仿城镇会议、国会会议等形式，则会使学生变得好辩而肤浅，而这恰是一种在我们的学校与民族性格中正在流行的倾向。学生的职责是学习，教师的职责是传授知识与道德。历史应被当作一个有待讲授的故事，而非一门正待填塞的课程。在这个无比丰富的学问领域，仅仅传授知识是不够的，历史必须被正确地教授，这就给了历史课教师非常大的机会与空间。但同时，如果他无知、冷漠，对于学生的需要缺乏全面的认识，则造成的失败也会是最彻底的。成功与失败的历史教学的最大区别在于：前者帮助年轻人形成将影响其一生的道德信念和行为方式（这是任何科目的教学都无法企及的），而后者仅仅传授一些历史年代和史实。

第二十一章　音乐与舞蹈

自问世之日起，音乐心理学在教育中的重要作用就不容忽视。音乐作为一种情感的语言，它超越了其他任何一种表达方式；因而音乐文化是所有学科当中最自由、人文色彩最为浓厚的，甚至文学也难以与之媲美。故而唤起人们对于音乐教育的意识是十分重要的。在美国，不论是学校，还是在其他地方，音乐的品质都是低劣的；生活在一个感情淡漠、疏离的国度，我们的情感生活正在变得日益枯燥无味。而音乐恰恰能为我们增添丰富多彩的新体验：它能将我们从虚伪和坏情绪中解救出来，充实我们的生活，使我们更加富有活力和表现力。因此，音乐不只是为那些有天赋者准备的，它应当属于所有人。音乐教育的任务就是让所有人都能欣赏音乐，享受音乐的教育功效。

若要探寻对于音乐力量的深层解释，则可以说，音乐是对人类心智的一种更广阔、更深刻的表达，这种表达相比个体意识的范畴要宽广、深刻得多。音乐起源于人类祖先的远古生活之中，因而对于人类种族有着巨大的吸引力。节奏是音乐的基本特质，人类心智对于节奏有着某种呼应感，是因为从最初的原生质生活开始，节奏就在生物体的感觉中发挥着作用，它已融入了有机体最基本的生理过程之中。生物体内节奏感的产生远远早于听觉。音乐的功能就是唤醒存在于我们身上的祖先的经验，并刺激尚未发育完全的心智器官的活动。在聆听音乐的过程中，我们便走入了种族发展的历史之中。祖先所经历的爱与恐惧在我们的头脑中回响，进入我们的意识深处，却难以被清晰地理解或表达出来。在音乐中，我们体验着先辈的欢乐与悲伤、胜利与失败、渴望与期盼、得意与沮丧。在这过程中，我们突破当下局限，去追求未来、追寻理想的冲动被激发了出来。与受自身个性与认识局限的人生相比，在音乐当中，我们将体验贯通过去与未来的更为宽广的人生。音乐是人类共有的语言，它使人类心智参与到宇宙的完整意义当中，仿佛对个体从种族整体中分离出去之前的历史怀有某种记忆。这就是为什么不需任何意识、观念的帮助，音乐就能激起我们的种种情绪；这就是为什么音乐让我们感到这个世界既有“法”的约束，同时又赋予我们自由，仿佛我们生活在一个万事皆可能的世界之中；这就是为什么音乐能够激起幼儿的回应；这就是为什么音乐能够在易感的心灵中绘制出自然的图景，营造出某种氛围。

只有音乐的价值得到正确阐释，其重要性才会被充分认识，音乐教育的目的才不会遭到误解，音乐的态度和精神才能完好地传递。音乐教学的第一步是培养学生对音乐的感受，这就要求学生去熟悉世界上大量经典的音乐作品，并将兴趣点放在体会作品本身想要传达的意义上。关于音乐的知识、技巧、结构、音调等的重要性不如前者。音乐理论不应在最初的音乐教学中出现，甚至到了中学阶段，理论教学仍旧是次要的。幼小儿童能够感知音乐中包含的内容与意义，且被强烈地吸引着。在聆听音乐的过程中，儿童将其情感与音乐的主题融为一体，这是情感领域的活动，而非意识的；节奏、音乐及诗歌是帮助儿童体会古老神话主题的最佳方式。音乐会向儿童讲述他的家乡、国家、旗帜、宗教以及自然等内容主题，且会培养与这些主题相关的情感。儿童应当对音乐产生的历史背景有所了解，音乐背后的故事应当与音乐相伴而行。只有这样，才能通过音乐展现不同时代的特征与事件、伟大人物的思想灵魂以及种族的全部历史。

远古时代音乐的起源，为当下儿童音乐教育的秩序和方法提供了可以依靠的重要线索。音乐的产生并非与其他审美动机相分离，而是在一开始便和谐地相互关联。在音乐起源的过程中，包含视觉与运动的参与并伴以声音和乐器的伴奏，有节奏的舞蹈及情感表达的其他运动形式得以产生。在节奏的协调之下，视觉、声音与律动三者有机结合在了一起。同样，在儿童的心智发展中，视觉、听觉与运动机能的发展是相伴而行的。在幼儿音乐教育中，此三者同样不可分离。对于儿童节奏发展的关键期要特别重视，我们发现儿童喜爱的音乐一定是能够刺激其运动的。在接触大量音乐作品之前，就通过识读乐谱来学习音乐必定不是明智之举。以其他方式分散儿童欣赏音乐的注意力，或限制其自我表达，无疑也是错误的。只有在自由和自然的情境中，儿童才能表现出最好的音乐状态。戏剧演出中的音乐表演部分深受儿童的欢迎和喜爱。当儿童扮演某个角色时，他在唱歌、跳舞和角色演绎的过程中，整个人全身心地参与其中，并在此过程中不断学习和自我教育，从各方面发展、完善自己。切记，低年级音乐教育的首要目的并不是学习音乐本身，也不是训练智力，而是让儿童去感受自然、宗教、国家、家庭、责任以及生活中一切深刻的主题。

依照遗传学逻辑，原始音乐应当被应用在低龄儿童的音乐教育当中，而这需要实践经验的证实。在现实的音乐教学当中，我们似乎忽略了可以用原始音乐的形式来激发儿童对于音乐的兴趣。若要达到好的教学效果，就需要反复研究原始音乐在教学中的应用，围绕儿童的兴趣精心安排，而在这方面我们尚未开始尝试。

青春期初期是一个感觉占优势的阶段，此时所有情感生活都处于可塑且变动不居的状态。因此，这又是一个音乐的教育价值可以充分发挥的时期。音乐可以通过一种极好的方式去调控心智，培养情感，帮助年轻人解决内心的矛盾，使其走向更高水平的成熟。当我们如此来看待音乐的功能时，就会发现我们为音乐教育确定的标准过低。从整体上看，当前学校的音乐课是缺乏伦理性与教育性的。音乐与作为其基础的节律运动、发音、韵律、变调以及一般情感相距甚远。许多学校在为教学选择音乐作品时，过多地参考了音乐评论家的标准，而很少考虑学生的需要。这些作品过于强调专业性。在此过程中我们几乎忘记音乐已经历了快速的发展，成了一种复杂难懂的成熟产品，大多与儿童的兴趣相距甚远。无标题音乐［无标题音乐（programme-less music），又称绝对音乐（absolute music），是18世纪以后出现的一种标题中不包含内容指示的音乐作品类型。——译者注］在人类发展历史中出现较晚，因此也应当晚些传授。除去专业评论，音乐还需要其他方式的评判。为青春期的少年选择合适的音乐是如此重要，每一支乐曲不仅要进行艺术鉴别，还要充分考虑其道德培育与心智准备的价值。切记，音乐教学的首要目标并不是培养音乐家；只要音乐教师肯付出努力，通过教学能够做到的远比单纯的音乐欣赏要多得多。要提供大量、多种形式的经典音乐作品给学生，器乐和声乐作品都包含在其中。管乐器在青春期阶段特别受欢迎。具有特殊魅力的小提琴也适用于教学，在德国，小提琴已被广泛运用于各个学校。若将新型机械钢琴引入学校，则其演奏者就将成为音乐教师队伍的新生力量。

音乐课程的重要价值在中学阶段并未终结，因为在青少年整个青春期阶段（大约十年或更长的时间），都是运用音乐进行情感教育的黄金时期。然而，目前大学中音乐教育的状况是糟糕的。大学生感兴趣的那些音乐品质十分低劣，仅处于四处巡回演出的合唱团水平。尽管如此，就其最广泛的意义而言，音乐仍旧是最自由、最具人文色彩的学科，因而应当被众多学生所分享。但是目前尚被囿于狭窄的人群之中，且通常被那些技术主导的人们所掌握。

在大学课程当中，音乐应被视为最重要的中心课程。与其他任何科目的教师相比，音乐教师承担着年轻人情绪管理的重要职责和颇具深意的道德教育工作。他应成为年轻人道德与宗教意识的培育者，否则，则很容易成为丑恶、堕落与软弱的提倡者。如果他将音乐的形式与技巧看得更重，而缺乏对人的关怀，则他的工作就可能是消极的，只可能对学生的智能发展稍有促进，却任由他们的情感田地荒芜不耕。

即便对于身处大学的青年，到目前为止我们也尚不了解，他们的心智在多大程度上易受音乐文化的影响。进入青春期后，他们对于那些伟大、深刻而又简明单纯的音乐主题是否还感兴趣?

此类音乐是否还像在童年时期那样吸引他们？从对音乐的单纯鉴赏到拥有创作或表演的能力，这需要相当长的一段时间。想要懂得以心智去直接感受音乐的重要性，而不过度使用分析，同样需要时间。所有作曲家的作品必须被聆听，才能被理解。在那些注定无法成为音乐家的人当中培养起音乐鉴赏的态度是非常重要的，这对其高级情感的发展影响深远。我们都应去聆听、欣赏、理解并熟知世界上那些伟大的音乐作品，并对其中的经典之作烂熟于心。最初应先接触较为简单的乐曲、民歌、民谣等民族音乐，相比那些已为人所理解的作品，对这些乐曲应多花些时间去鉴赏。待基础打好，便可逐渐地接触并学会鉴赏经典之作与一些晚近作品。即便在作品鉴赏课中，遗传学的顺序也一定要遵守——应以民歌类型的音乐作为开端，经由此阶段上升至更为纯粹的音乐形式。在整个童年乃至青年时期的音乐教育中，高级形式的艺术表达是十分有限的。不要忘记在以音调和曲调为载体的音乐出现以前，以丰富的姿势、手势、朗诵、表演等形式表现出来的音乐就已存在。其实，音调和曲调的配合只能传达出音乐内涵的一小部分。由此可见，以儿童和青少年为对象的音乐教育的目的是引导他们品味音乐的深层内涵，以任何可能的方式进行音乐表达，这样的教育须以适合他们心智发展阶段的方式进行。

在大学中，需要开设一门更好的教授音乐历史的课程。对于伟大作曲家与音乐家的人生历程应当认真研究，这其中所包含的历史性视角应当成为所有音乐课程教学的基础。自从纯音乐主题成为人们关注的中心，音乐领域的相关知识就应辐射到其他领域。其第一副产品是对神话的研究，因为音乐是在种族历史中发展而来，它的发展与种族故事相伴随，所以，在对年轻人的教育中音乐与故事二者密不可分。学习音乐的学生必定要了解人类历史上俗世或宗教中的伟大故事。如果一个人确实懂艺术，那么他的高级情感一定得到了充分发展。

舞蹈——到目前为止，舞蹈是教育中较难理解和把握的部分。它在人类种族的教育中扮演了重要角色，也是促进儿童身心发展的重要途径。舞蹈不仅仅是对肢体的训练，心智与肢体共同参与其中。舞蹈是一种在运动中表达思想的方式，它在运动中产生并发展，因此舞蹈可谓一种以运动为表达方式的自由的人文主义文化。在舞蹈中，情感与运动相互关联，也相互强化和调控。舞蹈能赋予成长中的儿童许多可能性。为了充分理解这一点，我们必须从表达和叙述两方面来认识舞蹈，叙述的方面包括诸如哑剧和盛典中的舞蹈表演。

舞蹈源自对内心状态的自发表达。舞蹈的首要目的并非交流，而是表达。对内心感受的自发表达同样是音乐的基础。动作一直都被视为对音乐感觉的自然表达，因此，这种联系是深刻而根本的，我们应当以此为基础研究舞蹈在教育中的应用价值。可以断言，相比于表演本身，我们能够通过节奏动作回到种族历史中更为古老的阶段。舞蹈或者说某种形式的动作与对音乐的表达之间有着如此直接的联系，因而可以说，若听众不跟随音乐伴奏、伴唱的话，音乐就不能被充分理解和领悟。音乐通常意味着动作，至少也是手势。所有真实的音乐都推动着人们用动作去表现它。实际上，很多民族音乐都是以民族舞蹈为基础产生的，动作表达是其唯一目的。当古老乐曲中的舞蹈内容已被遗忘，我们拥有这音乐的唯一方式就是去重新揣摩、创造一套符合乐曲最初含义的舞姿。舞蹈起源于劳作，在许多古老产业的劳作中，充满着和谐与节奏感，当这些劳作中的动作被用在演奏、歌唱、表演等活动中时，舞蹈便诞生了。其中很多舞蹈的模仿意味很浓重。

这些舞蹈形式具有重要的教育价值，有助于儿童认识、了解在人类发展历史上存在过的种种职业活动。

游戏是舞蹈的另一个起源。在因游戏而产生的舞蹈中，所有人类的情感都以动作的形式表达出来。喜悦、痛苦、悲伤、同情、愤怒、恐惧、妒忌以及热爱都在舞蹈中得以表达。此类游戏有助于通过对肌体控制和表现力的直接训练，达到发展或平衡情感的目的。

对宗教情感的表达是舞蹈产生的又一重要动因。宗教动机无时无刻不在寻觅一种基于运动的表达方式，且动作有助于高级情感的养成。与宗教情感接近，爱的情感对舞蹈有着最强大的激发作用。舞蹈不仅仅能够表达情感，也被用来唤起并控制情感，甚至去替代情感。

这些动机潜藏在舞蹈中，给予舞蹈以动力。当舞蹈处于一种自由表现的状态时，它仍然会体现人类种族的古老活动，描绘出我们的祖先曾在哪些领域费心费力、辛勤劳作。

这也为我们提供了一条可依据的线索，即如何运用舞蹈来教育儿童。

从更宽广的角度考虑，不论在描述还是表达方面，舞蹈和动作几乎可以等同。所有的心理活动都有其输出的方式，只是因为人类的语言能力发展到了近乎完美的水平，所以其他可能的表达形式已经被遗忘了。身体姿势在表达思想和情感中的作用已鲜为人知。但身体语言却是人类所共有的自然语言；而人类语言的特殊形式，如聋哑人的语言系统便是从这种语言发展而来的。在我们的语言中，特别是在英语中，肢体动作几乎已被遗忘。我们一直在追求简单容易的表达方式，这种方式就像字母“E”的发音一样，因为容易表达而被频繁使用。问题在于，至少在语言发展的早期阶段，追求容易的表达方式，是以牺牲内容的丰富性和意义的具体性为代价的，而这引起了思想过程的退化。若确实如此，则恢复表达中的肢体因素就是必需的，它可以帮我们找回失去的力量。

以遗传学的视角观察，舞蹈的功能从最一般的意义上讲，即恢复人类言语和音乐中遗失的动作元素，并以这些元素去修复早先与之相伴随的人类情感，使种族经验得以重生。因此，舞蹈不仅包括所有民间舞种、职业模仿舞种以及宗教舞蹈、战争舞蹈和爱情舞蹈，还包括如模仿（拟态伪装）、哑剧、手势以及盛大表演等，任何一种以动作来表达思维和情感的方式都属于舞蹈。通过这一方式，我们并非只是要唤醒运动神经——这只是其中的目的之一，我们更要恢复思维从前的活力与强度。这一变化将会使思维更加理智、诚实、富有活力，且与真实生活相联系。若从舞蹈对于身体的直接作用来看，舞蹈也不仅仅是对肢体动作的训练，还能教授个体养成正确的姿态习惯；在舞蹈中能感受到愉快和自由，节奏感和平衡力得到发展，学习如何放松、灵巧地完成动作，练习对身体的控制和忍耐。通过舞蹈，所有的情感包括宗教情感都能得到培养。

新近的舞蹈与过去的传统舞蹈已有了很大差别。新近的舞蹈应该进入所有学校的课程。舞姿一定要简单，有节奏感，要给动作和表达最大的自由空间；同时只有将舞蹈置于人类进化的视野之中，才能获得对其的全面理解。我们必须将舞蹈视为用动作对人类种族历史上的重大事件进行叙述的重要形式，尽管许多舞蹈最初的含义已被忘记。这些舞蹈大多起源于古老传说，并有歌曲相伴。舞蹈中包含的故事或已被遗忘，但其中的精神、观念和情感仍旧得到表达和复原。舞蹈的教育功能正是源自其对于种族故事的记载、对于不同种族特征的描述以及对故事创作者思想、情感的表达。因此，舞蹈学习就是要在学习者身上唤起这些特征和情感，使其重新经历种族生活，以拓宽、完善其个性。

在各类舞蹈中，民族舞蹈可谓是最丰富多彩的领域。特别对于美国这个移民问题突出的国家而言，更应注意保持民族舞蹈的存续和生机、培养儿童对民族舞蹈的兴趣，这不仅是出于对社会融合与道德形成的考虑，更重要的是其中包含的教育价值。我们应当用民族舞蹈的形式庆祝国庆。当务之急就是挑选出各民族最优秀的舞蹈，以适合儿童成长阶段和兴趣的方式教授给他们。

另一个丰富的领域是职业模仿式的舞蹈。这类舞蹈模仿各种职业活动，有古老乐曲为其伴奏，有助于在儿童头脑中建立一种理想的劳动图景。这类舞蹈一直绵延于漫长的人类历史发展阶段——既包含原始人在发展的初级阶段的劳作，又包括现代工业时代的种种职业活动，因此能够培养儿童对于劳动或游戏的亲近和热情。这类舞蹈在重述种族发展历史的同时，也为未来发展做着准备，因而能够激发儿童的想象力与观察力。舞蹈中传递信息的多少，能够从对欧洲古世纪节日的研究中看到：其中的许多活动就是以游戏、比赛和舞蹈形式来呈现体力劳动的场景，这也是人类征服自然的象征。

到了青春期，年轻人对于舞蹈的兴趣更为浓厚，而现在的交谊舞完全不能满足他们的需求。在这一阶段，不同性别会表现出对于舞蹈的不同兴趣：女孩倾向于更加优雅、传统的舞蹈，而男孩则倾向于更加夸张的、更富有表现力的、不同寻常的舞蹈。通过当前学校里实施的教育方法，学生身上有很多潜能从未得到表达，而舞蹈这一方式，不仅能为思想和情感的表达提供途径，同时也为高级才能和创造力的发挥提供机会。我们应当鼓励学生以自然的方式表达自己，舞蹈便是这样的途径，只是尚未被充分认识到而已。对于舞蹈的兴趣具有极强的感染力，这种奇特的倾向在初学者身上极为常见，它会使人想要摆脱一切限制一直跳到筋疲力尽为止，在此过程中，个体身心所潜藏的原始力量仿佛得到了解放。这种源自本性的行为增强着个体肌体与情感的力量，并使其因种族经验的唤醒而丰富充实。在此视角之下，我们发现，对于舞蹈中所蕴藏的能量我们依然知之甚少，而这些能量将对人类身心起到无法预料的巨大作用。以种族进化的视角来看，舞蹈至少是作为一种最基础、最常规的体育模式而存在的。而从社交的角度看，经挑选的舞蹈恰好呈现出人类文化在个体发展中的相应阶段，因此能够满足青春期男女青年的心理需要，而且所有情感、心性都可以通过舞蹈和宗教得到培育。

第二十二章　绘画与艺术

新近的心理学试图通过融入进化论的观点来彻底改革绘画教学的理论与实践，使绘画也同其他学科一样，接受进化理论的指导。通过此种方式，抛弃目前认可的教学方式，特别是在当下绘画教学中占主导地位的逻辑方法。在很短时间内，绘画哲学的发展似乎已经穿越了几个阶段，从使用古老的系统方法绘画，逐步走入一个实验的、个体优先的、不断探求标准和正确方法的时代，并最终发展到以起源哲学观点为主导的阶段。在最末阶段中，人们获得了充分的自由去寻找一切好的创作方法，并在绘画及其教学中坚持一切学科都应遵循的基本原则。

在绘画及其他艺术教育领域最一般的原则是个体发展与种族发展之间的关系。儿童研究的结果显示，在绘画兴趣上，儿童的发展大体上遵循着种族发展的顺序。个体想要通过绘画来表达的本能十分强烈，且其绘画能力也有复杂的构成，其中包括一些独特的功能和兴趣，每一种功能、兴趣都有自身的不成熟阶段及特殊的发展方式。卓越的绘画能力的形成需要极强的观察力、清晰的记忆力、生动的想象力、灵活的手工技巧、强烈的情感以及较高的审美力。

在过去，我们习惯于忽视儿童天然的绘画兴趣，不尊重他们的绘画方法，并总是让他们做着他们并不感兴趣的事情。过去惯于采用的方法是从一些要素的训练开始，比如从练习画直线和规则的曲线，逐渐过渡到一些常规的绘画主题，而完全忽视了儿童对于最困难、最复杂的绘画主题（比如对特定姿势的人物肖像的描绘）的兴趣，因此便无法激发儿童绘画的动力和丰富的想象。

这种限制儿童自由选择的教学方式将被新式教学方法所取代。新式绘画教学法在早期阶段赋予儿童创作的最大自由，让儿童去描绘那些最令自己感到快乐的事物，而不需用画去取悦教师，绘画教学中的成人视角和逻辑思维也不再重要。新式教学的目的在于激发儿童绘画的兴趣，并鼓励他们自由创作，而不是压制他们的兴趣或纠正他们的画法。总而言之，绘画的内容应作为首要考虑，而不只是绘画的方法。应当鼓励儿童多去创作，而不应要求他们的画作臻于完美。

基于进化视角的一般观点和对儿童绘画兴趣的专门研究，我们已经能够提供指导绘画教学的基本原则。

绘画教学中内容和方法的选用，必须考虑其对于儿童的价值和意义。而这是一个十分个别化的问题，因此大班教学和统一课程很少有成功的机会。

学习绘画的最初阶段是涂鸦阶段，这是一个动作完全自由的阶段，在此阶段一定要给儿童可能的最大空间。

在接下来的阶段，绘画将受到个体观念和精神意象的影响。此时儿童尝试着去表达一些东西，并通过绘画表现一些故事情节。此阶段的目的应该是激发孩子对于身边事物更广泛的兴趣以及基于这些事物的丰富想象。

当儿童进入学校，富于表现力的绘画应当来自每天的学习生活，来自接触到的各种科目，如历史、地理、自然及阅读。在这个阶段，儿童的绘画应源自记忆，而非来自对事物的直接观察。此时的绘画仍然应是自由的，带有游戏的成分，不必过于强调艺术感。绘画能使儿童的心智活动更加丰富多彩，充满活力。

尝试让儿童去临摹自然界中的静物不要早于8—9岁。

系统的艺术教学不要在10岁之前开始。

大约到了青春期，青少年的绘画便不再只是对思维的记录，而是开始展示出纯艺术的某些特征。此时，适宜的情绪、色调和气氛能够赋予真正具有艺术禀赋的学生以新的能量。但大多数人则在这一阶段陷入了追求章法的死板画法之中。因此，在14岁之后，除了那些有天赋的学生以外，绘画方面的指导即可停止。

10岁以后的系统绘画教学应当由专业老师来承担。

在此后的阶段，对于大多数人而言，艺术教育的重点应放在艺术鉴赏力的培养而非创作之上。只有极少数成年人会用得到艺术画法，因此不如将学习这一画法的时间，用于更实用的艺术能力的培养之中。

在绘画材料的选择上，我们仍然有许多需要学习的方面。在原始绘画与艺术对儿童艺术感受力的激发和塑造中，可以发现儿童个体发育与种族发展史之间存在某种逻辑关联。但由于尚缺乏相关的实验证据，这一推理仍有待进一步证实。无论如何，绘画教学的目的在于唤醒儿童对绘画的天然兴趣，激发其想象力，提供内容和艺术感受，培养儿童最初阶段的鉴赏力；而不是像目前许多学校所做的那样，只注重训练手眼配合。象征主义是种族复演理论提示我们注意的另一个艺术领域。人类种族的绘画作品大多包含着对于生活中的事物、事件或情感的象征意义；如果儿童能够认识到这一层面，则可能获得巨大的帮助，使他们在日后的学习中更能理解艺术所包含的意义。对于艺术的象征意义的关注将绘画的内容置于首位，刺激儿童多方面的心智活动，并可能激发某些具有种族遗传性的心智反应；而且它将关注点放在具体、明确的活动上，这无疑也是正确的。因此儿童会在开始绘画以前，就感受到物体之间的统一与联系，对想要描绘的事物产生共情，这会令他的画更具热情和表现力。

情感与思维的内在活动应被视为所有艺术活动的基础，对美的追求是其自始至终的主导动机，情感则是一切艺术活动的起源。我们的国家已经逐渐远离了能够单纯欣赏美好事物的时代，我们更感兴趣的是有具体用途的事物，比如家用装饰品——壁炉、家具等，我们希望它们既美观又耐用。艺术与实际生活息息相关，而不仅仅是为了少数人具有专业水平的表达。只有全面理解艺术在社会生活中的重要价值，才能够估量其在教育中的地位。每个个体都渴望拥有更为广阔的生活和更为自由、更为丰富的情感体验，但在现实生活中却常常被限制在一个狭小的范围之内。这些渴求推动个体向更高的能力水平发展，以达到现实和理想、理智与信仰的统一；使他摆脱狭隘个性和文化的局限，与整个种族生活相联结。从最广泛的意义上讲，艺术便是上述所有情感的管理者。艺术满足且指导、约束着情感的发展。因此，艺术常常是热情与灵感的产物，若没有高尚的情感，就不会有真正的艺术热情，也不会有真正的艺术教育存在。艺术也不仅是感性美的表达，其意义与价值无处不在。在教给儿童有关自然与人类的知识的过程中，艺术应当比其他任何学科更受重视。这是出于唤醒情感并培育情感的需要。在学校中，艺术教育的基础应是鉴赏，而非表达。人类历史上的经典之作蕴含着伟大、崇高的情感，对这些作品的熟悉、理解是提高鉴赏水平的重要途径。若能这样教授艺术，则艺术会成为儿童发展中的最大助力，特别是在从儿童期向青春期过渡的时段。除此以外，艺术还必须与真实生活紧密联系，用对美的感受丰富、充盈日常生活。艺术也应被运用于工业之中，去提升工业生产的品位与层级。直到工业开始注重满足人们对于美的爱好，工业产品才逐渐改变了从前简陋、廉价的状态。

培养艺术感觉最实用的方式之一就是图画，图画能够深切激发儿童对于艺术的感觉与兴趣。因此与目前所做相比，图画的选择和运用应当得到更多关注。图画的种类要尽可能丰富。在选择过程中，成人艺术家的评判并没那么重要，关键要看儿童是否接受和喜欢。特别对幼儿来说，色彩明亮的墙壁挂画是必不可少的。从专业的艺术视角来看，这些图画必然过于简陋粗糙，然而却是儿童所欢迎和喜爱的。这些图画应以人类职业和各种活动为主题，以便将激动人心的社会生活引入课堂中。我们必须了解，这样的安排在起初很难引起儿童的兴趣，因为不论在艺术鉴赏的技巧还是形式方面，他们都还一无所知。儿童最初的兴趣会集中在画作的内容和意义方面，关注人类的兴趣和情感。因此，图画的首要目的是去照料儿童的天然兴趣，而非不合时宜地将对经典作品的热爱强加在孩子身上。图画不仅能够培养儿童对艺术形式和美的感受，同时还为学校教学工作增添了生机与活力。各门学科的教学中都需要一些图画来辅助阐明知识内容。科学课，特别是地理课，迫切需要运用更丰富的图片。立体投影和电影技术在教学中的应用还有很大空间，日后这些技术可能会对教育产生不可估量的作用。在这所有艺术教学当中，都不应过于要求将美的纯粹形式与意义、故事情节和内容相分离。在种族发展史的晚期，艺术的纯感官形式才得以出现。在个体身上，这一艺术形式的出现也依托于早期艺术能力的自然发展和艺术教育与真实生活之间的联系。在教学内容的选择方面，应当遵循儿童天然的兴趣，减少艺术家的评判；只有这样才能更好地服务于未来的艺术创作者和鉴赏者。绘画技巧的封闭式训练只能使极少数具有艺术禀赋的人受益，但艺术教学不应被少数人的需求所主宰，而须照顾多数人的需要。

第二十三章　大学哲学

在大学的哲学教学中，年轻人有机会感知伟大的文明，也可能接触到重大恶行所带来的理智与道德上的危险。哲学能够建构人类的心智，培育理智力量，使人过上一种拥有强烈兴趣和进步思维的人生；哲学能够深化我们对于生活的认识和对宗教力量的理解；哲学还能使一切实践与文化活动平衡、和谐地进行。而另一方面，哲学也可能缩小人们智力活动的视野，减弱人们的工作热情，弱化我们对于未来与现实生活的兴趣，致使智力过早停止发展，以及向人们头脑中注入悲观、冷漠和批判主义的观念。

狭隘的批判主义哲学常常出现在大学的哲学教学当中，且在多数情况下，这些哲学对年轻人产生的不利影响很难在未来的教育与训练中根除。最坏的情况可能是，哲学的弊病在传统的认识论课程中体现出来——该课程梳理了从洛克、贝克莱、休谟直到康德的曲折思想脉络，也将人类理性的错误、局限与矛盾之处暴露了出来，最终带给年轻人的是巨大的疑惑，而无法向他们呈现一个真实的世界。该课程表现出对自然科学的轻视与不尊重；且为了教授某种高级的思维艺术，要抛弃所有传统观念及儿童对于成人的渴望、崇拜。为了走出大学哲学教学的困境，目前也有人尝试改革，以某种具有建设性的哲学为引导，但整个过程却不合自然且艰难复杂；由于教学中过分关注个体心智层面，使视野变得狭窄。这样的课程具有十分严密的逻辑结构，并经过精心设计，而这对于年轻人的思维无疑是一种束缚与压制；而且这种方式认为所有知识都可以从头脑中获得，并以某种形式化的原则去检验真理。目前的这种教学只会将年轻人与探索和发现的乐趣永远隔绝，因为这会令他感到，他所发现的真理是早已存在于他头脑当中的，除非他使用这种方法，否则他就无法发现真理。这种思维方式是在将原本朴素的事物本质人为地复杂化，且缺乏事实依据；它如同一种早熟的果实，仿佛一种老年人才该有的智慧。这并不适合年轻人。我们需要一种适合年轻人的哲学，去满足未来长远发展的需要。争论与批判在教学的某些阶段或许是很好的训练，但在一些重要问题领域，对于具有整体性的基本信念，则是必须接受而不容争辩的。此刻，争论、批判若被使用，则是巨大的错误，只会引起年轻人对于哲学的基本原则及年轻人本性的误解。

那么，在大学的哲学教学中，学生的兴趣不应被锁定在抽象的定义之中，而应被放置于真实、热烈的生活之中。如果一定要有不可知论和怀疑论，即使只是暂时出现，也最好不要干扰年轻人对于正误的明白判断及其对世上事物与思想真实性的朴素信念。当然，那些了解年轻人本性与需要的人们一定明白，乐观主义应是哲学最终的方向，哲学应给人以信仰及积极向上的力量，而不应是迷惑与犹疑。因此哲学中的积极方面在教学中须给予强调，对学生取得进步的衡量，要看其是否建立起“相信”的能力，而非怀疑的能力。当哲学课程结束时，一定要激发学生探索世界的好奇心，且不应让他们误以为自己已掌握了深刻、隐秘的世界运转原理。哲学课不应只教授逻辑辩论的技巧，更应指导年轻人如何正确地生活。

有两类哲学教学内容是学院中的年轻人特别需要的。第一类即作为所有科学原则的统一综合的哲学。此前所有学科课程都应向哲学方向进行适当引导，一定要使学生明白，所有学科最终都将服务于同一个目标——为人类自身服务，且宇宙是一个统一体，宇宙有其目的，并依循规律与秩序运转。宇宙及其无限深广的意义必将在年轻人的头脑中留下深刻印记。

第二类便是先验论中所包含的哲学。大学时期是带领年轻人了解唯心论的时候了。在学习唯心论的过程中，我们会感到一种神圣的感召，能够感受个体与宇宙精神之间的联系。这只是一种关照生命中本能与情感部分的有效形式——这些部分的存在是先于智力发展的——更高层次的美德与信仰也由此形成。在德国，如果唯心主义哲学能以适当的方式教授，则将受到年轻人的热烈欢迎。康德、柏拉图、黑格尔等所教授的唯心主义课程刺激了人们心智能力的发展，赋予人们抵御悲观主义侵害所需的才智，并教授解决生活中实际问题的方法，赋予人们从事智识行业的热情、眼界及洞察力。总之，若要培养有理想、有信念的一代青年，则哲学教学是最可倚靠的卓越手段，其他学科的教学都无法与之相比。在哲学中，宗教情感同样得到了阐释。哲学在信仰与迷惑、怀疑之间找到平衡，并提供应对后者的武器，哲学应当成为宗教学科教学所依靠的主要支柱。

所有其他哲学科目，如逻辑学、伦理学及心理学等都需在更好的基础之上进行教授。比如逻辑学这一科目就需要在思想训练的有效性方面再做仔细考量，以便拓展其学科领域。我们已经获得了素材去建立一门新逻辑学，它与在大学哲学课程中占重要地位的传统逻辑学相比，能更好地促进思维的发展。这门新逻辑学应当始于学科历史的研究；应当包含一部分哲学发展的历史，例如分类学的发展；应当追溯归纳逻辑学的历史，其中包括图表、统计方法及概率论的历史，包括标准、恒量、符号、代替物、类比以及连续性等知识，包括观察、检测、简化、多样化的方法，还包括假设、分类、计算平均数、谬误推理及系统命名法等。但以上所有内容的教授都急需改进，方法的教授离不开图解、例证与运用。教授逻辑学的主要目的在于培育心智能力，这些能力不论在归纳还是演绎活动中都会用得到。因此，逻辑学教学中还应运用其他一些方法。教学方法总是需要特别用心考虑的，如运用实验法或习明纳（seminar）进行教学，可在阐明方法本身的相关问题的同时，将其运用到特殊情境之中。

若能依照此法进行教学，则逻辑学就不仅仅是一种形式训练，或至多指向某种抽象的哲学工作的训练，而是可能与所有其他学科发生联系并能够为任何职业做准备。因为它不仅教授如何推理，还教授如何观察、描述、收集事实、估测某事发生的概率以及许多解决生活实际问题的方法。

伦理学是美国哲学的第二大分支。与世界其他国家相比，美国大学开设的伦理学课程最多；且与其他科目相比，美国大学有更多自编的伦理学教材。与逻辑学一样，伦理学与抽象哲学有太多一致之处。尽管伦理学有助于为年轻人打开一扇通往先验世界的大门，且与宗教有着紧密联系，然而它太过抽象，演绎性过强，因此在内容上太过狭隘。伦理学尚未与鲜活的人类本性建立足够的联系。伦理学应当始于生理卫生学，且应教授健康与道德的关系。伦理学应从道德的视角，培养年轻人对自然与艺术的热爱；应在年轻人的头脑中撒下乐于变革的热情火种。最为重要的是，伦理学应当激发年轻一代的伟大理想。我们的道德生活不能建基于传统，也不能依赖哲学，而要以人类的本性为基础。因此，伦理学始于对人类本性的研究，终于对其的改良。伦理学意味着教育，尤其是在像我们这样一个理想需要被实践的国家当中。

大学的心理学教学也不令人满意，因为当前该学科的视野颇为狭窄，需要置于更宽广的意义中去认识。此前，心理学过于关注时空问题及其感知，而忽略了对感觉及动物生活的相关问题的研究及其在社会学与教育中的应用。心理学研究方法的传统分类过于繁杂琐碎，令人们想起在达尔文之前的生物学方法。在一些基本原则和狭隘的理论提出之后，心理学研究受到了太多束缚。人们对催眠、心灵感应等异常情况过于关注，而很少去尝试将兴趣与方法结合起来。学校之间相互的同情、理解太少，针对难以解决的问题争吵太多。心理学尚未走出被伪科学家、神秘主义者、见神论[①]者等人所困扰的时期，这些人并未将心理学视为一门科学。

对于心理学知识的完整研究以及针对其问题的全面训练，必须包含以下学科。这或许是大学心理学的理想学科门类。

① 见神论（theosophy）又称神智学，犹太教中一种关于隐藏着的神圣本质的解释形式。其基本观念是：数是上帝本身的属性，数的统一体构造了祈祷和沉思所指向的宗教中的人格上帝。在该统一体中，数包含着神圣性，是内在于上帝的独特力量，上帝也因此具有可知的内部形态。——译者注

首先，要有哲学、科学、医学、文学及宗教的历史背景知识。其次，要有普通生物学的知识，包括其主要观点和理论、遗传学问题、进化论问题等；实验方法的训练也必不可少，如显微镜等设备的使用方法等。再次，应对动物的习性与本能进行研究，且需要配备动物学设备。生理心理学则需要始于消化与营养学的普通生理学的知识背景。然后，需要就人类学的心理学方面进行研究。在这个学科中已经积累了大量知识，包括对语言、神话、文学及风俗的研究。我们应该关注人类学生理方面的问题，例如对感觉类型的研究，以及对于人类精神和身体测量方法的研究。犯罪学则是一个与普通心理学紧密相关的更为特殊的学科。神经病学，即研究神经疾病的学科，与医学、法律及伦理学的许多问题相关。最后，要说的是儿童研究，这个学科要求用所有其他学科的知识对儿童发展进行解释，它也是心理学方法运用最为广泛的学科。

第二十四章　幼儿园

依据下面这则断言，我们开始了关于学校教育的研究：学生的年龄越小，他们的需要就更应该被关注；学生的发育越不完全，就越要传授高度凝练、包罗一切的一般文化给他们，教育者也更要了解生命的哲学；如果不能拥有这种哲学，则需要有体察人性的本能与直觉。

正如福禄培尔所设想的，“尊重儿童本能与生长节律”的幼儿园理念是值得尊敬并为之奉献的，但这一理念在其追随者的后续实践中被不同程度地曲解了。特别是在美国，这个幼儿园发展比德国更为迅速的国家，幼儿园理念被误用、被过度程式化，未能吸收教育中的进步精神。在美国，幼儿园逐渐与其他教育机构相脱离，其理念也成为一种为幼儿园所特有的、抽象的、具有象征性的学说。对于福禄培尔学说的崇拜也未跟随美国理想、自由与进步的脚步。目前，当务之急就是将福禄培尔从他的追随者那里“解放”出来，让人能够窥见其幼儿教育理念的原貌。

正如福禄培尔所坚持的，其幼儿园理念建基于九条伟大而真实的原则：（1）儿童的成长是对种族历史的复演；（2）智力和意志萌生于感觉与本能之中；（3）个体活动、自发行为及游戏都具有创造性；（4）视高级的一元论的基督教泛神论为真正的教育哲学；（5）儿童天性本善；（6）儿童应当获得每一生长阶段适宜的发展；（7）和谐与爱是幼儿教育的基本原则；（8）我们须将儿童的成长与发展作为生活的目标，世上再没有比这更有价值的事情；（9）身体健康、户外活动、与大自然亲密接触，这些都是儿童的重要需求。福禄培尔的一大错误就是，他认为最简单朴素的事物或行为由于太过伟大而不应被表达出来；然而，这恰恰导致了其追随者们许多错误的实践。福禄培尔是象征主义者，他用恩物[①]和作业[②]表达了自身对于儿童思维与感觉的内在意义的带有偏颇的见解；就现在人们对于儿童天性的了解可知，这些见解存在很多谬误。福禄培尔的理论中所蕴含的精神是伟大而真实的，

① 恩物（gift），德国教育家福禄培尔对他为儿童设计的一套玩具的命名。创制于1837年。基本形状是球体、正方体和圆柱体，包括各种柔软色球、木球、正方块、圆柱、木板和多种几何图形的积木等。旨在帮助儿童辨别颜色，认识形状，形成点、线、面、体及部分与整体的观念，并形成无所不包的统一体——神的观念。“恩物”之名也意指神的恩赐。——译者注

② 作业（works），德国教育家福禄培尔为幼儿园儿童设计的手工制作活动。在恩物的基础上发展而来，要求将恩物的观念运用于实践，用纸、沙、泥、竹、木等材料进行各种制作。福禄培尔认为，这些活动能够促进儿童身心的和谐发展。——译者注

但实际运用起来却无力又不完备。对于福禄培尔的理论，现在需要做的是以一种新原则、新视角来重新阐释，对其教学方法进行适当纠正。尽管福禄培尔的哲学是卓越的，且给许多教师和母亲以巨大启迪，但其整个理论体系迫切需要现代教育理论之光的指引，其哲学理论不论在理论还是实践上，都需要与其理论的其他部分建立更为紧密的联系。

正是由于幼儿园哲学中存在着上述错误，使得幼儿园实践问题重重。目前幼儿园教育的重要失误体现在假设并过分强调儿童拥有高级情感与思维，而对其作为一个生命机体的特质视而不见。可见，幼儿园已成为一种反自然的存在，亟需改革。幼儿园给孩子提供的物质环境通常是不健康的。在幼儿园的教育中，儿童的户外活动太少，而各种心智方面的刺激过多。幼儿园的建筑在学校建筑中往往是最不利于健康的，那些建筑阳光照不进来，也不够通风。在幼儿园工作中，对儿童身体的照料是第一位的，因此，幼儿园应重视其保育功能，幼儿教师也应尽可能地承担起母亲的角色，对卫生学知识及儿童常见疾病有一定了解。推动幼儿园变革的核心力量是教育理念的转变，从想要使儿童的心智本性尽快显露、尽快成熟转向允许成熟的延迟，这是遵循了生物教育学理念的指引。在儿童成长的最初几年中，他们需要的更多是母亲式的关爱，而非教师的教导，尤其不需要形而上学者的训导。儿童的首要需求就是充足的身体活动，这些活动在传统游戏中即可获得，而象征性游戏或狭窄场地中的限制性运动则无法提供。幼儿园教育中一定要摒弃对儿童手、眼运动的限制以及对儿童身体姿态的刻板束缚。幼儿园若要增加儿童的在园时间，并提供一段有益他们健康的生活，就应为儿童创造理想的环境。在幼儿园，儿童应当有充足的休息时间，有宽松的时间去睡眠和进食。且在此过程中，应当配合对儿童行为举止及卫生清洁习惯的训练。让儿童尽可能地与自然接触也是十分重要的。所有童话故事、神话故事、原始生活的故事及动物故事都应在这里讲述和表演。音乐更是不可或缺的，它在幼儿教育中的地位应特别突显出来。古老的歌谣，歌颂自然、家乡和国家的歌曲，都可用来以一种自然的方式去培养儿童朴素的情感。载歌载舞是最好的方式。丰富的演示图片和实体模型也是幼儿园教学中必不可少的，舞蹈、列队行进及大量戏剧表演和游戏都是重要的活动方式。仅仅摆放两三种鱼或昆虫供儿童观察是远远不够的，大量不同种类的植物和动物才能满足他们的需要，幼儿园必须尽可能地为儿童创设一个与真实自然生活相接触的理想环境。

不论在智力上还是在情感上，幼儿园教育的革新都对教师提出了更高的要求。教师必须了解自然，了解关于鸟类、花朵、树木以及动物的丰富知识；且要知道如何带孩子们走到自然中去，并让自然去影响他们。幼儿园的自然课必须拓展、深化，这是日后所有学校教育赖以完成的基础。孩子们会敏锐地感受到教师对于自然的感觉。天空、星星、雷声、水、月亮及云朵都会激起儿童对于自然的好奇，并在他们的头脑中留下深深的印记。教师应当懂得这是他们能够在儿童身上激发的最重要、最宝贵的兴趣，而且这是在各种条件下教育中所有重要方面所依赖的基础。幼儿教师应该受到自然研究方面的广泛训练，以便有能力带领儿童与自然亲密接触，与自然融为一体，而不是关在教室里研究植物和动物。

与自然研究相联系，应当将更多室外事物和因素引入进来：比如雪、木材、石头等事物都应当用来激发儿童的基本情感，训练他们大肌肉的协调性。这些游戏起初是完全自动自发的，到后来就应当受到适当指导，去模仿人类种族发展中的那些重要活动，如战争、葬礼、婚礼、宗教仪式，甚至犯罪活动、审判及惩罚。

以恩物和游戏为中心的教学方法必须拓展且多样化。这种方法因坚持抽象理论和非自然的象征主义，已阻碍了幼儿园教育的发展。允许多样化的表达，才是教育的真正方法。现实情况是，以形而上学为理论基础的恩物和（创造性的）手工活动被过分强调了，幼儿园教学很少根据反射与感觉理论进行改良。目前已有成百上千种物品适合用于恩物和（创造性的）手工活动，但幼儿园却固守福禄培尔所列的那张恩物清单，这样的做法无疑违背了福禄培尔的初衷。在幼儿园中，儿童应能够接触到一切玩具，且儿童对于玩具的兴趣应发源于他们对于自然的兴趣。儿童最喜爱的永远是动物，其次是植物，最后才是无生命的事物；而幼儿园中的恩物将这个顺序颠倒了。在无生命的事物当中，玩偶具有最高的教育价值，因此应当大量使用。儿童应该有更多自由地玩各种玩具的时间，要有乱写乱画的自由，而不要那种系统、精确的练习。儿童们厌恶任何体系化的事物和训练，因为对此他们是无法掌握的。任何只站在教师的角度考虑，而不为儿童考虑的做法都是错误和徒劳的。在儿童尚未成熟时强加给他一些不适宜的东西是无用的，教育时常意味着等待自然成熟的时机。所有对于直线、球体、立方体及其他数学概念的兴趣，都与儿童时期的天性无关。

在幼儿园中，模仿活动应受到重视。因此，教师的精神面貌与个性特征就十分重要，她说话时的声音、节奏、语调都对儿童产生影响。幼儿园教学中应在儿童的言语表达方面多下功夫，因为这一阶段正是儿童符合语言习惯的表达逐渐形成的时期。而在目前我们的大多数幼儿园中，儿童的言语表达都是不够的。应当要求儿童，尽可能用语言将每日的所见所闻所做都表达出来，且言语表达要尽可能与其他一切活动结合在一起。学校教育的早期阶段是练习外语听力的重要时机。

一切在家庭和学校中通用的符合儿童本性的教学方法，在幼儿园中均可采用。讲述、展示、解释、引导注意、讲故事等方法，都含有游戏的精神，是将周围世界介绍给儿童的多样方法。通过贴近自然的方式，幼儿园能够将家庭与学校联系在一起。

第二十五章 小 学

幼儿园理念中所包含的尊重儿童本能与生长节律的精神，同样应当注入小学教育中。小学教学应当与幼儿园相联结，将幼儿园的游戏方法、户外活动及兴趣关照等融入其最初的教学之中。对于目前的教学方法最重要的改变就是将阅读与书写教学推迟两到三年的时间，课程需要做出相应的调整。这样便可为儿童不成熟的心智留出自由发展的时间，并且在教学中更关注对内容的理解，而非基于读写的反复训练。待儿童长大一些，可以开始进行阅读与写作训练之时，此时的教学较之过早开始，不仅能更加顺利地完成，还能节省大量的时间和精力。这些读写的方法若能推迟到儿童十岁时才开始教授，会是很理想的。在小学中，应为孩子创造亲近自然、接触现实生活及鲜活语言的机会；儿童应当开始接触历史，听、说外国语，了解工业、戏剧和各类故事。我们应当致力于丰富学生的心智，并从中发现有关种族的特质，不断摒弃那些有碍于学生想象力和感知力发展的正规训练。在这几年当中，音乐教学不应该从音符开始，而应注意激发儿童对于音乐最初的感受，让儿童依据自己对于节拍、曲调和主旋律的偏好选择喜爱的音乐，并学习整首曲子的吟唱。

随后的几年，小学教学会进入一个新时期，这个时间不应早于九岁。此时，阅读写作训练及其他正规的训练便可引入，且成为这一时段教学的中心任务。此时，较之目前学校中过多的阅读、写作练习而言，与教师和同学的生动、频繁地交流互动才是最重要的教学方法。儿童需要一个语言环境，每天用几个小时练习听、说，才能为掌握母语奠定基础。在练习说的同时也要练习书写，严密的语法分析则越少越好。要注重形式上的训练，减少解释和分析。尽管儿童的说话方式会因此变得简单而不合语法，但同时也是丰富且充满活力的。除非儿童对于某事物或对自然产生了兴趣，否则便不应要求他们去写作。语言训练应跟随儿童的兴趣和感觉，否则将变成某种强迫。

这一时期是学校应对儿童进行所有社会所要求的基础、传统的智能训练的时期。应通过运用（反复运用＋灵活运用）来训练儿童的文字记忆能力，且在训练中要让儿童尽可能地自由放松，少一些压制束缚。如果这关键的几年能够利用得好，儿童就能从这些训练中获得巨大的发展，且一劳永逸。算术、拼写、外语等所有以相关肌肉运动为基础的学习，此时都应受到重视。道德生活也同智力活动一样被需要。这一阶段的主要任务是进行多方面训练并养成习惯，而非满足创造性冲动。养成习惯的过程中需要采取一些强制措施，儿童需要在正确的指导下完成严格的训练。在这几年当中，儿童需要服从命令，而不需太多敏感与同情。不论男孩、女孩，都需要男性教师的指导。男性的权威不仅在家中，在学校里也同样需要。

由于人们对于其推理训练价值的重视，算术在美国小学教学中所占比重过大。为了促进对算术的掌握，就需要进行机械性的反复操练，操练中要注意遵循规则列出一步步运算过程，而不需要过多的分析和解释。

如果教学能够遵循儿童的年龄阶段和需要进行，则不仅是语言能力，儿童的各方面能力都能通过适当的教学而得到巨大发展。通常适当的压力能够促进学习。在儿童学习遇到困难时，教师应以口头阐释等方法给予帮助。教学中一切因素的安排都须有助于教学目标的实现，并有助于将那些我们渴望看到的变化在儿童身上长久固定下来。语法教学尤其如此。外国语教学也是同样，若要彻底教儿童学会一门外国语，则要在入门之后，让儿童掌握全部语法基础知识和大量词汇。

学校教学工作的成功完成，意味着儿童在这种安排紧密的高强度教学中牢固掌握了大量必备知识，且在此过程中儿童感到的压力是适度的。算术所涉及的内容都要掌握，且儿童要对自己笔算和心算的能力充满自信。儿童应了解地理，要特别熟悉他所生活的环境，以及地球上其他地方的地理状况、社会及政治组织等。他应当记诵经典文学作品。他应当拥有8000—10000个单词的词汇量，且应对两门外国语有所了解。他们最好精读过一些书籍，并对大量的书籍有所涉猎，特别是关于旅行、冒险、自然历史以及传记类的书籍。此外，一定要训练儿童的运动习惯，且培养其对某些工业门类、手工操作及游戏、运动的兴趣。

第二十六章 中 学

从遗传学角度来看，当前中学系统中普遍存在的重大错误以及改造中学教育应依循的路线，都是显而易见、一目了然的。中学教育包含着学校系统中其他层次的教育机构所无法比拟的最有利的教育时机。中学阶段的学生具有自发成长的多方面可能性，同时也具有极强的可塑性。这是一个教育在任何时间、任何地点都能发挥其最大功效的时期，各种训练应成为该时期教育活动的中心内容。且在这一时期，学生会十分迫切地想要了解他所处的发展阶段。

考虑到这一阶段学生的需要以及中学教育所面临的教育时机，目前的中学与其他层次的学校相比，是功能发挥最不理想的。没有哪一层次的教师像中学教师这样，对儿童的天性如此毫无兴趣、知之甚少。教学安排的逻辑顺序和学科分科几乎不以心理学作为依据。学习内容不会依据儿童所处的年龄阶段进行选择，教学方法也不会采用适合青春期的自然学习法。

出现上述情况的原因是显而易见的。作为通向学院的重要一环，中学生为进入学院做着准备，学习着日后学院课程的入门科目。大部分教科书都由学院中的教师编写，因而编写方法十分系统、正规，且富有逻辑性。本应在学院里进行的教学被提前到了中学。目前有种趋势认为，现在所教授的所有学科都具有同等的价值，因此所有学科都应受到同等重视。绝大部分不会进入学院学习、对学院预备课程也不感兴趣的中学生，却不得不为了少部分人的需要而被迫学习所有学科。这一流行观点佐证目前大学入学考试制度与中学课程的合理性，却给当下青少年的教育带来了巨大破坏——中学阶段是他们最能从好的教育中获益、也最易为坏的教育所戕害的重要时期。说得再准确些，就是为升学做准备的教学是无法帮助学生适应实际生活的。因此中学教学已经变得书面化、缺少变化、书呆子气又十分武断。当前高中课程对于学生来说几乎毫无吸引力，而对于那些适合在此时期教授的科目，学校所使用的教学方法也会使其变得毫无教育价值。另一个错误是由对民主理想的错误理解所致：认为所有人在中学里都应接受同样的教育和对待，而真理恰恰与之相反——真正的民主教育需要将每个人的个性都最大限度地显露出来。

对于当前的中学教育，我们须做出彻底的改变，这不仅包括整套课程与方法，还包括对中学功能的理解和界定。中学一定要更好地为那些不再升学的大多数人的生活适应服务，且这一改变能够防止占学生总数四分之三的人辍学。中学阶段不应再被视为学院的准备阶段，而要独立发挥其作用，为这一阶段学生的发展尽最大努力。学院的入学考试应当取消，进入高等院校学习应凭借学业证书。中学应当能够对学院“发号施令”，而不是相反。若中学依据遗传学原则进行改革，则学院应义不容辞地接受高中改革的成果；且在此之后，学院应当以自己的方式推进学院一级的改革。将中学的起始时间提前至七年级这一青春期开始的年龄，是有教育意义的，这就给了那些年长的文法学校学生与大一点的孩子相互交流的机会。对于中学而言，越俎代庖、去抢占学院的工作是不明智的。对于学院而言，则应当采取一些与高中教学更为接近的方式，而抛弃对于大学教学方式的偏爱。特别是在东方，学院对于中学的影响就是使其与真实生活相分离。中学教学的首要任务并不是将学生引向特殊的分化的学科，而是回顾并纠正小学教学中的不足与错误。十二岁是进行总结、回顾的最佳时期。这是能够将训练作为主要教学方法的最后一年，也是纠正、弥补之前发展中错误的最后机会。男女同校的计划未必是明智的，因为此时正值性别差异明显的关键时期，因此在教学中也需以不同方式对待不同性别学生。学校应当聘用更多男性教师，且教学训练的形式应满足不同性别的兴趣和需要。中学里的教科书设定得过多，而教学又过分拘泥于其中，于是有人会认为不论在校内或是校外，知识过多会阻碍学生的成长。

一旦取消学院的入学考试，人们便能很快看到中学课程内容与方法的改变——教学的基本观点发生从崇尚传统、经典到重视自然、本性的转变；伴随学习内容的极大扩展，教学也不再拘泥于形式。语言教学将成为教学工作的基础。语言教学应更重视内容而非形式，就像在文学、历史和科学教学中所做的那样。雄辩术教学将被赋予如古罗马时期那样崇高的价值，这是一门通过鲜活个性来展现真理以影响人类行为的艺术。辩论俱乐部将会发挥重要的教育作用。在辩论中，年轻人好胜的强烈本能将被激发出来，这一能量会在很多活动当中发挥作用，且需要被发展、提升到更高水平。这是推动男生成长、发展的重要动机之一，但在目前的中学教育中并未受到重视。

与此相似，表演性动机是另一种被当前教育忽略的动机。在改造中等教育的过程中，这一强烈动机将占据重要地位。戏剧表演是生活中的一种无可比拟的训练。鉴于其目标与方法，戏剧表演能够给青少年一些特别的教益，而这无法通过其他方式来完成。因此，戏剧表演及表演性朗读所激发的青少年的民族情感一定要置于语言课教学的中心。学生仅仅去倾听是不够的，他们必须参与其中。

另一种很值得放入英语教学中的材料是中世纪史诗。青少年步入成年这一阶段与中世纪时期在整个种族历史进程中所处的阶段是最为类似的，因而中世纪史诗最适合用来培养青少年的男子气概、骑士精神和勇气，且能够将最伟大的荣誉感植入他们心中。

在文学方面，青少年首先应对文学作品进行广泛的阅读，而不要急着过于精选或研读。他们应在极少的限制下进行大量的阅读，并与同伴分享阅读所得。女生特别需要快速粗略地阅读。她们需要了解一些文学知识概要、书评以及伟大的小说家、戏剧家的作品，还需要对时下的一些杂志和编辑的工作有所了解。此外，还应阅读一些社会问题剧及心理学小说。换句话说，在大量涌现的现代文学的洪流中，她们的阅读需要得到指导。

若非从大学入学的角度考虑，则目前中学里的课程只应保留很小一部分。尽管现代语言的教学应当优先于古典内容，但相比于内容研究，语言教学都是次要的。由于语言教学过于强调精确和形式化，因而与青少年时期最基本的冲动联系过少，又受文明社会文化影响过深，因而不宜在中学教育中占过多比重。同样，形式化的数学教学在这一阶段同样缺乏价值。

在英语教学之后来谈一下科学教学。科学教学的首要目的是培养青少年将自然作为一个整体去热爱和了解，教学方法应是严谨的。科学课内容所达到的广度和深度比内容的精确性更重要。从某种意义上说，站在科学探索前沿的不论是科学家或是科学爱好者，都具有儿童的某些特质，而这一认识应体现在科学教学当中。

科学教学不能缺少天文学知识，包含动力学、遗传学理念的地理学及古生物学知识也应占有重要地位。在化学教学中，遗传学因素及其应用价值应受到重视。在生物学教学中，要以饱满的热情向学生讲授巨大复杂的生物链系统。在所有的科学教学中，青少年一定要“重走”人类种族曾经走过的道路，因此，科学教学在开始时不应过于要求精确或具体，而要理解最普遍、一般层面上的原则。这就意味着，科学教学应从接触神话和文学开始，随后是历史和思想起源，其后进入与日常生活的方方面面紧密联系的通俗科学阶段，接下来是广义上的功利主义阶段，重要的科学发现及其应用都指向为公共福祉服务，关注生活、健康、繁衍与疾病。最后才是纯科学的阶段，纯科学所关注的问题是：公式法、数学的精确性、分析及分类，但这不应属于中学阶段学习的内容。然而，目前这种最高级、最抽象的方法却在高中教学中流行，这是学院主导的后果，最终只能以糟糕的教学效果为代价。系统、精准的教学能够减轻教师的工作负荷，且能掩盖教师的无知与教学资源的缺乏。心智操练等可以通过小组教学的形式来安排课程、背诵以及考试，但这对青少年的头脑而言无疑是沉重的负担。

一定要记得高中阶段的男生都是功利主义者，吸引他们的是事物的有用性。因此在安排教学内容时，应充分从其学习动力方面进行考虑，努力唤醒其开拓精神与商业兴趣应不失为一种务实的教学设计，且将商业、贸易的主要知识教授给学生。科学教学就应依据学生的兴趣分组来进行。这样的教学应关注现实生活，激发青少年的心智活力，并利用他们头脑中萌发的对征服的热爱，激发其在现实生活中的探索与行动力。如此，教学工作必须与体育活动协调进行，且出于对青少年兴趣的考虑，也应和道德、宗教教学相配合。在这个年龄阶段，所有观念都处于相通共融的状态，热情很容易从一个领域辐射到其他领域，宜努力保持下去。教学工作意味着不断建构激发好奇又令人振奋的环境，将所激发的热情导向更高的发展水平。待到青少年的内部自控力发展起来，其心智活动就会愈发专注，兴趣也将变得稳定并日益明确方向。

中学阶段是个体最易受到社会化影响的阶段，也是个性化发展的重要阶段。处在该年龄段的青少年也会相互影响。因此，为了利用青少年的社会化发展这一动机，教学活动的设计中必须尽可能考虑到社会性因素。教学活动应是积极活泼的，青少年的头脑不断被新观念所冲击，此时心智的吸收力要比表达的力量更加强大。最重要的是，他们需要宗教和道德来对他们的成长发挥影响。事实上，高中课程的整体精神应指向年轻人的身心健全发展，并使之具有对于道德和宗教的适度热情。

以上便是当前整个学校系统中最重要的问题所在。如果想要解决其中最迫切的问题，将中等教育建立在正确的基础之上，就需要一条线索帮助我们去认识一切教育活动，并从这一中心出发，检查过去、设计未来，使得学校中的全部课程都能遵循遗传学的基本原则。

第二十七章　学　院①

关于高等教育需要考虑的首要问题是，谁应当进入学院学习？现实中鼓励所有中学生进入学院学习的做法存在许多危害。有许多男孩、女孩完全不应升入学院。如果在最具可塑性的青春期阶段，他们的健康因为学院超负荷的学习任务而受到损害，这种损害可能是无法修复的。那些不适合升入学院的学生，勉强进入学院学习，为获取少量的知识而牺牲了健康，有时甚至正常的发育也受到了阻碍。与男孩相比，女孩在这样高强度的学习下受到的伤害和影响更大。除非一个年轻人有着超乎寻常的心智能力，对于智力生活抱有探索的热望，否则他不应进入学院学习。商业活动或其他积极的生活方式更适合那些对于智力生活缺乏明确兴趣的人。如果一个人道德信念不够强大，且尚未形成良好道德生活的习惯，那么学院生活也不适合他。学院生活中也存在种

① 学院（college），实施高等教育的机构。在中世纪的欧洲大学，学院是指学生集体寄宿的住所；后逐渐转为提供获得学位所需训练的教育机构，但学位授予权一般由特许的大学掌控。——译者注

种诱惑；如果学院缺乏良好的道德氛围，就难以培养出具有优秀道德品格的个体。总之，学院并不是为那些仅仅有钱有闲的花花公子们准备的。

学院生活开始于青年时代，在这一时期，年轻人以其成长复演着种族发展的历史，智力发展在此过程中具有重要的生存价值，因此年轻人会在各个方面自然地、本能地增长自身的知识与文化。如中学一样，学院应当自我完善，遵循自身的理念，为处于此阶段的年轻人提供最好的教育服务。学院不应成为中学与大学（或职业学校）之间的一个过渡阶段，它应以独立的姿态出现，而不必以培养专业人才为目标。学院的任务在于，提供一种从容闲逸的普通文化的教育，这种教育从某种程度上说是不具有明确（专业）目的指向的。

学院教育不以培养专业人才为目的，因此专业化与个性化在这里不会被过多强调。在这里，我们必须建立起一种对于人与人之间共性与共有的认识。学院应当致力于拓宽年轻人的文化视野，而非进行精细的知识传授。在学院中，年轻人的心智应接受多方面刺激，且为了使遗传因素充分发挥作用，令个体在智力与道德上获得完满发展，心智的成熟步伐往往会有所延迟。学院应当是为那些能够从中受益的人而创建的。这里不需要入学考试，从个性和年龄方面考虑，那些能够从学院的学习及生活中受益的所有青年都应被允许入学。学院教育会面向不同类型的学生，且学业的进步不应以掌握知识的数量作为衡量。比学业表现更需关注的是，许多学生并不能天然地从人与人之间的联结中受益；因此，在生活中学习，发展人的共性，是学院教育真正的意旨所在。一所理想的学院不需要太大，因为这一时期正值个体发展完善的重要时段，学院的理念就是根据学生各不相同的能力及其局限帮助每个人实现自我的最大发展。教育活动的方方面面都渗透着道德目标，需要铭记，道德的成长与进步比知识的获得重要得多。

学院的教学工作旨在延迟成熟。在年轻人的心智被更高级的理念与兴趣激发、塑造的过程中，遗传因素也在推动着个体迈向完满、成熟。无论所属何种学科，教授的职责就是启发学生的兴趣，并激发其理想。在个体心智尚未成熟到足以自控之前，适当的智力兴趣可使心智活动专注地进行。如果一个年轻人缺乏对高级智力活动的兴趣和热情，他便会去寻找一个较低水平的兴趣点；因此，每一种智力兴趣都可能意味着某种可能出现的并不受欢迎的心理动机或习惯。在此意义上，学院中的任何工作都具有道德价值。

在学院中，个性的培养被赋予了突出的地位。因此学院里学生与教授的关系就应不止于一般意义上的师生关系。教师的职责是引导学生去探索生活中的种种奥秘，而不仅仅是传递一些知识和信息。一旦学术性的教学逐渐堕落，偏离了这种理念，则教育的麻烦就会出现；如果学生的学术兴趣向课堂之外转移，则标志着学院教育的失败。学院规模的过分膨胀将成为学生生活的巨大威胁，因为这可能破坏师生之间正常、紧密的关系，使教学活动变得形式化，从而缺乏个性启迪的作用。这便是当前学院体系的最大危害。如果教学的任务仅仅是传授知识，而不是培育理想；当教学不能培养学生在面对重大问题时保持开放的心态与好奇心，这害处是非常巨大的。这样的教学是在为过去的某种理念服务，而非面向未来；学习人们已有的生活方式相比于过一种以未来理想引导的生活要容易得多，然而只有理想才能赋予人完全不同的热情。未来才是学院年轻人即将奔赴的方向，面向未来的精神是他们必须具备的；如果学院在其教学中没能体现这种精神，则它必定无法与学生之间建立紧密联系，学院与这些年轻人最终只会分道扬镳。

当前学院工作中最普遍、最严重的问题就是教学中的过度专业化，由这个问题还引发了其他一系列问题。教授过分关注课程的学科内容，而很少去关注教学的真正功能。他们不关注学生的兴趣，而为学科的系统化、技术化、精准性以及知识探索做着努力；同时也在将这种专业态度传授给学生。因为在学院教育中，教师本身及其方法和各学科的内容都是次要的，所以此种做法无疑是错误的。教授的主要工作恰恰在别处，他们的重要任务应是将一些最有价值的东西——最新的研究以及探索的热情引入自己的学科。他应当对自己学科的发展前沿及整个历史了如指掌，了解学科发展中伟大人物的生平以及学科已取得的卓越成就。如果需要的话，他必须勇于面对其教学的肤浅和无系统性的指责，因为为了使教学具有启发性，必须放弃一些对于准确与形式化的追求。在学院中，教学的目的应是唤醒学生的心智。教授应当鼓励学生发现问题或提出质疑，对于学生的问题，他只回答其中少数几个。判断一位教授的教学是否成功，并不在于他向学生的头脑中输送了多少知识，而在于他是否在有价值的问题上激发了学生的兴趣，即他对于学生人生观与价值观的影响，以及学生愿意依据这些价值观调整自身行为的热情。

如果这样理解学院中年轻人的需求，学院中的课程就需要做出根本改变。教学方法与内容主题都须指向关于生活的宏大方面。学院工作须以道德教育为中心，因此，就应与宗教生活相联系并且不断地发展它。这离不开正确哲学的指导。伦理学必须与健康、荣誉、自制及个人效能相联系；且要与对运动的兴趣联系起来。这几乎涵盖了广大的生活层面，因此要全面利用文学、自然科学、心理学、教育哲学（包含着对所有人生价值的洞察，培养面向未来的行动理念）这些学科。教育学必须作为所有理论科学与实践科学的统一综合体呈现，须在更广阔、更普遍的意义上教授，只有这样，教育学才能作为培养公民理想、父母职责、社会利他取向的理想途径，为所有人所需要。音乐，作为情感教育的伟大手段，必须得到极大的重视与尊重。音乐是情感的语言，也是受众最广的文化学科。音乐教育必须面向所有人，必须让学生了解音乐的历史及其伟大作品，以提升当前年轻人中流行的低俗音乐品位。

学生对于宗教的需要是巨大而又深刻的，宗教必须在学院中教授，要使年轻人保持对事物积极、肯定的态度，而不仅仅习惯于消极批判。基于这个原因，宗教研究的视野应当拓宽，要从比较的、心理学的角度来进行研究，而非只站在历史的视角上。宗教精神必须作为青少年的理想根植于他们心中，圣人的生平故事也应作为种族信念的代表讲述给他们。体育应被视为宗教与道德态度的一部分。身体的发展以及运动要被提升到一个更高的层面，赋予其智育和德育的广泛意义，并将其视为伦理学、心理学及生物学课程的中心。

学生的社会生活在理论和实践的兴趣方面存在很多问题，但我们并不知道如何指导他们，也不知道如何通过一些有价值的活动去形成某种能量，学生们的自由交往需要这种能量的推动。社会生活是对正在形成中的各种兴趣的练习。模仿是社会学习的重要形式，具有强大的力量。学生最初参与讨论、辩论，常常是从模仿开始的。在讨论与辩论活动中，学生个性的力量会得到增长，同时能够尝试不同的表达风格，从多方面提出假设，使经验得到拓展。学院中各种俱乐部几乎涵盖了一切我们能想到的类型，体现了该年龄段年轻人卓越、丰富的社会意识及新颖、多样的兴趣。

我们已经学习过如何通过不同方式管理社交本能。对于辩论和争论的热爱就表明了一个重要问题，即：将社会的管理规章与激励制度用于课堂教学方法和主题当中的重要性。这种方法得到学院组织特别是社团的支持。若要在一个小团体中发展起亲密的友谊，则只能通过这种办法来实现。学院中的社会生活拓展了个性的范畴，并让学生了解什么是荣誉。另一个问题是自我管理。学生对于社团组织的强烈兴趣，或许表明了当前在对自我组织、自我管理能力和兴趣的指导上仍然存在着问题，因此学生团体的自我管理尚未完全实现。在很多方面，青少年的生活中依旧需要权威，学院也尚未为其创设在各方面能够自由作为的适宜环境。年轻人社会性本能的另一表现即对于运动竞赛的兴趣。关注这一兴趣，足以给教育带来巨大的改变。对于年轻人中存在的过度躁动与不满、暴动和变革的想法，以及道德感与热情缺失等状态，激发其运动兴趣是最好的治疗方法。在运动竞赛中，学生对于自己队伍和学校的忠诚被激发出来，树立权威也变得容易，这有利于学生品行的养成。若将这种体育竞赛精神拓展至所有学生团体，则学院中各系科的教育教学工作便会有一个整体的提升。在这方面我们还有太多需要学习，与英国学校的运动精神相比，我们仍旧落后很多，学院中运动队的地位和水平很可能是衡量学生群体智力水平的重要指标。

哲学是学院教学与训练中的关键科目。当前学院中的哲学教学充斥着对于推理的狂热癖好，而这恰恰违背了年轻人的本性。此时，学生最需要的是形成积极的而非批判性的世界观；哲学永远不应减损他对于实际生活的热情，也不应干扰他对于知识世界的渴望。学院中所讲授的哲学必须是活的哲学，其主要任务是向学生阐释每一门科学在知识体系中所处的位置。每一位学科专家都应致力于将科学知识作为哲学的一部分传授给学生。在学院中，必须向学生教授种族智力活动发展的全部历史，当以一种对年轻人的价值观有所启发和洞察的态度去教授，抛弃枯燥且形式化的教法，则这一过程就会变得浪漫而让人着迷。

第二十八章　大　学[①]

科学是人类最伟大的成就之一，而大学作为科学创新的园圃，是培养人类高级兴趣的中心。大学的功能就是保持研究精神的生生不息，进而将这种精神注入教育和生活的方方面面，并不断吸纳新的理念。因此，与社会中其他机构相比，大学更代表着进步和未来。然而，大学也非探索精神的唯一拥有者和创造者。所有未受错误教育戕害的儿童都具有探索精神，若人们能将这种精神保持一生，则教育的真正目的也就达到了。科学研究的过程，就是对童年时期的求知欲和好奇心的一个发展、完善的过程。研究精神与宗教中的敬畏态度有关。这是在儿童成长中所蕴含的一种精神，将这种精神注入对其漠视的学校高年级学生中，会使学校的面貌焕然一新。这是一种独立精神和领导精神。教授除了要有广博的知识，还要有艺术家式的灵感和创造性的灵魂。是否具有这种精神，同样是对处于青春期的年轻人成长水平的检

① 大学（university），高等学校的一种类型。主要实施本科及以上层次的全日制高等教育，在广泛的领域内有权授予学位。近代意义的大学起源于中世纪欧洲的教师与学生行会。19世纪初洪堡倡导建立的德国柏林大学成为现代大学的母版，科学研究职能在此产生。——译者注

验。即他的任务不仅是去学习，更要进行创造，放眼未来，开辟新的道路。在青春期的发展中，这一精神是伴随着特定情感发展而产生的，该时期的情感发展以高级利他主义与换位思考为标志，这是整个青春期情感发展的中心。

我们国家教育发展的最大需求就是提升大学教育的品质及改善大学理念。不论在学生方面，还是教授方面，我们的学术水准仍然太低。我们需要一次科学的复兴。大学的功能就是帮助学生最终实现其智力发展的目标，引导他接触学术探索的前沿，指导他探索未知；最终他将拓展知识的疆域，在自己的研究领域成为权威，或成为某方面研究的专家。至此，他方能体会到在智力生活中的独立、自由之感。然而目前，我们的学校在传播已有知识方面做得比培养并保持研究精神要好得多。如果缺少了研究精神，任何教育系统都会退化、堕落，除非该系统能够从外界获得刺激和更新的力量。

在具有生长性的教育系统的顶端，必须有一所以研究精神为基础的大学。大学的教学方法不仅要具有学术性，还必须体现出专业性。此时，学生已不再是单纯的学生，而要从事自主探究。他们不应满足于重复或证明他人的结论，而必须以崭新的方法，将先前的知识作为基础，创造出知识的新价值，提出个人有创见的观点。宽泛的、普通文化知识的学习，可为从事专业研究提供某种前期准备，但却难以实现专业教育的理想，也不能满足培养研究精神的需要。授受式教学方式的过度使用会扼杀研究精神这一教育的最宝贵成果，而我们的大学恰恰就是这样做的。大学中正在开展各种过度的接受学习，却从未致力于培养专业人才所需的探索与研究精神。

大学是为少数人服务的。在大学的各系科当中，最有才华的人总能保持领先并不断取得进步。不要认为这些努力与追求专业理想的人生都是不切实际的。对于科学本身最纯粹的热爱都不可能脱离实际。最具理论性的阐释通常在实际的结果面前也会让步。在过去，由于大学的精神与成就已催生出许多高级智慧的成果，这些成果已为当前的专业探究活动提供了标准和最具实用性的规则，也已被运用到了社会生活的方方面面。

如果说大学是为少数人服务的，那么这些年轻人就应拥有最大可能的自由。为了使他们能够获得最适合自身需要的精确指导，他们应当拥有在大学间自由转学的权利。大学教学要为他们提供一切可能的帮助，并去除阻碍他们心智成熟的种种障碍。每一所大学都应希望它的院系实现最高效能。而每个大学生都应乐于去给身边的同学以教益，且对他所研究的领域保持昂扬的兴趣。自从步入大学生活的那一刻起，他们就不再只是一名学习者，同时也是高级智力生活的分享者。

当前大学中过多使用了讲授教学的方式，合作教学方式必须作为有益补充而日益受到重视。比如在实验室里教学，学生就可与教授一同工作，且每个学生都有他们各自的研究兴趣和意图。习明纳也是同样。这两种方式为年轻人心智能力的发展、成熟提供了最自然的情境。培养最高级的专业人才一定要注意方法的社会化。其中最重要的一步就是将研究成果出版，公之于众，这就以永久的方式向世界展示了自己的研究成果，如同为一座知识的大厦添砖加瓦。如果大学教学能够遵循教学法所阐述的步骤进行；如果某位年轻人所专攻的学科适合于他；如果他不仅能够搜集各种事实，且能够使用新的方法将其组合，并创造出新的思想；如果在对问题的探索中，他已全身心地融入其中；如果他能够将自身的勤奋与推断能力相结合，去想象、洞察新的领域，去预测未来研究工作的光明前景，则个体与其工作已经愉快地结合在一起。教育系统也就创造出了最宝贵的成果—— 一位真正的学者。

第二十九章　教师培训

美国教育最紧迫的问题之一就是教师培训。没有哪一层级的教育像师范学校这样如此迫切地需要改革。特别是在初等学校中，不论在学科知识，还是对儿童的了解方面，教师都缺乏从事教学的基本准备。同时，教师自身缺乏坚定的信念，而太容易受各种新观念的影响；他们缺乏教育哲学的引领，希望通过取得领先地位来认定自身的尊严和权利。教育系统及相关组织在教师培养方面并未起到积极作用，因为这些系统本身就在走向退化和衰败。其他国家及我们自身的经验都表明，除非变革的灵感从外部注入，否则积极的变化很难在已形式化、定式化的学校系统内自发产生。因此，教育革新的观念必须成为教育系统改革的力量源泉；而这些观念的产生之地，正是大学。通常，这些新观念会在高等教育机构中产生，随后被运用于公立学校，推动教育革新。因此，教育改革需要的是长远的眼光，需要培养乐于吸收各地学校的优秀做法的教育领导者和教师，将新观念传递给一线教学的教师。如此看来，寻求变革的公立小学恐怕是最依赖大学的教育机构了。

教师培训始于对大学中专业人员的教育。首要工作就是拓展所有教育领导者的视野。不存在囊括所有教育问题及观点的科学，因此，学校的领导者或某学校系统若过分执着于某一种哲学或某一种观念，则会是种不幸。教育学必须能够吸收可运用于年轻人教育中的各种资源，教育者必须要广泛搜寻各种教育素材。

这就是教师培训所应依据的精神，是各个年级的教学人员都应具备的。只有遵循这种精神，学校教育才能不断取得进步。

当前教师培训中普遍存在的问题就是过于强调系统化。而这种系统化所依赖的教育哲学又过于狭窄、演绎和形式化，导致最终只能将形式化的、无效的教育方法传递给教师，再经由教师教授给学生。这些哲学训练年轻人如何将巨大的知识整体剖开，在教学中过度、过早地追求精确，要求语言的准确表达，重视逻辑训练，注重演算的正规步骤，过分注重分析和解释。在最坏的情况下，这可能成为一种发生在师生之间的对于知识的卖弄，更可能成为对无知的庇护，以形式的复杂遮蔽内容的苍白。这无疑是一种对学生心智发展极为有害的做法。

在教师培训中，专业训练占了过多的比重。然而，其实教师所需要的不是系统的教育学知识，而是对于知识的深切热爱以及对儿童强烈、敏锐的情感。如果要在形式化的教学法的过度训练和完全缺乏专业知识这二者之间做一选择，则后者会更好些。因为在教学中，教师很容易夸大各种规则，这使他的教学变得形式化、不自然，更让知识变得复杂难懂；教师也会通过人为的知识分类和繁复的推演步骤把学生搞糊涂。教师培训所需要的是一些简单易懂的教学原则、几节启发思考的教育史课程以及大量关于学生天性方面的知识和课程。

因为心理学是研究人类天性的科学，所以教师培训的重点应放在广泛的心理学研究之上，而不是形式化的哲学；其中特别要重视对童年的研究和解释。心理学研究对于教师养成的重要性，就如同钢铁和木头对于工程师的价值，其地位无可取代。用哲学来指导教学既过时又抽象。关于人脑的最新实验性知识又太过专业，且与教学相距甚远。目前还没有哪一部教科书对于教师培训来说是足够的。即使是遗传学书籍也写得太过教条，无法为教师提供广泛的最新知识。新的遗传心理学鼓励教师要有宽广的视野，要求教师尊重儿童及大自然的工作节律。儿童越年幼，教师能从古老哲学中获得的帮助就越少，而应更多地从新近哲学成果中去汲取养分。即便是古老心理学中最卓越的理论也无法解决幼儿教育中的任何问题，因为它关注的是成人，而非儿童；它讲述着一些缺乏时代感的问题，并提出一些违反自然的假设和理念。

为教师培训所提供的心理学课程应只包含少量的分析与系统性，不应过多涉及科学的基本原则或心理学与其他科学的联系，而应当体现出实践性和遗传性的特征。

教师培训工作应当从生理学和卫生学开始，研究诸如空气、光、热、姿势、营养、畸形及缺陷等问题。对幼儿园实践方面的问题也应加以研究，其中应结合对看护和其他生理学问题的探讨。遗传学知识，眼、耳和运动能力的测试，肌肉训练及其协调等问题也应包括在内。

在教师培训中，对于游戏、个体发育的自然分期以及所有兴趣的萌芽阶段等都应有更多涉及，还应更多关注模仿和想象，少放一点精力在推理上。在培训中，情感研究也是一个极其重要的方面，研究可从最基本的情感——快乐、痛苦入手，逐渐发展到恐惧、爱、气恼、遗憾、同情等其他情感。

教师需要大量关于阅读和数学的专门知识，因为如果他不了解这些学习过程的内部机制，教学工作只能盲目进行。同时，作为教师还要学习语言学习的心理学、书写中的生理与卫生学、绘画方法、地理学习的相关过程以及历史教学、考试与评分中的心理学知识等内容。

心理疲劳的法则则属于另一方面的知识。作为教师，对注意、分心、记忆、习惯及联想等心理现象必须有所了解。所有这些心理发展问题的学习，都应结合个体案例和实际问题，以正确的方式着手。教师培训的目的在于扩大并发展父母的天性与教育的本能，这些天性存在于每个年轻人身上。教学要更多地以潜移默化的方式进行，以天赋兴趣为基础，吸收、同化那些以正确方式呈现的贴近自然的事物。

如果教师想要有效地开展教学工作，对于从心理学角度进行的儿童研究以及其他理论与实践研究的相关问题，他也必须有所了解。这些问题包括学校组织、管理，以及与学校相关的法律层面问题和纪律问题。如果能以更广阔的教育视野和社会问题的视角来看待这些问题，则这些工作便不应流于形式化和表面化。

除了心理学之外，教育史是教师专业训练中最为重要的学科。在传承教育理念、培育专业精神方面，任何科目都无法与之相比。一定要将历史上伟大教育家的故事，包括其教学生涯或者为人父母的教育经历讲给新教师们听。一名教师必须明白，对于年轻人的爱是人类最深刻的本能，这是每个正常的人都具备的。

即将成为教师的人，还必须对其所教授学科课程的基本原理进行深入学习，因为教师最普遍的缺点就是知识的缺乏。教师的知识必须丰富且多样化，必须适合孩子心智成长的阶段，而不必过分讲究系统化或序列化。专业化是当今师范院校和教师的理想。每位教师所承担的教学科目越少越好，与现在相比，所有科目都正在被更加彻底地把握。心智活动内容的丰富性是重中之重，教学中知识的匮乏会带来很多危险。内容的空疏乏味会导致教学方法的形式化，而强调分析和知识的系统化，注重过程，这些都应在特定的教学情境中进行，应当与教学艺术相伴而生，并非先于教学艺术产生。

师范学校中的一切工作都是模范学校[①]工作的中心。这类学校从本质上说，是与实习学校相反的，因为这里的每一名教师都必须是专家，或至少也是专业人员。所有教师都应为训练学生提供课程，也应承担对学生的专业指导。在模范学校中，年轻学生必须看到最佳的教育理念如何被熟练地应用于实践当中，这些未来的教师、年轻的“学徒”在专家的指导下逐渐开始他们的学习。接下来，学生应当进入公立学校，在老教师的指导下开始更深入的学徒工作，如有可能，也应积累一些教育缺陷儿童或在医院工作的相关经验。这些师范学校应将以培养小学教师为己任，而不应承担中学教学培训的任务，因为后者应属学院一级的教育系科的功能。

与当前施用的教学方法相比，师范学校需要增加直观实物教学法或演示法的使用。在学校的每一座博物馆中，都应悬挂地图，陈列各式各样的教学设备、图表、书籍、模型以及大量的图片和幻灯片。如可能，这些博物馆的功能应得到扩展，以便为校外的教师提供服务。图片、幻灯片等材料以及其他教学辅助设备都应循环使用，为教师尽可能地提供最大帮助。

除前文所述的教师培训科目外，未来的教师还应具备一些特殊能力，如讲故事的能力就应作为教学能力最重要的考察标准之一；为了训练这一能力，教师需要进行大量的阅读。此外，舞蹈和戏剧表演也是必备的能力，游戏课程也应当开设。教师还需要进行更加丰富、广泛的音乐学习，每位教师都要能唱歌，还要会至少一种乐器，同时对音乐史有所了解，且熟知优秀的儿童音乐作品。

---

① 模范学校（model school）是一种分级学校，通常与师范学校或教师培训学院相联系，提供教学组织和方法上的范型。——译者注

在学院层次，教育系所涵盖的知识领域非常宽泛，因为从某种意义上说，教育根本不应被视为一个专业，而应被看作所有科学领域的实践和理论智慧的集合体。它与学院中其他系科都有着联系，且从各个系科中都能获得助益。如果教育系的发展得到合理规划和实施，它将成为所有系科中包含最丰富教育可能的系科。

从最宽泛的字面意义来讲，学院层次的教育学课程首先应当包含教育史课程，这门课程涵盖从幼儿园到大学各个层级教育发展的历史，以及学校系统各分支建制的历史，以从古至今人类各民族的教育理论和实践为研究对象，考察一切宗教与世俗的教育机构。事实上，所有有意识的教育行为都应纳入这门课程的范围。

在其重要性上仅次于教育史课程的是儿童及青少年研究。这门课程并不是系统的心理学课程，也不属于哲学的分支，而是基于儿童及青少年成长中最具实际价值的主题而开设的。这些主题包括个体发展、动作机能的发展、健康、游戏、道德、宗教等，对每个主题的研究学习都应与中小学教学的具体问题相结合。

此外，需要学习的课程主要包括对所有学校相关的主题、方法、各项工作的组织、专业教育、男女合校及教师心理等问题的教育价值的研究。以英语教学为例，需要研究的问题包括：儿童的整个语言发展过程，课程中现代外语与母语的关系及它们各自的价值，以及所有与之相关的更广泛的教育问题。

同样，与学科课程内容相关的主题也需要学习，如：物理学、代数、动物学、商学等。这些课程在设计中，应以宽广的视角，充分注重教学要求与各年龄阶段身心成长水平的关系，并对其他相关的教育问题也有所关注。

尽管学院层次的教育学所包含的领域十分广泛，但仍存在许多将教育学领域窄化或遗漏某些重要内容的倾向，而将一些精力放在与教育并不太相关的问题上。一些教育学教授常常这样看待自己的职责：他们将学生召集到大学里来，对他们进行监督指导，并注意保持与中学的联系。除了将时间和精力花费在这些形式化的主题上，教授的兴趣应更深入其学科的文化层面。他应当与各个年级的教育保持联系，了解整个教育系统，且应及时获知所有现实中的教育问题。作为一名教师，如果他想拥有正确的观点，就必须亲自开展教育调查。

针对教育学被忽视的状况，需要在更宽广的视野下发展它，对于女子学院而言，情况尤其如此。教育学专业的课程并非只面向那些想要从事教师职业的人，而应当面向所有学生。因为教育学不仅具有重要的社会功能，从很多方面看，它更应成为一种教授父母职责的普通教育。人们对于教育的兴趣更应从这方面得到激发。必须拓宽对年轻人在整个社会经济中地位的认识，而照料、训练儿童的职责也理应得到所有人的关注。

因此可见，教育学并不缺乏文化素材的支持，且教育系应在学院（特别是女子学院）中居于中心地位的原因是那样显而易见。教育系与学院中其他所有系科均有联系，在某种意义上是所有其他学科的集中与综合。教育是使人类世代得以延续的最为重要的工作，也是衡量个人与整个民族的道德、智力水平的重要标准。

第四部分

特殊问题

第三十章　宗教机构

宗教教育在当今的世俗学校中理应涉及得越少越好，因此宗教教育必将越来越多地由宗教机构自己来承担。为了更好地解决教育教学中的实际问题，宗教教育机构应当采纳世俗学校正在施行的教育方法，在学习、阐释其相关文化的过程中，不仅仅站在宗教的立场上，同时也要关注儿童的兴趣；教学的安排必须与学生的本性和所处发展阶段相适应。宗教教育的从事者要以更加广阔的心胸去尊重、包容不同的宗教，甚至将其他宗教文化的素材作为自身宗教的必要补充。美国的宗教和《圣经》最初由外族所创造，呈现出与美国民族性格殊为不同的许多特征，美国并不像其他民族一样拥有一些自孩童时代就形成的传统。美国没有史诗或神话来为宗教信仰提供宏大的文化背景。针对上述情况，在宗教教育中，要特别注意适应美国自身的需要，特别是儿童的需要。

伴随着儿童心理研究的不断深入，出现了一些针对目前主日学校提出的建设性意见。主日学校应当充分了解儿童的想法以及他们的真正需要，而不能强迫他们对某事产生兴趣，在这一层面上，不论是主日学校还是世俗学校都是一样的。而在通常情况下，主日学校的老师太过急于将来自成人的宗教观念传递给儿童，认为那才是真理的唯一表现形式。这种做法是极端错误的，相较于其他的领域，宗教教育更应注重其内容安排对于儿童的适用性。下面是针对主日学校改革提出的一些建议：

(1) 对处于青春期之前的儿童来说，相比于《新约》，《旧约》更适合他们阅读学习。

(2)《新约》对处于青春期的青少年最具教育意义。

(3) 在讲解耶稣其人时，应让学生首要了解其人性的方面，而对其神性及超自然的方面应谨慎提及。

(4) 讲述宗教故事应作为主要的教育方式，尤其是对低龄儿童。

(5)《圣经》以外的那些具有道德教育意义的故事，也应被列入教育内容当中。

(6) 自然教育也应作为发展宗教情感的一种手段。

(7) 对儿童最初单纯的智育应以《旧约》为中心，而在其进入青春期的最初几年则应主要依据《新约》。

(8) 神迹、超自然现象应当在宗教学习中被置于突出地位。

(9) 最为理想、完备的主日学校应为年轻人心智的成熟提供精神食粮，且培养出具有高尚道德情操的青年男女。

主日学校教学工作的主线是将《圣经》视为种族发展历程的象征。《圣经》是一部关于人类诞生、成长的历史，经历许多人生阶段，逐渐走向成熟，直至老去。总体看来，《圣经》中故事的讲述顺序即可作为教学的顺序。宗教教育的最佳手段就是讲述故事。但是也须注意，即便这些宗教故事再伟大，也未必完全满足儿童在宗教信仰方面的需要。儿童的心智力量比任何一个宗教故事的力量都要强大许多。首先，应培养儿童对于自然的热爱和崇拜，这为其宗教情感的形成提供心灵背景与底色。宗教生活的这一重要发展阶段一定不能被遗忘。没有什么比热爱自然更能激发敬畏与依赖的情感了。在每一个热爱自然的心灵当中都会蕴藏着这种自发的情感。每一种自然物都会得到人类的崇拜：森林、云朵、雷电及山峰在希伯来人的早期信仰形成过程中扮演了重要的角色；同样的道理，要注重对成长中儿童的心性进行训练，使之易受宗教的影响。那些对于自然的力量没有感受的孩子，其宗教信仰也将缺乏牢固的基础，因为他身上缺少宗教赖以产生的最原始的本能。

参照此理，则《圣经》以外的宗教素材在宗教教育的早期阶段应当被允许使用。许多在《圣经》中并未被提及的道德教训，包含在更古老的原始信仰之中。这些道德故事象征着人类种族的童年时期，因此在我们的早期宗教教育中应当被使用。同样，那些古代英雄的事迹应得到充分利用。圣徒们的生平、《荷马史诗》、埃达的故事以及柏拉图的神话，还有许多其他故事都具有宗教内涵，因而都应作为《圣经》的重要补充素材，被运用于宗教教育当中。

儿童的视角是客观的。他们喜欢一切强大的、富有戏剧性的人，热爱一切可以激发想象的事物和故事。他们期待着行动，而不是某种感觉或情感。因此，《旧约》中有许多内容对儿童有着非常大的吸引力，如歌利亚、亚伯拉罕、摩西、索尔、大卫、约书亚、巴兰、以利亚、以利沙和雅各布的故事等；且在特定发展阶段，这些故事比其他任何宗教素材都更有教育意义。儿童会将自己的感情带入到故事情境中去，他们在学习中充满激情，且对故事中的人物及其所经受的惩罚和外在权威满怀兴趣。他们恰好需要一个《旧约》的伟大故事中所讲到的神，一个坚定、公正的神的形象，有权对人间的不义感到愤怒并施以惩罚。正确地教授这些故事，意味着教师能够生动地讲述，使听故事的人感同身受；同时，教师的个人魅力，特别是教师对于故事的道德阐释与告诫也十分重要。神话与奇迹也适合在这一时期讲述给儿童，以刺激其想象力和情感的发展，而不用担心在儿童头脑中无法留下深刻印象。向低龄儿童讲述改变信仰的问题，或是过早涉及《新约》中伴随成长而出现的爱的主题，都是错误的。使儿童的心灵过早尝试反省是不合时宜的，最坏的结果可能是，当他们长大以后，在情感冲动的引领下能对这些主题自然地产生兴趣时，却已无法对它们产生浓厚的兴趣。

这其中所包含的错误恰恰是福禄培尔的拥护者们在世俗学校中采取的教育方式，他们试图将这种错误的幼儿园教学方法引入主日学校当中，使得错误更加明显。对于宗教真理的热情使得教师急于让幼儿理解这些对于他们的年龄而言过于抽象的道理，也正是这种热情使得教师无法认识到自身的教学态度所存在的问题。在世俗学校中，教师们已意识到教学内容需要得到拓展；在主日学校中同样需要这样做。目前存在的最大问题是，教师仍致力于将抽象的宗教教义灌输给儿童。教师对待教学工作，过分依赖热情，而非充分的教学准备，这导致了儿童在这样的教学下收获微乎其微。教师并不了解什么样的教学内容是幼儿们所必需的并且是吸引他们的注意力的。教师头脑中所储存的各种材料，并不是儿童最渴望或需要的知识。这种教学与其说是在提供精神食粮，不如说是在强迫记忆；而以刻板的方式进行回答式教学，传授抽象真理，无法刺激儿童的心智活动，依据教条进行的谆谆教诲，只适用于成年阶段的宗教学习。在宗教教学中，过多依赖书面材料，而口头讲述的方式用得太少；过多使用道德层面的直接指示、训诫，而建议、暗示太少。宗教教学被搞得太过复杂，过多地强调神之爱，却忽视了神的作为；在课程中，儿童学习了太多考古学、历史学以及文献学的知识，接触了过多的注释、提示，以及限制其想象力发展的过量图片。

青春期到来之时，主日学校最主要的职责便是培育青少年的宗教情感，以及训练他们进行正确的宗教表达。简言之，青少年应当建立一种正确的价值观，使得他们对值得爱的人或事物心怀热爱。宗教是帮助人们达成这一目标的最好方法。青春期的少年应当开始了解耶稣的生平故事，而之前他们的了解仅限于与圣诞节和复活节相关的部分。首先，应当讲述耶稣生平中体现其人性的方面，过于抽象的、理论性问题如三位一体等此时还不应涉及。此时不必急于通过考试检验学生的学习成果，他们这一阶段的任务是吸收和模仿。将学生的兴趣转移至对耶稣本性的哲学探讨则会阻碍他们的情感活动，任何情感的理性化都会干扰其自然的表现和力量。

在更高层次的宗教教育中，尤其是在神学院中，对于人类的心智活动要有更广泛的学习和了解，而非专注于单纯的神学知识。心理学已成为宗教哲学最主要的引导性学科，且从人性及人类心智发展需求的角度研究宗教，使得人们对于宗教有了更进一步的理解。事实上，心理学的加入使宗教免受单纯的历史与逻辑学批判，从而建立起一种积极正向的、难以辩驳的观念体系。如果在宗教教学中更多地去研究人性的问题，而减少以抽象、推理、教条的方式去处理神学问题，则宗教教学将以更适合年轻人的方式进行，且最终能培养出更好的教师与教士。然而在当前的神学院教学中，思考和质疑是不被鼓励的；对于所有宗教问题的态度早已被预设好了，这无疑阻碍了学生心智的进步和成长。他们只将一些特殊的宗教理念教授给学生，却不讲授那些具有普遍真理性的知识。学神学的学生需要用一种包容的视角去看待所有宗教信仰，并从其他宗教中汲取一些观点、元素来加强自己的信仰。这样的教学只能通过不同宗教间的比较来完成，且需要一些与种族发展相关的心理学知识；也需要一个依照古老信仰而进行的强有力的、简洁的布道仪式。新兴科学给宗教带来了巨大冲击，因此而引发的争论使宗教不得不为自身的价值而辩护。我们需要关于原罪的讲道，需要那些被新近的心理学概念所证实了的古老教义。

假使各种如基督教青年会的宗教组织能够正确面对并利用机遇来发展自己，它们就能在青少年教育中扮演重要的角色。这些组织的性质介于宗教与世俗组织之间，面临着过于世俗化的危险：它们可能会忘记自己的宗教责任，而致力于各种公民教育活动，从而失去其宗教立场。这些组织应当拓宽对于青少年心智成长的引导，但一切教育活动又要不忘服务于信仰。这些组织应当代表宗教理想，帮助青少年舒缓青春期阶段遭遇的种种压力。它们需要将影响力扩展到实践宗教的所有领域，在道德、爱国、诚实及生理卫生与道德方面都须给学生以指导。他们必须保护青少年，且坚持良好的崇高的道德理念，使得青少年可以抵制工业时代物质至上主义思潮的侵袭。

需要从宗教机构的立场来考虑的另一个宗教教育问题是礼拜日的功能。礼拜日不仅仅是一个具有宗教意义的日子，同时也是基于大众心理需要而产生的每周休息日。要同时满足这两种需求，则要求人们不能像过去一样将礼拜日视为受到宗教教义限制的日子，同时也要防止人们仅仅将其视为休息日。在礼拜日，人们需要恢复到完整的人的状态，从一周以来的专业活动中解脱出来，因此礼拜日应成为人们拓展自身文化视野的机会。休息并不是无所事事，而是将人们的注意力由工作领域转移到休闲娱乐活动中来，适当的娱乐活动比单纯的休息更能够帮助我们恢复精神和体力。在礼拜日，人们能够对生活进行回顾和展望，思考人生中的一些基本问题，如生命的意义、责任、家庭和社会；在礼拜日，人们还可以暂时放下平日里的繁杂琐事，融入周围环境去做一些令人振奋的事情。图书馆、阅览室、公园、博物馆、艺术馆以及所有休闲娱乐场所都应在礼拜日免费向公众开放，所有无害的娱乐与锻炼形式都应得到许可。引导人们过上舒适且自制的礼拜日生活并不是教堂的全部职责，但健康的礼拜日生活有益于教会工作的进行。

根据某种规则，教会并不会将其影响延伸到人们的工作日当中。但我们确实需要各教派紧密联合，来为人们的日常工作、生活提供宗教及道德方面的引导及宗教氛围的支持。各教派需要暂时搁置教义上的差别，重新发挥其古老功能——引导年轻人走向美好生活。教会应当增加开放的时间（不只在周末开放），以便发挥它们作为世俗宗教的作用，去激发人们心中各种良好的动机、愿望以及美好的情感。特别是那种无明显教派特征的宗教才会重视身体健康与身体意识方面的训练，有助于推广运动及户外生活。这不仅仅是出于对身体健康层面的考虑，更要以此为基础，对情感与智力层面产生更为深广的影响。这是宗教最能够发挥影响的领域，因为不论情感或是智力的发展，都意味着对于美好事物的不断增长的热望与追求，而这又恰恰是世俗兴趣没有办法做到的。在年轻人的生活中，宗教理想与精神拥有着无可取代的重要地位。

第三十一章　女性教育

女性教育是到目前为止最深刻、最复杂、最急需解决的教育与文化问题之一。我们对女孩的了解远远少于对男孩的了解，但其实她们的需求比男性更多，且女性的发展更加取决于她们是否受到了正确的教育。这一问题产生的主要原因在于女性与男性在生理上的差别。

教育的效果如何，取决于每个人不同的遗传素质，当然也更为直接地受制于个人的健康状况。不论对于男孩还是女孩，教育的目的都是根据每个人的不同个性特征，推动其最大可能的发展与成熟，且在每个人心中埋下为下一代的更好发展服务的理想。若以这个目的衡量现阶段的女性教育，则女性教育的理念与这目标是背道而驰的。我们的教育目的要求儿童不论性别，都应享有平等的教育权利；倡导男女合校教育，向不同性别的儿童施以相同的教学方法和同样的课程。基于男女平等这一教育主张，女子学院完全参照男子学院的培养目标及课程设置，女生须以智力文化的获得作为最高理想，进行深入的专业学习，并享有独立自主的权利。

然而从生物学的角度出发，这一做法是完全错误的。女性的天职是繁衍种族、孕育下一代，她们接受教育的目的就是为了更好地完成这一使命，因而有一个健康的身体对她们而言是非常重要的。个体健康与人们能够为种族提供的服务就像是生长在同一棵藤茎上的两颗果实，是相辅相成的。那些宣称男生和女生应当接受相同科目与方法的教学的人们并未看到男性与女性生理基础上的不同。男生和女生是否应当接受完全一样的教育，尤其在进入青春期以后的阶段，这是我们需要考虑的问题。从青春期开始，男生和女生在很多方面都会产生不同，且随着人类从野蛮走向文明，两性之间的差别在不断增大；当然这也是一段人类本性不断进行抗争的历史。男女两性的不同在心智和身体方面都有体现。相较于男性，女性在一般领域有更好的适应性，但专业性较弱，她们在专业性工作领域没有优势，而这恰恰是男性教育的最终目标。较男性而言，女性的心智更依靠直觉，推理性较弱，有着更为丰富的情感；更加虔诚，既不保守也不激进。孕育新生命是女性人生中最重要的责任，其所有心智与肌体特征都是围绕这一职责而产生的。在学校教学中，女性更易受到外界的辖制和影响，她们更容易被那些与天性和健康相违背的虚假观念所煽动。因此，教师并不太关注她们的态度。在学习方法方面，对于那些缺乏实际内容、而过分强调形式的枯燥课程，女生会更加勤勉地去学习。女性在成长过程中更容易受到外界的各种影响，也包括自身身体状态的影响，因而更易于陷入消极情绪与状态之中。在种族发展的历史上，女性往往负责保护、维持那些已有的成果，这使得她们对于各种新鲜事物和变化并不热心。

所有事实都告诉我们，让男女学生享有同样的教育是个错误。从生物学角度来看，男性和女性是互补的，他们必定有着与其性别相符合的人生目标，因此两性所适合的教学方法自然也十分不同。对于所有人而言，过分强调智力发展的教学都是行不通的，而这对女性而言尤为有害。这种教学理念忽略了情感与天性的发展，也忽视了生理，这种分数竞争和考试机制只可能激发学生们过度竞争的情绪。这样的教学体制不断催促学生在狭窄的专业领域加速发展，而这恰恰扰乱了天性成长的正常秩序，这正是许多高中和大学女生健康状况不佳的原因。过度的智力教育还向学生传递了错误的生活理念，导致女性在规划人生时逐渐远离了平凡家庭生活的定位：当她们不再想成为一个好母亲和好妻子时，也就无法在道德上和身体上达到一种完整的状态。

可以肯定的是，从现在起为女性准备的高等教育应反映女性的特殊要求，女性高等教育必须做到实至名归。即便在相同专业和科目的学习中，女性所接受的教育也须与男性有明显区别。适合女性的高等教育既要关心智力的培养，又不能只执一端而不顾其他。对于“独立自主”这一理念我们都耳熟能详，它为许多支持女性高等教育的人士所大力推崇。该理念要求我们为女性实现其社会价值提供适切的教育，就如同我们为男性所做的那样。当女性回归家庭生活或抚育幼儿时，她们也能从所学中找到支持和依靠；更为重要的是，接受高等教育会帮助女性在社会生活中找到适合她的更好职位。但也许反其道而行才是更好的选择——女性应当首先被教导如何照顾好家庭以及扮演好母亲的角色；而若恰好她在成长中表现出独立自主的个性特征，则她也将能够找到适合其特点的职业岗位，发挥社会价值。因此从生物学理念考虑，男生和女生所接受的教育在内容和方法上，应当是完全不同的。二者绝不应相互模仿，而应分别去满足不同性别的不同需要。通过接受不同的教育，男女两性才可能更好地完成社会及家庭赋予的责任，而他们的责任往往是互补的。除此之外，我们还须站在生物学的视角，来衡量一下向男女生提供相同教育的做法是否经济、高效。由于认识到两性兴趣爱好的不同，而要求在教育上采用不同的方法，这比强制为男女生提供相同的教育要经济得多。若将女生同男生放在一起进行竞争，则会伤害到女生的健康以及追求理想的勇气，也会对男生的成长产生不利影响。

男女生在12岁以后是否应当继续接受合校教育，这是需要慎重思考的问题。从人类本能的角度来看，继续合校似乎是违背传统的，因为一直以来，在青春期到来时将男孩、女孩隔离开来是一种具有重要意义的普遍做法，而继续合校则意味着对传统的挑战。当女性的高等教育需求开始增长，她们能选择的也只有男子学院。但是，在家庭里，两种性别的分隔是自然实现的。男孩会有他们的玩伴，而女孩们也会在一起玩耍。他们玩不同的游戏，兴趣、品味完全不同。12岁上下的男生会表现出功利主义的倾向，责任感与首创精神也会得到发展；而女生的性情则十分温顺，如果硬要将二者放在一起进行教育，则对于双方的发展都没有好处。尽管男女生的不同表现在精神领域的各个方面，但学校却忽略了这种不同。男生与女生在注意力、记忆力及学习习惯等方面都存在差异。在中学阶段，女生会比男生更加成熟，她们的理解能力更好；而男生的优势在动手能力方面，因此他们需要更多的活动来激发学习热情。在男生面前，女生的多愁善感无法表现；在女生面前，男生无法依照其天然本性行事。即便在学习同一科目时，男生与女生也需要不同的教学方法。例如在植物学课程中，男生的优势在于使用显微镜进行观察，而女生则对植物知识及一些科普知识更感兴趣。

伴随着青少年的成长，男生和女生之间会产生一种微妙的紧张感与约束感。长时间的相处会减少这种紧张感，且会对男女生的道德和智力发展产生强烈的影响。此时的男生会对女生有距离感，且将她们视为完美的人。我们还不能把这时产生的感情视为爱情，此时男生的性能量应当被引导向体育运动和智力活动的方面，直至其心智完全发展成熟。对女生而言，这样的隔离也是需要的。与男生持久相处对女生而言无疑具有太强的刺激性，而来自同性的平和影响更能使她们的心绪平静，因而女生希望避开异性的影响是很自然的事情。女生会本能地回避过于复杂且刺激的环境；由于对环境影响太过敏感，她们更难于无视那些坏的影响，而为自身选择有利发展的良好环境。因此当女生和男生共同接受教育时，女生的人生观会容易受到男生的影响，而为自身的性别及其局限感到悲伤惋惜。有趣的是，很多女性教师也会向女生传递此种思想。她们会试图减少属于女性的浪漫与感性气质，努力让自己表现得更加深思熟虑、符合常规。这无疑是错误的做法，对于女性而言多愁善感与追求浪漫是与生俱来的，刻意抑制这样的感情是有害的。这种伤害就如同女性教师将女性的思考方式教给男生所带来的伤害一样。这一时期男生的男性气概尚未完全形成，因此柔弱的、女性化的影响对他们是有害的。

若要改变当前女性教育中存在的问题，可做以下尝试：自中学起，就要建立起自由选课机制，鼓励学生天性与兴趣的充分展现。儿童天性在教育中要居于主导，教育要遵此而行。女子中学的数量必须增加，课程体系要更加多元，教学手段也要更加多样。已经有很多现象显示女生逐渐开始对植物学、生物学和化学产生兴趣。女子学院之间也应有所差别，一部分学校可为那些更加独立自主、勇于担负社会责任的女性提供教育，而另一些学校则负责开设课程培养那些致力于家庭角色的女性。想要在男女生之间形成某种竞争关系的观念应当被抛弃。男女生之间迥异的人生目标使他们完全不具备竞争的基础。若坚持认为有这种竞争关系存在，则会给教育和社会理念带来很多负面影响。

作为高等教育领域的重要主题，若要探讨女子学院的办学理念，则有两个问题需要优先考虑，一是女子学院的教育目标是什么，二是男女合校办学是否有利于该目标的实现。女性接受高等教育的真正目的亦可从生物学理念中找到，那就是塑造完整的女性。首先，训练女性更好地服务于家庭，成为合格的妻子和母亲，或在更广泛的意义上服务于教育和慈善事业。当前我们的女子学院所奉行的理念却恰恰与此相违背，它们将培养独立自主的女性作为首要目的。女子学院中的教育过于崇尚书本，专业学习的任务繁难沉重，还充斥着过于宽泛、多样、令人兴奋的社会活动——而这一切完全不适合女性的心智特征。其结果就是女性在沉重的课业负担与过度的智力发展任务的压迫之下，身心健康受到了很大损害。对她们而言，利用自然环境进行的直觉训练太过有限，各种沉思冥想与推理测验又带来了太多情绪上的困扰。上述生物学观点并不会妨碍女性智力向最高水平发展，也不会阻碍那一小部分女生进入适合她们的专业领域深入钻研；但需要注意的是，将只有少数女性能达到的智力发展目标作为所有女性的高等教育目标是错误的。帮助女性成为更好的母亲和妻子是女性教育的首要任务，而实现更高的学业目标则是次要任务。由生物特征所决定的女性职责永远是居于首位的。对于女性而言，纪律和同情心永远比争强好胜、标新立异和自立自强更为重要。良好的礼仪、德行与品位，以及所有与女性相关的事情甚至于科学都应当被重视。要营造具有人文气息的文化氛围。学习方式不应过于强调分析或注重细节。学习氛围不应充满竞争性，对考试也不应太过重视。学习氛围应当是轻松的，进步是一点一滴的，应以此代替过于匆忙、繁重的课业安排。在所有学科的学习中，包容、赞同的态度都比批判更重要。相比于过分强调逻辑的哲学和认识论，以人性为中心建构的哲学更适合女性学习。如在英语学习中，研究文学应怀有悲悯之心，关注其与生活的联系，而非只注重词汇和语言表达的形式。在科学学习中也是同样，应当更加注重女性对于知识的一般兴趣和了解，而不是注重方法论的学习与反复操练；在教学中切忌制定过高的学术性目标；在教学内容选择方面，遗传学方面、具有实践性和与个人相关的知识，相比于抽象的知识更适合女性学习。

女性高等教育中的很多问题都是在男女合校的过程中产生的。有许多原因促使我们建立女子学院，将女生与男生隔离开来进行教育。在大学阶段，女生不论在身体上还是心理上都比同年龄的男生更加成熟。因此，该阶段的女生与同龄男生接触，只会减少她们对于异性的敬重，甚至会由于对异性的失望而降低对婚恋的热情。但是女生却没有机会看到，在她们已经发展成熟之后，男生的成长与发展还在继续。她们会认为，与男性相比，她们具有卓越的判断力和更加诚挚、稳定的个性，有着更为敏锐的洞察力、记忆力和联想力，对于人性能够更好地觉察；并将这些特征视为两性之间恒久的差异。而这一阶段的女生无法了解的是，男性的成长较之女性具有某种滞后性，经过此后若干年的成长与发展，男性会变得越来越优秀。两性之间的差异如此繁多、巨大，因此必须为他们分别提供不同的课程与方法。近些年来在大学阶段的教育中，两性之间不同的教育需求呈增长趋势：各种书面练习、背诵和大量的训练更适合女生；而男生则在研究性活动中有更好表现，他们对具有实践性和实验性的学习机会更为期待。

当然，在高等教育阶段，女生们的需要也各不相同。其中许多女生甚至本不应来接受大学教育，那些不适合接受大学教育的女生在大学中所受到的负面影响较男生更甚。由于要满足不同层次学生的教育需求，为不同个性特征和能力的学生提供适合于她们的课程，女子学院的类型十分多样。不论是学生选择学校或是学校录取学生，双方都会进行慎重考虑。不同学院在道德规约、社会生活及为智力发展提供机会等方面都有着很大差别。男女合校的学院与女子学院之间又存在许多不同。这些差异性的产生更多取决于良好教育环境的创设。当女生进入学院之时，正值其个性、心智成长的关键时期，如果学院生活能够带给她卓越的影响，她将实现飞跃式的成长。课程设置只是其中的影响因素之一，学院的风气与特征、教授所持的理念等对学生的成长也尤其重要。

在大学和职业学校中也难以解决性别差异的问题。女性的思维较为具体化，因此对纯抽象性的学科不太感兴趣。女生的这种特性会反映在对美学及伦理学这类理论性科目的学习当中。而在某些实验学科如心理学领域，女生则会有十分优秀的表现，只因这些学科与生活有着紧密的联系。同理，在动物学、植物学以及低等生物研究方面，女性一样表现出色。相较于男性，女性是更为优秀的实验室助手，因为她们更擅长资料的搜集、整理，更加细心和耐心，有时甚至可以独立进行操作。这就如同让女性去做文学作品的编辑，在其感兴趣的领域，女性的工作能力是无与伦比的。图书馆工作同样适合女性，她们会迅速熟悉各种图书的作者，并很快精通图书编目的方法。

建立适合女性的学校是未来教育中急需解决的重要问题，因为我们民族的未来很大程度上取决于女性的素质。健康与情感是构成女性生活的最重要元素，而这二者的获得远远比智力训练要困难得多，因此适宜的环境对女性的成长尤为重要。如何为女性创设有利于她们健康成长与情感生活的环境，就成为女性教育中的首要问题。女子学校应当建立在风景优美的乡下，在那里女性会接受来自大自然的深深的影响。应鼓励女孩多享受野外生活，多做各种户外运动，并激发她们对于自然的热爱。舞蹈训练是身体锻炼与情感教育的重要方式，在人类种族发展的历史上，民间舞蹈与民族舞蹈都是宗教与道德训练的重要形式。舞蹈与戏剧、歌唱和演讲密切联系，共同构成了女子教育中的体育文化。

礼仪教育在女性教育中也占有重要地位。这不仅是因为讨人喜爱是女性应当具有的一种自然品性；更是因为拥有良好的礼仪，是一个人在情感与行为举止方面接受过良好教育的表现。女性应当展现出完美的淑女气质。良好的教育可使女性气质变得优雅，当然社交礼仪方面甚至风俗中所包含的各种礼仪的细节，女孩们也都应当知晓。

宗教教育必须在女性教育中占有一席之地。因为宗教能够帮助人们在价值观上完成由自私利己向利他奉献的转变，这一转变对健康也有着十分重要的意义。在宗教教育中，也要依照人类种族发展的秩序，若打破这一秩序，则很多工作都将是徒劳的。过于精细的观念不要过早教授。首先应当通过《旧约》向女孩传递美德、责任、奉献以及自我牺牲的观念，之后再通过《新约》的学习，让她们了解耶稣理想的生活观念。在对女性进行宗教教育时，教义中所包含的美学因素和所有与美相关的知识都应受到重视。

在女性教育中，对本能和情感有训练价值的科目和教学方法应当受到重视。这些科目会影响女性的表现，并且与其成长中的特定阶段相关联，从女性角度来看，这些科目是十分重要且具有实践指导意义的。自然课程是女孩智力发展的入门课程，可以开拓她们的视野，深化她们的情感。相较于对男孩的自然课程教学，对女孩开设的自然课程应增加女孩野外活动的机会，而适当减少实验室活动。在理想的女性教育中，物理、化学以及数学的学习应当占很小的比重。地质学、生物学以及天文学应当是女性教育中的必备内容，尤其是这些学科中的与历史和个人生活相关的方面更应当着重强调。植物学可谓所有科学中最适合女性学习的科目，通过正确的方法学习植物学，会使女性的思维与内心都得到教益和发展。关于植物的知识以及蕴藏其中的诗意都应作为学习的重点。在植物学的历史方面，学科中重要人物及其事迹是要了解的；在方法方面，野外作业应当作为最主要的学习方法，而学习书本、用显微镜观察以及分析的方法都只能作为辅助教学手段。关于生命的重要主题都应当以生动的方式教授给学生，那些对实际生活有应用价值的知识也应当受到重视。其中所包含的道德观念应当时刻被铭记。在动物学的学习中，同样应当与女孩的身体特征与道德天性相结合，必须去接触与人类生活息息相关的各种动物，而不是动物标本。教育的内容应当从她们身边的动物开始，如认识人类饲养的家畜，了解照料它们的方法及家畜的用途。接下来，就要学习人类的生活，从人类种族的起源和早期样貌开始。这些知识不应以系统的方式呈现，而最好以女生感兴趣的方式呈现。以此为基础，就可开始历史课的学习了。人类历史中所包含的道德内涵、一些生动且具戏剧性的情节和个人生活相关的方面都应被置于突出的位置。在学习历史事件的日期、政治形势以及战争的过程中，应不忘将其置于历史的大背景当中。在社会学的学习中，相较于那些细微精确的数据资料，应当着重学习重要的理论、问题以及人类社会生活中发生过的重大事件。社会中的重要改革，社会、家庭、教会、政府以及学校的相关问题，慈善活动及其理想都是这门课程研究的主题。

艺术课程旨在培养学生对美的敏感度以及艺术欣赏能力，艺术表达能力的训练只对那些拥有卓越天赋的学生才有意义。在文学课程中，应当先接触神话、诗歌和戏剧，学习的重点应放在如何使用母语进行表达上。希腊语和拉丁语应当被排除在课程体系之外，因为在这些课程中，需要花费大量的时间、精力以及繁重的非自然的工作才能获得少许成果。现代语言应当通过对话的方式学习，且所教授的语言应为教师的母语。

普通哲学类课程需要学习，但所占比重不应过大，且心理学是其中心学科。哲学课程的教学应当遵循遗传学的顺序；且在哲学教学的动机方面，对年轻一代的热爱应当超过对科学的热忱。对于感情与直觉问题的关注，应当多于对智力与洞察力的技术性问题的兴趣。伦理学方面，应以人们日常道德生活中的问题作为学习的重点，避免学习内容过于理论化。

每所女子学校都应当开设家政学课程。这门课程学习的内容应当侧重实践，学习的主题围绕着理想家庭生活的构建，且尽可能地在实验室中将其呈现。学习内容包括看护、烹饪、照顾家庭起居等方面的训练，以及如何管理家庭、为家庭经济做规划以及美化布置家庭等。

教育学类课程对于女性而言是基于母性的理想而开设的。这类课程应包括教育教学的历史及儿童研究，同时包含相关的理论与实践的内容。对于儿童的照管是偏于实践的，其教授内容应当尽可能地深入细节。教育学科的学习应当成为女性教育的中心内容，因为其他科目都围绕着它或与之相关。这类课程的目标是具有道德内涵的，帮助女性自然成长、发展完善。这是对女性教育理想的最好表达，且与其他女性教育理念形成了鲜明对比。那些理念总将女性智力的发展置于情感发展之前，并在其兴趣与能力的优势之处将女性向着专家的方向培养，而这恰恰是在与她们的本性对抗。做老师和做母亲是女性最重要的两种使命，二者紧密联系，推动着女性向更高层次发展。女性所有的教育都应围绕着此二者来进行，最终一切目标均可实现，包括智力发展的目标。女性天生就有做教师的天分，因而要为每个女孩提供适宜的环境使她们的教育天赋、兴趣和本能得到开发利用，不仅在道德训练方面，也在智力文化方面。

现代女性教育应当是建立在女性的生理基础以及一些常识性原则之上。当我们恰当地去理解德国俗语所说的“女性所关心的只在厨房、衣服、孩子以及教堂”时，便会发现其中的道理。事实上，现代社会需要女性回归到这些传统的职责中去。在女性的教育中，与女性天职无关的内容几乎没有任何学习意义。那些无法帮助女性更好地了解家庭和孩子，并无益于其信仰的知识，是没有意义的，因为人类的未来发展基于这几个方面。

女性教育从一开始就要遵循这些基本原则：学校教育应当与当下的实际生活保持联系，而非仅仅为未来生活做准备。女孩首先应当了解并尝试去做一些实际的事情，而与此相关的学科知识则是次要的，可晚些再接触。这样的女性教育才是符合当今社会需求的教育。

第三十二章　种族教育

近年来，关于个体与种族之间关系的平衡问题的研究，体现在人类实践科学的丰富成果之中。尚不独立的民族受控于占主导地位的国家，其艰难处境也开始引起人们的关注。由于世界上近三分之一的人类种族目前仍被少数政权所控制，且从整体上看，这些受控种族无法获得充足的知识和教育，他们不了解自己的种族在世界上所处的位置，也不知如何根据发展的法则去不断使其强大。由于错误的治理和教育，使得这些种族的宝贵遗产正在逐渐消失，一些稀有民族文学作品和那些最有趣的人物都已经消散在历史的烟尘中。我们很可能将这些“野蛮民族”视为堕落退化、应被拘捕管控的人群，然而真相是他们属于新兴民族。他们是其他民族的孩子和后人，因此可以肯定地说，当目前处于统治地位的民族失去力量的那一天，这些新兴民族将取而代之。因此如何照管、教育这些种族是个世界范围的问题。这在美国主要表现为两个主要问题：黑人及印第安人的教育问题。

目前教育中存在的问题，准确说来，就是以一种世界范围的统一模式开展教育。我们总是按照成人的标准和开化的心智要求去进行教育，缺乏对儿童自身兴趣与需求的考虑。根据我们的假设，教育的目的就是将那些尚未开化的人教育成文明人，并将我们的制度和风俗习惯强加于他们身上。这是一个异常错误的假设。将传教士精神与这个错误理念相结合，这样的做法是与教育的本质背道而驰的。我们试图压制“野蛮民族”的文明，并将我们的信仰与文明强加在他们身上。我们成功地将自己肤浅的文明强加于一个未开化的人，并相信我们已经改变了他的心性。我们的眼光是何等的狭隘和短浅，妄图通过短时间的教育来对抗几千年传承下来的基因与传统，这是多么荒谬的错误。在实施教育的过程中，我们并未考虑那些种族所处的发展水平，而这种教育必将导致他们早熟，正如我们在自己民族儿童身上所做的一样。这些种族的少年并未得到充分发展且难以达到正常的成人水平，甚至出现了退化。每一个活力充沛的少数民族都仿佛一个儿童，对他们的教育也须遵循其所处的发展水平。这个原则是如此清楚明白，因此任何人都不应做错。政界与宗教界都应留意科学教育，并承担起他们对于种族教育问题的责任。这些问题无法仅依靠立法来解决。能够解决这些问题的应当是科学，而科学界将这些民族的教育问题视为种族卫生学的范畴，并视为智育与体育的相关问题。

首要的准则是：每个民族所受的教育和管理都应以其文化和发展阶段受到尊重为前提，而不应以那些文明民族所预设的短视目标为转移。用同样方式对待一切世间之人，使其都以基督教为信仰，过同一种文明的社会生活，无疑是荒谬的；这就如同将所有不同年龄的儿童集中于一间教室，用同样的方法去教育他们一样。那些所谓的文明人的教育目标应当被抛弃，而来自少数民族的原生文化都应当被保护。只要它是一种正常发展的文化，就不应为适应外界文明而强迫它向更高层次发展。我们逐渐认识到，我们并不能用某种绝对的价值观来衡量宗教信仰；评价只能是相对的，而评价一种宗教信仰的依据只能看它是否适合持有者的心智发展阶段。我们的宗教，被视为最高级的信仰，如果强迫那些民族去接受，只能使他们变得早熟且异常。与其去破坏那些民族的本土宗教、语言和习俗，不如去发展它们，帮助他们摒弃不良的习俗，保存和更好地发展他们的文明与文化。传统行业应当得到鼓励和改进，先进的方法、技术应当被引入、采纳，而不是被强制使用。针对这些民族的教育应当是帮助他们更好地代表自身的文化，而非将他们变为美国与欧洲文化的虚弱的模仿者。我们不应将某民族的某一代人视为其发展的终结，而应将其视为未来文明的先驱，并帮助他们实现最好的发展。不论对于个体还是民族，最珍贵的都是以健康的方式生存。一个生机勃勃的民族能够自然地、正常地以自身的方式发展，这将是世界上无比宝贵的财富。如果这些民族被消灭或被强制的错误方式教育和改造，世界将会遭受无法弥补的损失。

在美国有两个种族文化问题需要注意，即黑人问题与印第安人问题，应当依照上述准则去处理。目前在处理黑人问题方面最大的错误就是不了解黑人的天性，黑人与白人是两种不论肌体、心智都完全不同的种族，因此应当被区别对待。黑人充满想象力，却不够深思熟虑；他们对大自然敏感，又很迷信；他们激情澎湃，常常不能自已。黑人在生理上同白人也有很多不同，容易患与白人不同的疾病，即使相同的疾病在他们身上也会呈现不同的症状。黑人有属于他们自身的习惯和天性，因此，黑人只能被培养成为黑人最好的样子，不是白人的仿版。如果试图仿照白人的样子去培养黑人，就是将对他而言毫无准备的发展阶段强加于他身上，最终将导致他染上疾病和恶习，变得异常和堕落。黑人必须依照其本性被教育和训练。他们习惯于户外生活，而在陆地上的职业是其所擅长的。黑人必须被置于适宜的环境当中，以其天性和本能为向导，尽可能地让他去实践、创造自己的生活。只要环境适宜，则黑人会自然而然地发展其种族的文明，这种进步要比强迫其模仿白人的文明快捷许多。

我们应以同样的原则去对待印第安人，只需做一些细节上的调整就可以了。事实上，我们曾强迫印第安人去接受一种不适合他们天性的文明。我们摧毁了他们灿烂的文明、宗教和赖以生存的产业，并将我们的文化传递给他们，成功地将他们逼向几近灭绝之境。我们试图让他们反感原始的生活方式，并蔑视自己的信仰。由于白人对自身文化的自负及其对印第安人的文化侵蚀，使得印第安人的编篮工艺、制陶工艺、串珠工艺、燧石技艺、莫卡辛鞋制作技术、编织技术、弓箭制作技术、皮肤绘画艺术、独木舟制作技术等都在逐渐失传。

白人对待印第安宗教的做法是十分违背教育理念的。印第安人是天生的敬神者，他们崇敬各种自然神灵。他们向祖先的灵魂、植物与动物的灵魂以及太阳和月亮顶礼膜拜。要求他们摒弃这一切，接纳我们主日学校的宗教教育无疑是徒劳的。他们对此并没有做好准备，这些做法都是流于表面且违反自然的。我们无法隔断印第安民族的历史，因为这些历史与文明对他们内心的影响远远大于我们从外部强制注入的影响。让印第安人忘记他们原有的生活模式，抛弃父母、先人及其原始宗教，然后使他们从头学习我们的语言，使他们忘记用本族语言讲述的那些神话故事所包含的教育意义，这在教育上是一个彻头彻尾的错误。所有的成人都应被引导着逐步发展而不是被压制。所有古老灿烂的文明都应得到发展，而非压制。所有民族的思想理念、赖以生存的产业以及娱乐消遣都应当传递给后人，而不应被剥夺。每个民族的教育都是以自然的步伐由低级向高级逐渐发展而来的。同样，宗教信仰教育也必须保有其传统。否则，印第安文明将很快从世上消失，这将是灾难性的事件。如若出现这一结果，我们将无法为自身辩解，因为科学教学的理念其实早已告诉过我们应当如何去做。

依照种族及文化发展的原则，我们将那些目前尚未开化的民族视为人类种族发展的儿童与青少年期。在遥远的未来，当我们的文化逐渐老去，他们将成为世界的统治者。就像儿童一样，我们不能要求这些民族达到完全的发展、成熟，因为这样做只会给他们带来疾病、堕落与退化。问题在于，我们应当如何去帮助这些民族发展到他们所能达到的最高层次，而不是让他们成为当下居统治地位的民族的牺牲品。

附　录

霍尔论文

当代大学问题
——霍尔校长在克拉克大学建校25周年庆典上的演讲

G. 斯坦利·霍尔

在克拉克大学建校25周年的纪念日即将到来之际，我们与各位校友在此庆祝。在弗兰奇博士及其委员会鼓舞人心的带领下，克拉克大学已经在学术史上取得了一些其他学校无法比肩的成就。特别是在克拉克大学最初几年的年鉴记载中，我们看到了它比其他任何大学都更辉煌也更艰难的发展历程。当时我们的导师中有13人或在约翰斯·霍普金斯大学任过教，或在那里取得学位。众所周知，约翰斯·霍普金斯大学曾为美国高等教育的发展掀开了新的篇章。我们在约翰斯·霍普金斯大学发展的巅峰时期离开了那里，开始了在克拉克大学的工作。在不懈进取、追求卓越的理念鼓舞之下，这个创办克拉克大学的原始团队同心同德、锐意进取。该团队在其品质上，若非空前的，也是无比卓越的。建校时的董事会中的各位成员都已去世（虽然我们当时的教授队伍还都健在），据当时与克拉克先生关系最为紧密的执行委员会的三位重要委员——哈尔、德文斯和沃什伯恩估计，我们可控的资产将达到800万美元至1200万美元，可能还会更多。

25年前，我在欧洲进行了一次为期8个月的旅行，手中有一些推荐信，其中一封来自政府的推荐信使我有机会了解文化部、大学圈的工作方式，并接触到一些案卷，所以我将这次旅行视为一场前所未有的教育之旅。当我带着这独特的使命行走在欧洲时，我惊讶地发现欧洲的一些出色学者都对教育学问题深感兴趣，他们热情慷慨地花时间与我讨论，并给我建议。我有幸与凯尔文勋爵、巴斯德、赫尔姆霍尔茨、乔伊特等几十位重要的科学思想家会面；并受普鲁士教育大臣冯·戈斯拉尔的邀请，参观了德国的大学；而最让我感到局促不安的还是在特立帕诺夫将军的陪伴下，参观了两所圣彼得堡附近的俄罗斯军事学院，这两所学校都因我的造访安排了全天的军事表演；我还作为特邀嘉宾参加了瑞典大学的会议；等等。克拉克先生希望我能尽可能多地走访一些学校和机构，留意所见所闻，收集各种建校方案、财政预算案及各种管理方法，并为新建的克拉克大学物色一些优秀人选，暂不与任何人签订协议，只是为日后的合作做个准备。令我震惊的是，我所遇到的每个人都非常慷慨地给我建议，他们对大学都保有珍贵且周详的设计理念，其中的大部分人都对自己的学院有着十分美好的憧憬，不仅要与培根的所罗门宫相媲美，更要与想象中的科学圣殿一争高下。从我此次出行的大部头札记当中，能够整理出足够支持世界上的大学此后一个世纪发展的长远卓越的教育理念；若依照这些理念组建一所新的大学，花费1亿美元的资金也未必能完成。

在旅行和走访中，我有幸了解到一些大学的创建计划，其中包括：立刻要在维也纳动工的一所耗资400万美元的新大学的创建计划；巴黎的新索邦大学的创建计划；为了向刚刚被吞并的法国阿尔萨斯—洛林人展示日耳曼高等教育的风采，法国的对手俾斯麦在斯特拉斯堡创办的那所全新大学的计划；还有基尔大学的创建计划，通过此计划，德国人试图向其占领地石勒苏益格—荷尔斯泰因的斯堪的纳维亚人显示其高等教育的水平，并意在与邻近的哥本哈根大学展开竞争，就如同他们恢复柯尼斯堡大学的招生是为了向其对手俄罗斯在多帕特的大学示威一样。由于特殊机缘，我还得到了一些大学的秘密文件及一些未付梓的（法律）文件，这些都使我感到窘迫不安，我原本对这些地方几乎并不知晓，只因这次独特的任务才有缘前往。我发现不论是年轻还是年长的教授，对于自己所在学院的发展都怀有梦想，但这些梦想都需要巨资才能够实现。我将所见所闻全部写下来，交给克拉克先生和我的同事们，心中期待着一所伟大学校的建成。带着所有的这些建议和启迪，我满载而归，怀着对于建成新大学的热切期待和脚踏实地去实现梦想的渴望。回想当年，当与欧洲学者谈起克拉克大学时，他们才从我口中第一次听说伍斯特这座城市的名字，那样的时刻常常使我们倍感尴尬。但看到那些我们曾经一起探讨的教育理想已在这片梦想的黄金土地上变为现实，我们当时的那种尴尬感觉就荡然无存了。

我们所有人都会有一些想要实现的理想愿望，我回国时正飘飘然于自己的学术理想之中，但是现实很快使我们冷静了下来。在这里，我不想再重述当时令人沮丧的细节，总之最终我们的教职员工当中有五分之三的人逃至芝加哥等地。如果历史上确实发生过学术悲剧，一群学者背负着十字架去往地狱，那便是发生在这里。这些年来的故事已经被详细记述了下来，其中除了如实的记载以外，当然也包括我们听说过的各种不同的故事版本。真实的记载会在档案馆中妥善保存，或许会在未来25年后出版面世。

不管这在当时是否受过质疑，在此后的第4年即1893—1894年度，在比期待值低很多的支持条件下，我们重新办校。此时每年可用经费只有原先创校时的四分之一。在随后的7年中，直至学校的创始人在1900年去世，我们只花费了60万美元收入中的四分之一以及用于图书馆建设的10万多美元，即不到30万美元。我们当中的一些人可能被其他学校或机构高薪聘请过，但是总体说来，我相信没有人因选择了这里而后悔过。在当时窘迫困乏的日子里，我们的团队形成了两大特征：一大特征就是我们相处和睦，没有摩擦和钩心斗角。我们齐心协力，并肩工作，这对于一所规模不大的学校来说十分重要。在规模大的大学当中，不和谐的情况总有出现，但在这里，任何一个部门中出现不满和问题都会干扰整所学校，所以做好调解就成为必不可少的要素。另一特征则是整个团队兢兢业业，在科研与教学工作中专注投入。相比于我们的人员数量和收入水平，我们的生产率与成果数量已经达到了极高的水平，以至于我怀疑其他机构是否能够与此相比。那些当时与我们一同经历过这一切的校友会感到我们彼此之间内心的接近，这些经历对我们而言意义深远。在推动学校面向新世纪发展的过程中，校友们充当了领导者的角色，从那时起，校友就作为一种推动学校发展的强有力的因素被记入史册。校友们对于学校发展的有组织的支持及其对于科研的热情，都是对我们的鼓舞，今后将继续推动我们竭尽全力并且激励我们未来的发展。

随着新世纪的到来，在过去的8年中已经有51名学生在克拉克大学取得了学位。当然，除此以外，大学还有着其他重要的目标。这目标便是，作为克拉克大学的师生，我们是同胞，我们如伴侣，永远不分离。因此任何挑拨我们关系的人都是我们共同的敌人，任何一个帮助我们的人都是我们共同的朋友。在双方之间，任何侵占对方领地或者以牺牲对方利益为代价来获取自身好处的方式都会破坏我们这个大家庭的和谐关系。我们这个合二为一的双元整体独特而微妙，它意味着新的责任，并且为最高学术问题的解决提供了启发和方案。我想说我们双方对彼此都是一种重要的刺激与激励。我们为这所学院感到自豪——我们的师生比是如此恰当，我们了解大学存在的问题、未来发展的抱负及已取得的成就。我们为伟大的第一任校长及其团队所做的工作感到骄傲，为这所学校的师生这些年来在知识与力量方面的增长感到自豪，他们为大学所做的一切犹如大学的一座活的纪念碑！同时，我们以今天绚丽五彩的装饰向第二任校长致以诚挚的敬意与祝愿！他不仅继承并在三年当中实践了非运动型公民心智培育的理想，并且推动了克拉克大学成为高等教育领域的领导者和灯塔。是否有某种大学通用的奖项可以颁给我们这两任校长之间独一无二的联结与合作？我们怎能不纪念这一刻，不在这一刻下定新的决心？在我们双方之间永远不会有紧张与不和谐，保障我们之间的互助关系的新政策即将出台。

在大量最近的大学文献中，有许多对于理想的大学教授应具有的个性特征的探讨，其中很多已成共识。如一名教授必须是一个好人、一个模范公民、一位绅士和一名学者，一个天生或后天培养成的教师，或者两者兼具；他必须机智，与学生关系亲近，渴望且能够教授学生在专业方面有能力学习的一切，具有好的品格且能够影响他人，适合与学生相处；他不只在为大学工作，也不只为了自己的专业生涯工作，更是在为追求某种更普遍的意义而努力，并投入其全部的力量。这些天生和后天培养的特质是如此高尚，而且这些特质能够组合在同一个人身上是何等罕见，比如说同时拥有严格的教导与父母般的关怀这两种特质。许多大学教授都不满足于教材所述，转而通过自身探求去丰富人类的知识储备。我们有幸看到我们当中的许多人都在这方面取得了成就。

对于大学教授而言，科学研究是他的首要职责。他必须专注于自己专精的领域，不仅要对世界范围内自己研究领域中所有有创造性的思想随时获知，而且必须倾听并铭记其研究领域内的每一种有创见的思考。当然，最重要的是他必须向其领域中的同行讲解他的新想法。这对他而言具有重要的意义，只有这样，他才可能与不在同一所机构工作的同行建立起紧密的联系。正是上述这些推动他不断进步，使他不懈地开拓、探索未知领域。当他不再有力或有意为此时，就意味着他已从神圣科学殿堂的护卫者中退出。就研究成果最丰硕的人生阶段这一问题对各个院系的研究者所做的研究表明，科学家群体是所有文化价值的创造者当中平均年龄最大的，但个体差异也非常明显，可以说科学家越过了年轻和年长这两条工作时限。保持高效高产的研究状态，这恐怕是世界上最困难的事情之一。在做研究的过程中，有太多期刊、书籍需要阅读，有太多持续不断的改变与适应，需要提出各种深入本质的问题并为其寻找答案，研究的方法与设备变化之快，以致昨日刚出现的新事物到了明天就可能被废弃。如果我们坚持珍妮特所言的"现实职责"，则短暂的逃离也无法减少科学研究的压力。研究活动是艰辛的，这样的工作时常要面临险境，以致很多人甚至还没能发出一点告知外界的信号，就无声无息地离开了。即便如此，这项工作也有傲人的回报，我无法想象生命中还有哪些快乐比得过获得新发现时的喜悦和兴奋。

不仅仅是工作本身，研究工作的条件也十分复杂多变。直到目前，全世界科研领域的动荡与变化从未停止过，并且近期将要发生的巨大变化还会有很多。学术界也存在各种恶习、弊端，无论大小，都需要去设法整治，一些坏的倾向和风气亟须纠正。如果我邀请你一起去了解一下上述情况，请与我同去。

自1907年起，从日耳曼国家开始，助理教授和讲师建立了强大的多机构联合组织以反对教授与学术霸权的欺压。在奥伊伦贝格，各年级的助教获得了"学术后辈"之称。有统计数据显示，助理教授获得其职位的平均年龄为37岁，平均薪酬为523美元，其后在该职位上一直工作将近20年后，平均薪酬提升至大约1200美元，但是职位没有任何提升。在目前的德国大学中，讲师占到了机构总人数的一半，他们既没有席位也没有投票权，而且很少参与大学学者的共同生活。在法兰克福市今年秋季新开设的市立大学中，甚至准备采用美国式的教授制度，以保障助理教授免受教授的欺压。几年前在图宾根大学，去年在苏黎世大学，均已从根本上改变了他们古老的制度规则，以矫正这些弊端，并且正在规划中的汉堡大学会在此方面做进一步的努力。匈牙利的两所新建于普雷斯堡和德布勒森的大学及在中国香港地区建立的一所私立大学赋予了年轻教师以更多的自由，对其学术激情和创建给予了更多的尊重。德国大学生也感受到了这种变化的影响，即便未采取革命的方式，学生们也已建立一个强大的大学间组织，他们通过分发小册子来表达各种改革的要求，他们要求更好的教学方法，要求教授提供讲义的提纲，并认为导师授课就要讲授其已发表的研究内容。学生们还要求在学业方面有更多选择的自由：特别是课程论文选题的自由，他们希望能够选到具有研究价值但又不依附于教授研究领域的主题；他们希望自己的发现或研究成果能够属于自己；要求更高水准的入学考试，要求在选课之前有更多时间了解课程，要求更完备的习明纳研讨形式，要求开设更多具有实用性的课程，希望能更方便地使用图书馆以阅读各种书籍、期刊；学生们还要求从初入大学直到攻读博士学位的过程中，能多一点淘汰，这样才能保证个体的发展机会、住宿条件以及更多的与教授接触的时间；他们希望学校对于学生的个人自由少些限制，并改革学院建制、荣誉制度，清除学术藩篱等。上述要求改革的声音对于保守者来说不是好消息，但却是除旧革新、推进变革的重要动力。

在英国大学中最近也出现了许多动荡不安、要求变革的情形，这从1909年寇松勋爵要求变革直至去年蒂尔加德的改革中都可看到。在这里，新教徒们承认这些机构仍然培育着民族的精英——英国绅士，但他们认为目前大学需要的是改善图书馆设施，而非浪费资源重复新建学院，而且正如批评家们所坚持认为的，国会应设法加强大学的教学与科研工作。在这一过程中，一种应当做些改变的深切直觉已经具体化为一些必须去做的事情。在法国和俄国发生了更大的动荡，对于高等教育改革的呼声更高。

在美国，高等教育的主要问题集中在高校的组织和管理方面。过去的大学校长虽然同时从事教学，但拥有着管理学校的绝对权力；随着学校领导机构的发展，校长不再从事教学工作，其手中握有的管理权已显得过度集中。随着约翰斯·霍普金斯大学以及稍后斯坦福大学和芝加哥大学等科研型大学的建立，在这些新型大学中，校长的权力大大增加了。此时校长的职责包括：确立院系，选聘教授并确定其职位，建设、组织学校，代表学校面对董事会、公众甚至立法机关的质疑问询，面对招生与融资方面的无谓竞争，向校内各机构提供所需，尽其所能处理好大学的各方面事务。在过去的一二十年间，大学校长的职责和权力猛然增加到难以控制的程度。即使是在全体教职员推选校长的弗吉尼亚大学及一些南方大学，也都出现了对于民主化改革的抵制，“你必须说实话”（要求说出民主制度的弊端）成为极端情况下的口号。在卡特尔运动中出现了大量专横、无礼的事件，学校的权力不是被集中，就是被篡夺。甚至有人坚持，就算持有特许证或者拥有将大学作为遗赠的条件，其最初制定的管理制度都必须改变，美国的传统在这场运动中被抛弃了。人们强烈要求大学校长应当是学校唯一的领导者，由每年一次的选举推选而出。在关于这次运动的文献中，我们偶然发现了一些激进的要求：要求董事会部分或全部权力移交至全体教职员的手中，同时要求年度预算也由教职员共同掌握。最近这里发生的抗议运动便是针对院长的独裁行为而发起的。院长是由校长亲自指定的，但有时他们会对自己所能行使的权力并不确定，这些院长在大学中负责执行、实施由美国大学协会审议通过的各种规则、方法、程序、标准，幸好这些规则、程序不能为某个人而制定。然而，大学院长则常常制定一些他们可以暂时搁置的规则，这大大增强了他们的权力。正是他们将知识学习分解为小时、星期、学期、学分、模块等标准化单元，而这恰恰以机械主义、官僚主义压制了优秀头脑中的创新与抱负。我们刚刚听到了对于首席教授的抗议，那些助理教授和年轻导师们在其学院中都饱受其压制，他们在完成学院中最枯燥繁重的工作，带学生进行各种操练，组织考试、评分等，却拿着很少的报酬，而各种赞誉、荣光则悉归那些首席教授所有。于是，这些放在任何大学甚至任何文化当中都堪称宝贝的优秀的年轻学者，却把他们最好的年纪消耗在重复性的辛苦工作之中，浪费了光阴和生命。事实上，在上述描述中，我们不难看到年轻学者想要成为教授的抱负是怎样一点点被磨灭的，即便他们中的一些人最终成了教授，也未必值得高兴，因为他们已成了这部缺乏学术自由理念的机器的组成部分。令人高兴的是，现在正有一些优秀的教授在为维护自身及所在机构的利益做制度方面的努力，这是一场促进大学健康发展且终将取得胜利的运动。

到目前为止，在克拉克大学，各位认为我们学校的管理状况如何呢？当然，这不应归功于校长个人的智慧或美德，如果有校长的功劳在，那要归功于他是校长的同时也是一名教师，也做着教学工作，而并非将所有时间都用于管理之中；同时，由于克拉克大学规模较小，各种规则较少，因而学术自由未受干扰，至少目前看来，克拉克大学在这场运动中处于领跑而非跟随的位置。在这里，没有人想要拥有专制的权力，但每个人不论做什么都会尽力做好。在这里，每个学院都独立自主地运行，仿佛没有其他并列的院系一样。在这里，没有学院院长，只有少数几个助理教授，因而没有学院领导的专制暴行，也没有像德国大学中那样学生的抱怨，因为我们正在尽力去为他们谋求最好的发展。因此，我们将这次世界性的学术改革运动看作一次重要的新机遇，不论是董事会理事还是教职人员，都应认识到我们自身的优势，认真审视我们现行的制度，看看我们能否利用这一机会去开启崭新的历程，用我们的灯光指引道路，用心聆听当今学术思潮中的可贵思想并为我所用，就像聆听苏格拉底派信徒在我们耳边的低语一样。

现在就让我们正视我们目前的情况。在哈尔参议员不懈的努力下，克拉克先生的艰难愿望在公正、合法的保证下有望实现，哈尔的董事会的同事们认为应当将哈尔参议员视为克拉克大学的第二创始人。他的董事会更加积极地参与学校的事务，不论是来自学校外部还是内部的事务。在这次纪念活动的筹备当中，董事会就为我们筹到了更多的资金，做了更多的细节准备；克拉克大学增添的这座令人骄傲的图书馆，要归功于威尔逊博士的创造力及其全心全意的努力，他是我们的伙伴当中最有天赋的一个；在董事会的努力下，几年前关闭的化学学院也得以重建；另外，在条件允许的情况下，我们的工资也时有增长，尽管与生活成本的增加还不成正比；而且，我们的学院、教授和导师的数量都在增长，学校已进入一个稳定的繁荣发展的时期，并有望在未来的

25年中取得比过去25年更大的进步。既然大学创建时期的艰难已经过去，我们已能够自信展望未来，克拉克大学一定能够在日后的发展中坚持其初心与信念。

与追求数字的增加相比，大学工作的质量、成就和能力的增长才是我们的追求。我们所有人最衷心的愿望与祈祷便是克拉克大学永不降低其学术标准。今天最令我感到高兴的便是我们的校友利用自己的工作时间，在这并不十分方便的时节，自发地从很远的地方赶到这里，表达他们衷心的问候与祝愿。此外，出于感激与对学校美好的祝愿，许多校友从他们并不丰厚的教授薪金中捐款给学校，这些捐赠成为学校奖学金的重要部分。

展望未来，我们还需要做出很多改变。我们曾经辛勤地播种、培育，而现在已是收获劳动成果的时间。现在就要设计出下一个25年的课程规划，虽然这看起来有点荒谬。我们必须在更为广泛而复杂的领域中敏锐地坚持发展的方向。在我看来，每所大学都应该有一个高等教育学和学术史领域的专家，他的工作就是帮助其同事们了解世界学术研究的新动向。特别是现在，学术界正发生着迅速的变化，需要有人花费时间站在“瞭望塔”上观察外界的变化。我甚至斗胆提议，国外大学也应在学术政治的背景中设置这样的专家，以便及时感受学术发展的趋势和脉搏。如此，给我们和国外大学带来巨大损失的错误或许就可避免。

眼下校长任期即将结束，换届工作即将开始。我只想提醒，大学的领导者不能再由各学科教授或某位有力保证选举的外来人士担任了，必须聘请精通高等教育历史的专家来担任。作为校长，他必须熟知作为大学起源的中世纪大学的兴起历史，现在的院系便是由那时古老的四大系科发展而来的；必须知晓作为学者的行会，中世纪大学与教会和政府之间的故事；还要了解学术团体目前的社会地位及其提升的过程，了解历史上重大的教育改革及其在后世演进中所展开的不断的修正与重建；了解政府对于学习与研究资助的历史，以及从梅迪奇之日到当代国家与州层面上的高等教育立法；了解今天法国高等教育领域反对集权化的努力，以及新近在各殖民地建立的许多大学和正在世界范围内兴起的大学推广运动。新上任的校长必须能够向他的同事们提供方法和建议，以帮助他们实现自己尚未意识到的理想，帮助自由研究者以其自身的方式成长为使命召唤下的“学术超人”。愿他身上少些武断权威的个性，多些团队合作的特质，愿他与其同事们都能在最热爱的领域找到研究灵感与自己的抱负所在！作为校长，他应不满足于对当前各大学所热衷的对于金钱与学生的争夺，对于规模的扩张，或类似工厂经营的生产效率和机械设备的增加，而应当去研究大学的先例、典范和各种文化潮流，并对大学团体中的民主化力量深信不疑，而不把个人的职位特权与权威放在眼里。就大学能为城市提供的智力支持来看，在欧洲大陆，城市的市长都是不同学科的专家，而城市之间在可提供的服务方面展开激烈竞争，并且他们能够负担得起这部分花费是由于专业训练中包含着巨大的经济价值。美国的大学，如果不说世界范围的话，相比于欧洲城市，更可能在这种训练中获利，并且收益会更大。20年前柏林的鲍尔森教授是德国最好的高等教育学专家，他当时曾警告过的德国大学面临的危险到现在已变得十分严重，人们依旧在与此做着斗争。而我们的大学校长则应为看到现在的高等教育学的新发展而感到欣喜，该学科是由以语法学校和中学教育为基础的教育管理学发展而来的。当然，这一发展也孕育着未来教育理论的发展趋势。

在开始下一步行动前，让我们考虑一下目前的各种变化趋势。我们知道在一些专门的研究机构中，例如天文台、洛克菲勒研究所、伍德霍尔实验室、冷泉港实验室、卡内基研究所等，研究者们只跟随自身的意愿做着各种专业领域的研究，而很少承担教学任务。而对于公立大学而言，目前所面临的问题，当然也是我们的问题，就是在这所价值上亿美元的大学当中，主要的经费和精力原本是用于研究的，但突然之间教师培训在几乎所有高等教育机构当中兴起，这种局面是空前的。这无疑给纯粹科学的实际应用增加了压力。在这种新环境下，不仅要像上述科研机构一样积极地、有组织地完成研究工作，同时还要招募学生，要劝说想要上大学的学生选择自己的学校，同时在毕业时为有志于学术的学生留出学术职位。要处理好上述问题，就要求未来的校长必须接受良好的专业训练，当然，学校的教职人员也应分担相应的管理之责。因为问题最终往往只能通过一种办法来解决，如果最终决定对策的人不是那么肯定，就定会招来批评。

谈到教授们，可以说他们中最优秀的人由于选择学术职业而做出了前所未有的巨大牺牲，因为如果他们选择金融、政治或各专业领域就业（以威尔逊总统为证），则可能取得更高的成就。他们了解自己所付出的代价并且愿意这样选择，当然，能够安全、自由地进行教学和研究就是他们选择的生活及得到的补偿。作为大学教授，他们不仅沉迷专业，还崇尚个性。就其个性气质而言，也不应仅是宽容隐忍的，而应是受人尊敬和欢迎的。大学应当是世界上最自由的地方，最具个性与棱角的人能够在这里自由探求、开花结果。工厂式的划一范式不属于大学。在大学里，每个人都应以自己的方式高效工作，不受外界环境与组织机构的干扰。因此，一位合格的大学管理者需要做的就是保证大学学者及大学本身谓之奋斗的最可宝贵的价值得以实现。

在过去的25年间，我从未要求过任何一位伍斯特市民向克拉克大学捐赠。接下来我要说的希望大家都能认真听取和考虑。我们一直需要大量的资金来加强现有的院系建设并建立新的学院。虽然我们名叫克拉克大学，但我们也是伍斯特的大学。在我们涉足的所有领域，我们都在传播着伍斯特这个名字，并增加着这座城市的声望。如果现在我们手边的捐赠再增加1000万美元，我们当中也没有一个会中饱私囊，我们只会更加勤勉地工作，尽心尽力地管理好这笔代表着大家高尚心愿的捐赠。

如果你对这份高尚心愿有所怀疑，则请听取英国历史上最详尽的英国议会委任的调查报告结论。这份报告总共40卷，编写时间长达19年。其中包含了英国所有种类的慈善事宜，总共有将近两万种。在所有慈善项目当中，针对最高一级教育的捐款被证明是最为明智且效用最显著的。主要原因有二：第一，这些资金的受托人具有极高的诚信和能力去管理并合理使用这些捐款，并且会谨遵基金创立者的初衷；第二，通过这些捐款，其他促进高等教育发展的因素也会被集合到一起发挥作用。早在古希腊时代，就有对于学园及其门廊、树木和花园的最早捐赠，那正是我们今日高等教育的起源之地，成千上万的自发奉献之物成为柏拉图曾在那里生动教学的见证；而且若要推动一种文明的发展，没有比更好地照料和教育年轻一代更有效的了。知识和专家将决定一切，这将是引导一个民族不断发展的希望和力量所在。而帮助年轻一代获得更多知识则是其前辈们能为他们提供的最好服务。在所有时代，情况都是同样的！牛津大学与剑桥大学有1800种独立的奖学金，还不包括那些小型的奖项。莱比锡大学拥有407种不同种类的基金，最久远的可以追溯至1325年。在任何一处高等学术生活繁荣的地方，我们都会发现许多纪念物记载着一些丈夫、妻子、父母和孩子的名字，他们为一些特殊班级的学生提供资助，并捐资筹建新学院或资助理论、实践的研究。如今，商界、政府与社会文化机构之间的关系不像从前那样紧密。所有对学术机构进行巨额捐赠或预先签署遗赠的善举，都被视为贵族的德行与义举。

当然也有一些客观的事实和数字值得我们思考。相比于我们的教师队伍规模、学院数量及年度预算，我们培养的很多学生已获得了高级学位，并在国内顶尖院校谋得教职，其中也包括一些校长职位。我们还出版了不少扩展世界知识领域的原创性成果。卡特尔统计数据显示，我们的教职员中专业能力达到第一等级的占很大比例，教师与学生有很多日常性的私人接触，在课外为学生提供很多学习方面的帮助，并且享有更多的学术自由（在我校的历史上尚未有任何一人因其观点而受到处罚）。教师在自己的学院拥有很多明文规定的自主权，少有各种规则与繁文缛节。而校长与其说是一个校长，不如说是一名教师，他会花很少时间去募集捐赠，很少为学校去做广告、宣传，当然这有利也有弊。现在这个时刻，我们不需再保持谦虚，对我们已经取得的成就避而不谈。在上述方面，我们已超过了美国大学协会中其余的24所大学。

这就是克拉克大学的内涵所在，是其一直代表的精神，也是我们热爱克拉克大学并将我们人生中最好的25年奉献给她、还希望能够继续为之奉献下一个25年的缘由。这也是为什么我们的校友会带着他们的捐赠、忠诚和祝愿回到这里。这并非一所仅靠双手就能建成的大学，她将永存于学术与研究的世界。克拉克大学并不是一处建筑，而是一种精神，只要有这种精神在，克拉克人无论身在哪里，都像回到了家中。所有拥有这种精神的人，都是我们的朋友和兄弟。

正是这种理想帮我们度过了最黑暗艰难的时光，而现在又将照亮我们绚丽的未来。怎样的快乐能与一个研究者发现自然的新秘密时的喜悦相比？当静静倾听自然的低语，第一次听到一个未曾听过的音节，又是一番怎样的感受？是谁在为人类最伟大的建筑——知识宫殿添砖加瓦？难道还有比宣告真理以巩固信念，阻止疾病的侵袭，加深对于自我、社会与职业的认识，掌握物理、化学、生物能源从而掌控世界，发展数学这门使人精确思维的语言，使各门科学趋于完美更为崇高的事业务吗？这就是为什么研究是虔诚的，今天在实验室中获得的知识明天就可能造福人类。若非大学全心全意地投入研究工作，整个社会也就无法享受到科学发展带来的美好成果。如此说来，大学是否应当被视为人类共同财富的核心呢？

原载《科学》（新连载），Vol.40，No.1038（Nov.20,1914），PP.727-736.

大学中的儿童研究

G. 斯坦利·霍尔

在以科学研究为主要目标的大学里，各种科研方法产生并发展着。在此，我将谈及一些我所熟悉的、理想的开展儿童研究的方法。作为一名儿童研究者，须至少精通法语、德语两门外语，能读懂各种统计学原理及曲线图表，会使用仪器设备对视觉、听觉、发声等机能进行测量并绘制人体测量曲线，对心理学实验室中其他常见的测量仪器也要会使用。此外，还要学习一些必要的逻辑方法。这些方法主要用来辅助初学者的学习，而非用来解决研究中的原始问题。

通信联络是大学开展儿童研究可依靠的途径之一。比如目前在克拉克大学，我们就有一个大约50人的名单，名单上的人有三分之二在美国生活，其余则分布在世界各地。这些人通过邮件为我们提供来自世界各地的研究资料，成为我们开展研究的强大助力。作为回报，我们会将我们所出版的该研究领域的每一期刊物都邮寄给他们。当需要一些测量数据时，我们就从名单上找出最适合的人选——那些尚未完成年度任务的人，并将工作内容发送给他们。在这些人中，有些参加过专业领域的学习，有些已在独立从事研究工作甚至已有成果公开发表，也有一些人在暑期学校中学习过相关课程和技术。

另有一部分通信联络发生在各地专业协会之间，这一数量在过去几年有大幅增长。在美国及其他一些国家有一些相关的专业协会陆续成立。如去年，在意大利就建成了一个由大学学科专家领导的大型医师协会，该协会正在谋求与我校的合作。另有一家协会在布拉格成立，其在波希米亚也有分支机构。在波兰、印度和西班牙也陆续有专业协会建立起来。这些协会组织跨越了语言的障碍，可以协同互助，推动儿童研究的发展。

今年，我们也建立起一个分支机构，该机构主要依靠传教士开展工作。很多地方的此类机构对我们的研究主题都颇感兴趣，并回答了我们的许多问题。非常感激他们所做的工作，这不仅推动了教育学的传播，并且帮助我们了解了世界各地迥异的儿童生活及养育方式。该团队还帮我们获取了一些研究文献和记录，其中包含了许多无法通过其他方式获得的有价值的文献，尽管我们未必有能力阅读，但也有一些学生可以帮助我们。

通过通信联络开展的有一项研究，是关于异常儿童的。有许多焦虑的家长朋友们带着孩子的症状描述或照片去向病理学家咨询。这样的做法往往不具有科学价值，且能得到的帮助极为有限。所以有些时候，我们会建议患有耳聋、腺体异常、精神紧张或某些遗传疾病的儿童去专业性机构做相应检查。几个月以前，我曾在一份医学杂志上发表了一篇简短的文章，建议培养一类新型的医学专家，专门治疗青春期阶段的各种身心病症。此后便陆续收到了一些来信，其中一些表达了想要从事这类工作的愿望，另有三封则谈到自己正在从事该领域的工作，虽然我们无法得知他们是否具有此种资质。据我预测，在未来十年之内，将会出现一门介于儿科与妇科之间的新科系。有人认为，个体在少年期对于婴儿期的疾病是不免疫的，对成年期的疾病也是同样，不仅如此，这一年龄段还有其独有的疾病。

目前，一个有能力的医师或许能完成上述所有专业的工作，但我们仍需通过多样的方式让更多的专业人士加入进来。

另外，大学中的儿童研究需要专业文献方面的专家。该领域的文献并不十分丰富，大概几千个标题就能涵盖，但却有一些极有价值的资料隐藏在大量看似毫无价值的材料之中，并以某种具有欺骗性的标题命名，为查找带来了巨大困难。这种状况在目前教育学领域各系科的文献当中极为常见，虽然该领域已获得了长足发展，但作为书目提要的编著者，必须懂得辨别“最好的前十分之一”和“至少十分之一”之间的区别，并应当尽可能去除文献资料中劣质无用的部分。而且，这些文献的来源十分分散。一些有价值的成果会刊载在月刊、周报或日报上，另一些则会收录在语言学、人类学、心理学、神学、病理学等各种协会团体的会议纪要当中，这就使得文献的重印、再版困难重重；也有一些博士论文是非常优秀的成果。的确，有时我会认为一名图书资料管理员应当尽一切努力去交换、购买甚至恳求得到某些重要材料，随后依据主题对其进行分类。我总在反复强调这个问题，是因为有些研究只是在重复前人的研究，这不仅是对自己也是对他人时间的浪费，或许图书资料管理员的工作可以帮我们节省这部分时间。

在完成上述工作之后，就可以建立核心档案为那些有价值的重要文献资料做文献编目。这种对文献进行核心编目的做法对开展儿童研究十分重要。若完成了这项工作，我们就可以与其他专业一样做些设备设施方面的准备了。

此外，还应为高水平的学生开设习明纳研讨班，每周或每两周让学生就所学知识进行交流，以求在学业上互相促进。上文提到的那些专业出版物应当在此时分享。这样的交流可使学生的心智变得敏锐，同时还可培育儿童研究者所必需的批判性思维及对研究的热情。研究者们相互阅读彼此的研究成果，切磋琢磨，刺激着新逻辑与新灵感的产生。

在准备实验环境时，必须有一到两个距离街道较近的房间，方便学生来此参加实验；且环境须符合卫生学方面的要求，并适合进行其他测试。在设备存放间，应当事先准备或借来小型复印设备，检测教室空气质量、光线强度的设备以及常规的身体测试设备等。偶尔去向院系借一些书籍或仪器设备是十分方便的选择。这不仅方便教师收集实验数据，而且其他大学的教师也可将他们的设备、文献、仪器等拿来交换使用，这无疑是互助双赢的做法。

大学的儿童研究工作中最困难的莫过于研究主题的选择。连续不间断地阅读、思考和对动物、精神病人、未开化的原始人群进行观察，都会为我们的选题提供启发。争论可以帮助我们寻找到新鲜的、正在孕育中的主题，或是从一个正在进行的主题当中寻找到某个新的视角。我们应随身携带笔记本，以便及时记下某行为发生时自己的第一印象。从我的经验来看，一般只有二十五分之一的行为能够经得起一秒钟的思考，而最好的行为记录都是最简单、最唾手可得的，不需任何思考，只要尽可能迅速地将其记录下来。

儿童研究领域的研究主题大体可分为两类，一类是理论性的，一类是实践性的，但也存在一些研究同属于两种类型。大部分理论性研究都是以人类遗传学理论为依据，对儿童学前期生活进行的研究。这也是我日常研究所关注的层面，而且相信在不久的将来这些研究会改变目前对于人类的整体认识。当认识到对个体成长的各发展阶段进行详尽描述的必要性时，我们自然就会设立关于儿童的新学科了。对儿童发展阶段做尽可能详尽的记录，是我们认识人类自身所能依靠的唯一方法。如果人类是世界上最高级的造物，则他对于自身的认识便是知识的最高类型，我们可预测这些知识将意味着什么，并会为人类的发展带来怎样的影响。它意味着所有最高级的知识将会形成新的联系与协调机制，更多的经济学与教育学的知识会融入进来。事实上，我所有的关注都集中在这一研究方向之上，并且我今早演讲的主题终将成为未来科学海洋中的重要议题。

最后，儿童研究在实践方面所获的成果难以在此一一列出，但却是十分珍贵的。学界对于儿童研究的热情正在高涨，这意味着人类对于天真与无意识状态的热爱和珍视已成为影响当今哲学与艺术发展的重要因素，这是属于我们时代的崭新变化与重要标志。人们已经厌倦了意识和推理，他们想要回到心灵深处去感受推动他们智慧进步的巨大能量。儿童的心灵包含着最多的直觉与最少的理智。在儿童研究运动兴起的过程中，家庭教育也将得到更好的发展。当代社会中的青年男女并不会因此而更倾向于婚姻，但随着这场运动的深入推广，越来越多的儿童必将从中受益。英国社会通过了《优生法》，将婚姻生活从生理需要的层面提高到对国家的责任与伦理的层面。从这里，我们必将开启一个新的篇章，当然这也意味着不可避免的冒险。

原载《教育杂志》,Vol.62,No.5(1539)(JULY 20,1905),PP.136-137.